Manfred Steglich
Ästhetik der Negation

Manfred Steglich

Ästhetik der Negation

Essays und andere kleine Formen

Bibliografische Information der Deutschen Nationalbibliothek: Die
Deutsche Nationalbibliothek verzeichnet diese Publikation in der
Deutschen Nationalbibliografie; detaillierte bibliografische Daten sind
im Internet über http://dnb.dnb.de abrufbar.

Die automatisierte Analyse des Werkes, um daraus Informationen
insbesondere über Muster, Trends und Korrelationen gemäß §44b UrhG
(„Text und Data Mining") zu gewinnen, ist untersagt.

© 2025 Manfred Steglich

Verlag: BoD · Books on Demand GmbH, Überseering 33, 22297
Hamburg, bod@bod.de

Druck: Libri Plureos GmbH, Friedensallee 273, 22763 Hamburg

ISBN: 978-3-7534-0777-7

Inhaltsverzeichnis

KUNST UND WAHRHEIT

„Kunstwerke sind Fenster, durch die sich ein Blick ins Unbekannte auftut, ohne dass man sich sicher sein könnte, ob das Gesehene die Welt verändert oder nur den Blick auf sie."

I. Zur Wahrheit der Kunst im Angesicht des Unversöhnten

Kunst ist nicht Abbild, nicht bloße Reproduktion des Seienden, sondern Form gewordenes Leiden an ihm. Was sie der Realität entnimmt, entnimmt sie ihr nicht, um sie zu bestätigen, sondern um sie zu brechen. Ihre Wahrheit liegt nicht in der Übereinstimmung mit dem Bestehenden, sondern in der Konfrontation mit dessen Unwahrheit. Nicht durch Identifikation mit der Wirklichkeit, sondern durch ihre Negation wird Kunst zur Möglichkeit von Erkenntnis.

Das Kunstwerk, in seiner Autonomie, ist der Einspruch gegen die Welt, so wie sie ist. Darin ist es zugleich mehr und weniger als die Wirklichkeit: mehr, weil es sie transzendiert; weniger, weil es nicht wirklich ist. Seine Wahrheit ist nicht positiv, nicht mit Händen zu greifen wie ein Faktum. Sie ist negativ bestimmt: als das, was fehlt, als das, was nicht sein darf – und dennoch gedacht, geahnt, gefühlt wird im Widerstand der Form gegen die Verhältnisse.

Adorno schreibt: *„Kunst ist Magie, befreit von der Lüge, Wahrheit zu sein."* In dieser Befreiung vollzieht sich der Ernst der ästhetischen Erfahrung: Kunst verweigert das Versprechen, das die Welt nicht einlöst. Indem sie sich ihrer eigenen Unwahrheit bewusst bleibt – der Tatsache, dass sie nicht die Welt ist –, wird sie zur Chiffre jenes Anderen, das in der Totalität der verwalteten Welt keinen Ort mehr hat. Ihre Autonomie ist nicht Abkapselung, sondern Einspruch – gerade, weil sie sich dem Gebrauchswert entzieht, spricht sie das Unbrauchbare, das Nicht-Vergangene, das Noch-Nicht ein.

Form, verstanden als sedimentierte Gesellschaft, wird im ästhetischen Gebilde zur Austragungsstätte eines Konflikts: Zwischen dem Bedürfnis nach Sinn und der Erfahrung seiner Abwesenheit. Was an der Kunst wahr ist, ist dasjenige, was ihr zur Darstellung misslingt. Ihre Schönheit, wenn dieses Wort noch gebraucht werden darf, ist die der Wunde, nicht der Heilung. Der Bruch, das Fragment, das Verstummen – all dies sind keine Defekte, sondern Ausdruck eines Weltverhältnisses, das keine Versöhnung kennt.

Inmitten der fortschreitenden Ästhetisierung des Lebens, in der das Schöne zur Kulisse des Immergleichen herabsinkt, bleibt die Kunst der Ort, an dem das Nicht-Identische aufscheint. Sie spricht nicht das Wahre aus, sondern ruft in Erinnerung, dass das Wirkliche nicht das Wahre ist. Ihre Wahrheit besteht in der Unruhe, die sie stiftet – nicht in der Behauptung, sondern in der Frage, in der Infragestellung selbst. Nicht Harmonie, sondern Dissonanz ist ihre Sprache.

Darum ist die wahre Kunst, im Sinne Adornos, stets kritisch – nicht durch bloßen Inhalt, sondern durch ihr bloßes Dasein. Indem sie sich der Welt entzieht, wird sie zur Anklage. Indem sie keinen Gebrauch hat, wird sie unbrauchbar für das Bestehende – und gerade darum ein Denkbild des Möglichen. „Es gibt kein richtiges Leben im falschen" – aber vielleicht ein richtiges Bild jenes falschen Lebens. Die Wahrheit der Kunst liegt nicht jenseits der Welt, sondern in ihrem Riss.

II. Versöhnung im Bild – zur Wahrheit der Kunst im Zeitalter des Unversöhnten

Inmitten einer Welt, deren Zersplitterung zur zweiten Natur gerann, und in der die Wahrheit selbst nurmehr in Fragmenten zu sich kommt, behauptet Kunst ihren Ernst – nicht trotz, sondern kraft ihrer Autonomie. Diese ist keine bloße Freiheit zur Beliebigkeit, sondern das Vermögen, dem Zwang des Bestehenden sich zu entziehen, ohne ihm zu entfliehen. Ihre Wahrheit liegt nicht in der Abbildung, sondern in der Durchbildung; nicht im affirmativen Spiegel, sondern in der Transformation des Gegebenen.

Was an der Kunst wahr ist, ist weder ihre Ähnlichkeit mit der Welt noch ihr Abstand zu ihr, sondern der Umschlag des einen ins andere. Sie entzündet sich am Realen und überschreitet es – nicht durch Sprung, sondern durch Form. In ihr begegnet das Vereinzelte einer Ordnung, die nicht der Herrschaft gleicht, sondern dem Zusammenhang ohne Zwang. Sie ist das andere der Verwaltung: keine Planung, kein Kalkül – sondern Konstellation. So bringt sie das Disparate in ein Verhältnis, das weder nivelliert noch überdeckt. Die Teile bleiben Teile und sprechen dennoch vom Ganzen, das sie nicht mehr sind.

Dieser Zusammenhang ist nicht harmonisch im Sinne einer glatten Aufhebung, sondern dialektisch im emphatischen Sinn: Das Auseinander, das die Gesellschaft stiftet, wird nicht übertüncht, sondern durchgearbeitet. Das Kunstwerk ist kein Paradies, sondern Austragungsort eines Widerspruchs, der zur Erscheinung drängt. In der Spannung von Form und Inhalt, von Ausdruck und Struktur, von Sinnlichkeit und Reflexion manifestiert sich jenes Moment von Versöhnung, das der Welt versagt bleibt. Nicht indem das Fremde verschwände, sondern indem es als solches sich fügen darf, entsteht ein Bild des Möglichen.

Diese Versöhnung ist kein Zustand, sondern eine Bewegung, ein Zartes, das sich gegen das Harte behauptet. Die Wahrheit, die hier aufscheint, ist weder propositional noch kategorial – sie ist gespürte Wahrheit, vor-begrifflich und doch nicht irrational. Sie rührt an das Subjekt, das in der Welt zerrieben wird, und lässt es in der Erfahrung ästhetischer Gestalt für einen Moment sich als mehr erfahren denn bloß Funktion, denn bloß Träger von Rollen. Kunst ist, im emphatischen Sinne, der Ort des Subjekts, das nicht aufgeht – weder in sich selbst, noch im Ganzen.

Indem Kunst das Chaotische nicht bannt, sondern bindet, ohne es zu verneinen, wird sie zur Erinnerung an eine Möglichkeit jenseits des Faktischen. Sie ist kein Trost, sondern Andeutung eines anderen Zustands, der nicht ist, aber gedacht werden kann. Ihre Form ist nicht Flucht, sondern Widerstand durch Gestalt. In ihr wird das Maßlose nicht eingehegt, sondern bezwungen – nicht durch Gewalt, sondern durch Maß. So wird sie zur anderen Form der Aufklärung: einer, die nicht entzaubert, sondern durchscheinend macht.

Was die Philosophie, gebunden an Begriff und Logik, nicht zu sagen vermag, spricht das Kunstwerk – nicht durch Mitteilung, sondern durch

Konstellation. Seine Wahrheit ist keine, die sich sagen ließe, sondern eine, die sich zeigt. Vielleicht liegt in dieser uneinholbaren Sprachlosigkeit ihr tiefster Gehalt: Dass sie, im Spiel der Formen, eine Ahnung bewahrt von jener Wahrheit, die nicht trennt, sondern verbindet. Eine Wahrheit, die nicht zu haben ist – und doch zu denken bleibt.

III. *Kunst und Subjekt: Zur Dialektik von Entäußerung, Erkenntnis, Mimesis und Kritik*

Die Kunst, in Hegels System als ein Moment im Gang des Geistes gedacht, ist nicht bloß ein Durchgangsstadium des Absoluten – sie ist Erscheinung der Idee im sinnlichen Medium, eine Wahrheit, die sich nicht im Begriff verzehrt, sondern in Gestalt insistiert. Doch was bei Hegel noch als Versöhnung von Subjekt und Objekt, von Innerem und Äußerem aufscheint, kehrt sich unter den Bedingungen der Gegenwart ins Unversöhnte. Das Subjekt, seiner Gewissheit beraubt, erfährt sich in der Kunst nicht als bestätigtes Wesen, sondern als verletzbares, als gespaltenes, als in seiner Vermittlung aufbrechendes.

Das Subjekt ist kein Ursprung, keine Monade des Selbstgewissen. Es konstituiert sich erst im Medium der Negativität, durch die Differenz zu sich selbst, durch das Andere, das es nicht vereinnahmen kann, ohne sich zugleich zu verlieren. In der Kunst manifestiert sich dieser Prozess als Entäußerung: das Ich wird Form, aber die Form bleibt Widerstand. Die Gestalt, die der Künstler hervorbringt, ist nicht Spiegel, sondern Fremdheit in der Nähe – das Subjekt begegnet sich, aber nicht als sich selbst, sondern als das, was es nicht ganz ist.

Kunst ist damit weder bloße Produktion noch bloßer Ausdruck – sie ist die Objektivation von Nichtidentität. Der Künstler steht dem Werk gegenüber wie einem Fremdkörper, der ihm entwächst, ohne sich zu fügen. Dieses Verhältnis ist dialektisch, aber nicht im Sinne einer aufgehobenen Synthese. Vielmehr insistiert im Werk die Unversöhntheit: die Differenz zwischen Intention und Resultat, zwischen Innerlichkeit und Ausdruck. In diesem Riss, nicht in seiner Überwindung, liegt das Moment der Wahrheit.

Was als Schönheit erscheint, ist nicht heitere Oberfläche, sondern die Sedimentierung von Leiden, von Geschichte, von Unmöglichem. Die ästhetische Form ist das Resultat von Zumutungen, sie trägt die Spuren des Unvereinbaren. Gerade darin wird sie zur Möglichkeit von

Erkenntnis – nicht im Sinne einer unmittelbaren Evidenz, sondern als Chiffre, als Spur desjenigen, was sich dem Begriff entzieht. Kunst denkt nicht, aber sie ist Denken in anderem Medium: sie sagt, was sich dem Sagbaren entzieht.

Der Rezipient, der sich dem Kunstwerk aussetzt, wird zum Ort dieses Prozesses. Nicht Identifikation ist gefordert, sondern Distanz – ein tastendes Verstehen, das das Fremde nicht tilgt. In der ästhetischen Erfahrung vollzieht sich keine harmonische Rückkehr des Subjekts zu sich selbst, sondern eine Konfrontation mit der eigenen Unkenntlichkeit. Das Subjekt erkennt sich, indem es sich in der Gestalt nicht erkennt – und genau darin liegt die Möglichkeit der Selbstreflexion.

Die Versöhnung, die Hegel noch im Blick hatte, ist zur Ideologie geworden. In einer durchrationalisierten Welt, in der das Subjekt in den Apparaten zirkuliert, wird die Kunst zum letzten Ort des Widerstands: nicht, weil sie rettet, sondern weil sie erinnert. Nicht an ein verlorenes Wesen, sondern an das, was fehlt – an das Nichtidentische, das dem Subjekt entzweit ist und doch seine Wahrheit birgt.

Kunst ist darum nicht Affirmation des Ichs, sondern Kritik an seiner Autarkie. Sie ist das Medium des Nicht-Ganzen, in dem die Freiheit nicht als Besitz erscheint, sondern als Aufgabe – als Form, die sich gegen das Gegebene sperrt.

Gerade in dieser Nichtidentität artikuliert sich das mimetische Verhalten – ein Überrest vorkonzeptueller Erfahrung, der sich der Herrschaft des Begriffs entzieht. Mimesis, verstanden nicht als bloße Nachahmung, sondern als ein sich-Einlassen auf das Fremde, als ein Sich-Verlieren im Anderen, ist das Moment in der Kunst, das sich der funktionalen Rationalität entzieht. In ihr überlebt ein archaischer Impuls, der nicht bewältigt, sondern sich angleicht, sich überantwortet – nicht, um zu besitzen, sondern um zu verstehen durch Nähe, nicht durch Distanz.

Im mimetischen Verhalten wendet sich das Subjekt gegen seine eigene Herrschaft. Es ahmt nicht nach, sondern lässt sich affizieren, wird durchlässig. Die Kunst ist das Feld, in dem diese Durchlässigkeit erlaubt ist – ja notwendig wird. Wo der Begriff fixiert, lässt Mimesis offen. Wo die Wissenschaft klassifiziert, zögert die Kunst. In diesem Zögern liegt Wahrheit – eine Wahrheit, die nicht als Satz, sondern als Form erscheint.

Doch diese Form selbst ist bedroht – durch ihre Reproduktion als Ware. Die Kulturindustrie hat das mimetische Verhalten gleichgeschaltet, es zur Simulation pervertiert. Wo früher Kunst der Ort des Widerständigen war, wird heute das Immergleiche inszeniert als Neuheit. Die Differenz wird verwaltet, der Bruch dekoriert. Kunst wird zur Funktion: zur Affirmation einer Welt, die sich als alternativlos geriert. Was als Freiheit erscheint, ist Auswahl unter standardisierten Produkten; was als Ausdruck gilt, ist kalkulierte Affektproduktion.

In dieser Umkehrung liegt die Dringlichkeit, das mimetische Moment zurückzuerobern – nicht im Rückzug ins Authentische, sondern in der Kritik der Form selbst. Das autonome Kunstwerk entzieht sich dieser Verwertungslogik nicht durch Naivität, sondern durch ihre Durchdringung. Es spricht gegen die Welt, indem es ihr nicht gleicht.

Und doch: in aller Negativität, in aller Unversöhntheit – das Kunstwerk enthält ein utopisches Moment. Nicht als Botschaft, sondern als Struktur. Nicht als Zukunftsbild, sondern als Riss im Jetzt. Das Werk sagt nicht, wie es sein soll, sondern dass es so nicht sein muss. Seine Wahrheit liegt im Bruch mit dem Wirklichen, im Sichtbarwerden des Unmöglichen als Spur.

Dieses utopische Moment ist die letzte Hoffnung: dass in der Form, die sich der Funktion entzieht, ein Anderes aufscheint – das nicht benannt, nicht begriffen, aber gedacht werden kann. In diesem Funken liegt die Würde der Kunst. Dass sie – gegen alle Zerstörung – die Möglichkeit aufrechterhält, dass es anders sein könnte.

IV. Kunst und Zeit – Zur Dialektik von Vergänglichkeit und Dauer

Die Zeit ist kein neutrales Medium. Sie ist verwoben mit Herrschaft, mit Entfremdung, mit Verlust. In ihr vollzieht sich das Vergehen des Subjekts, der Dinge, der Möglichkeiten – unwiderruflich. Der Strom der Zeit, in dem das Bewusstsein sich selbst zu verlieren droht, wird in der spätkapitalistischen Gesellschaft zur Beschleunigung ohne Ziel, zur unablässigen Bewegung des Immergleichen. Die Erfahrung des Neuen wird zur Funktion der Wiederholung, der Moment zur Ware.

Gerade gegen diese durchherrschte Zeit, gegen ihr Verschwinden im Funktionalen, setzt das Kunstwerk ein Zeichen. Nicht, indem es Zeit überwindet, sondern indem es sie unterbricht. Kunst ist Widerstand gegen das Zeitdiktat – nicht als Flucht in das Jenseitige, sondern als Innehalten im Diesseits. Der Augenblick, den das Kunstwerk formt, ist nicht ewige Gegenwart, sondern *verdichtete Zeit*: sedimentierte Geschichte, gespeicherte Erfahrung, das, was nicht vergehen wollte.

Der Moment in der Kunst ist kein bloßes Jetzt, sondern ein *Jetzt, das gewesen ist*. Er trägt die Spuren der Vergangenheit, ohne sie zu musealisieren. Das Werk erinnert – nicht sentimental, sondern als Eingedenken. In seiner Form überlebt das Unverfügbare: das, was Geschichte abgeschliffen, was Zeit getilgt hat. Kunst ist die negative Theologie der Zeit: sie rettet nicht, aber sie zeigt, was nicht gerettet wurde.

In der Erfahrung des Kunstwerks, im Hören, Sehen, Lesen, begegnet der Rezipient einer Zeit, die nicht die seine ist, aber ihn betrifft. Der Augenblick wird zur Chiffre von Dauer – nicht, weil er ewig ist, sondern weil er auf das verweist, was nicht vergeht, obwohl es vergangen ist. Das Kunstwerk hält die Zeit nicht an – es entfaltet sie anders. Es entzieht sich der Chronologie, nicht durch ihre Verneinung, sondern durch ihre Brechung.

Der Künstler, in seiner Arbeit, ist kein Herr über die Zeit, sondern ihr Zeuge. Was im Werk erscheint, ist nicht Beherrschung des Moments, sondern sein Aufbrechen. Der gestaltete Augenblick widersetzt sich der Linearität – nicht als Erlösung, sondern als Unterbrechung. Es ist der *Riss in der Zeit*, in dem Wahrheit aufscheint: nicht die Wahrheit des Seienden, sondern des Nicht-Sein sollenden.

Die Dialektik von Kunst und Zeit ist damit nicht die Versöhnung des Vergänglichen mit der Ewigkeit, sondern die Spannung, in der beide sich durchdringen, ohne eins zu werden. Das Kunstwerk ist nicht ewig – aber es widersteht dem Vergehen. Nicht durch Dauer, sondern durch Form. Nicht durch Haltbarkeit, sondern durch Ausdruck. Was im Werk lebt, ist nicht Zeitlosigkeit, sondern das Nichtvergehen des Zeitlichen.

Gegen Hegels teleologische Versöhnung, in der die Zeit sich in den Begriff auflöst, insistiert Kunst bei Adorno auf dem Nicht-Aufgehobenen. Sie ist das, was der Begriff nicht einholt – das, was sich entzieht, weil es fehlt. In dieser Negativität liegt ihr Zeitbezug: Sie ist Erinnerung an das, was nicht in die Geschichte integriert werden konnte. Ihre Form ist Ausdruck des Nichtidentischen in der Zeit.

Inmitten der zur Ware gewordenen Welt, in der Zeit nur noch messbar ist, bleibt das Kunstwerk das Medium einer anderen Erfahrung von Zeit. Es ist das Eingedenken an das Vergangene, das nicht vergeht, an das Zukünftige, das sich nicht planen lässt. Kunst ist kein ewiges Jetzt – sie ist das Aufscheinen der Möglichkeit im Augenblick, der verweilt, nicht weil er festgehalten wird, sondern weil er sich verweigert.

So verstanden, ist Kunst ein Ort der utopischen Zeit. Nicht weil sie das Paradies vorwegnähme, sondern weil sie inmitten des Gegebenen auf das verweist, was fehlen müsste. Ihre Wahrheit liegt nicht im Trost, sondern in der Erinnerung an das Ungeschehene. Der ästhetische Augenblick ist Bruch – und in diesem Bruch: Hoffnung.

V. Kunst und Erinnerung – Zum Eingedenken des Nichtidentischen

Die Kunst ist, inmitten der durchrationalisierten Welt, jene Instanz, in der Erinnerung nicht bloß konserviert, sondern als Widerstand gegen das Vergessen artikuliert wird. Erinnerung in der Kunst ist nicht einfach das Festhalten von Vergangenem – sie ist Negation des bloßen Verlaufs. Indem das Kunstwerk das Vergangene gegen seine Auslöschung bewahrt, erhebt es Anspruch auf Wahrheit – eine Wahrheit, die nicht durch Begriff subsumiert, sondern durch Gestalt erinnert wird.

Die Zeit, wie sie im bürgerlichen Bewusstsein erscheint, ist linear, fortschreitend, gleichgültig gegen ihr Inhaltliches. Sie bringt Vergessen hervor – nicht aus bösem Willen, sondern aus Funktion. Kunst hingegen suspendiert diese Zeit. Sie schafft Inseln des Eingedenkens, in denen das Vergangene nicht vergangen ist, sondern als Möglichkeit gegenwärtig bleibt. Erinnerung in der Kunst ist kein museales Repetieren, sondern eine ästhetische Dialektik, in der das Nichtidentische spricht.

Adornos Begriff des *Eingedenkens* meint gerade dies: dass der Kunst nicht daran gelegen ist, das Vergangene zu verklären, sondern es im Licht des Nichtversöhnten sichtbar zu machen. Das Kunstwerk ist Gedächtnis – aber nicht Gedächtnis als Besitz, sondern als Riss. Es speichert nicht einfach, sondern formt – und in der Form kündigt sich das an, was der Begriff nicht zu fassen vermag.

Gegen die Hegelsche Vorstellung, nach der die Geschichte durch Erinnerung zum Bewusstsein ihrer selbst gelangt, insistiert Adorno auf der Differenz von Erinnerung und System. Wo der Begriff die Vergangenheit aufhebt, hebt das Kunstwerk sie *nicht* auf – sondern hält fest, was nicht integriert werden konnte. In der ästhetischen Erfahrung leuchtet das Vergangene auf – nicht als Bild, das beruhigt, sondern als Schatten, der stört.

Die Kunstwerke, die erinnern, sind nicht bloß Zeugnisse – sie sind Anklagen. Das Grauen – der Krieg, das Lager, die Verdinglichung des Menschen – spricht nicht durch den Inhalt allein, sondern durch das, was sich der Darstellung verweigert. Die Kunst, die das Gedächtnis nicht verraten will, schweigt nicht, aber sie spricht im Modus des Fragments, des Gebrochenen, der Unterbrechung. Erinnerung in der Kunst ist negativ – sie weiß darum, dass das, was geschehen ist, nicht wiedergutzumachen ist.

Im Angesicht des kollektiven Traumas wird das Kunstwerk zum Ort des Überlebens – nicht des Ereignisses selbst, sondern seiner Möglichkeit, erinnert zu werden. Werke wie Picassos *Guernica* oder die literarischen Topographien eines W. G. Sebald stehen nicht für Geschichte, sondern gegen ihre Tilgung. In ihnen erscheint das Gedächtnis als formgewordener Protest gegen die Amnesie der Kulturindustrie, die alles gleichmacht.

Die Kunst widersetzt sich der Struktur des Vergessens nicht durch Behauptung, sondern durch Form. In der ästhetischen Gestaltung lebt das Unzeitgemäße fort – das, was sich dem Fortschritt widersetzt, weil es nicht vergessen werden darf. Die Form wird so zum Ort des Eingedenkens: Sie sagt nicht, *was* zu erinnern ist, sondern *dass* erinnert werden muss. In ihrer Stille liegt ein Schrei, in ihrer Abgeschlossenheit eine Öffnung auf das, was nicht mehr ist.

Und doch ist dieses Gedächtnis kein Besitz des Rezipienten. Es ergreift ihn nicht durch Identifikation, sondern durch Entfremdung. Das ästhetische Gedächtnis ist nicht affirmativ, sondern verstörend. Es reißt das Subjekt heraus aus dem Trost des Wiedererkennens, zwingt es in eine Konfrontation mit dem, was fehlt. Die ästhetische Erfahrung ist darum nicht Wiederholung, sondern Unterbrechung. In ihr lebt die Möglichkeit, dass das Vergangene nicht vergeht – nicht, weil es festgehalten wird, sondern weil es unversöhnt bleibt.

Kunst ist – in diesem Sinne – Ort der Erinnerung, weil sie sich dem Identischen verweigert. Das Kunstwerk ist Gedächtnis *gegen* das Gedächtnis: Es erinnert nicht durch Darstellung, sondern durch das, was sich jeder Darstellung entzieht. In dieser Negativität liegt seine Wahrheit.

Nicht in der Affirmation des Erinnerbaren, sondern im Aufleuchten des Unverfügbaren.

Was erinnert wird, ist das, was sich der Erinnerung entzieht. Die Kunst bewahrt es – nicht durch Besitz, sondern durch Verlust. In der Spur, nicht im Bild; in der Form, nicht im Begriff; in der Störung, nicht im Einklang. Das Eingedenken in der Kunst ist ein Akt des Widerstands – gegen das Vergessen, gegen die Versöhnung, gegen die Identität.

So verstanden, ist Kunst die Form der Erinnerung, in der das Nichtidentische als Hoffnung erscheint – nicht, weil es gegenwärtig würde, sondern weil es *verlangt*, erinnert zu werden.

VI. Kunst und Subjekt: Zur Dialektik der ästhetischen Selbstüberwindung

Inmitten einer Welt, die im Begriff steht, das Subjekt zur Funktion seiner eigenen Reproduktionsbedingungen zu degradieren, vermag einzig die Kunst dessen Wahrheit festzuhalten – nicht im affirmativen Ausdruck des Ichs, sondern in der Erfahrung seiner Disparatheit. Das Subjekt, wie es sich in der Ästhetik darstellt, ist weder souveräner Ursprung noch Zentrum der ästhetischen Produktion, sondern selbst Teil desjenigen, was es im Kunstwerk zu erfassen sucht. „Das Subjekt", so Adorno, „ist selber ästhetisch nicht das Maß der Dinge, sondern deren Wunde".

Kunst wird so zum Ort, an dem das Subjekt seiner eigenen Unwahrheit innewird – einer Unwahrheit, die nicht bloß in gesellschaftlicher Entfremdung, sondern in der Form des Subjekts selbst gründet. Die ästhetische Erfahrung stellt die Autonomie des Subjekts nicht dar, sondern entlarvt sie als Ideologie. Was sich im Kunstwerk artikuliert, ist die Spannung zwischen dem Anspruch auf Sinn und der Erfahrung seiner Unmöglichkeit – eine Spannung, in der das Subjekt nicht aufgehoben, wohl aber befragt wird.

Kunst, in ihrer Konzeption als autonome Form, stellt eine Sphäre der Freiheit dar – aber nicht im Sinne willentlicher Selbstentfaltung, sondern im Modus der Negativität: Sie befreit, indem sie dem Subjekt seine Grenze vor Augen führt. In der ästhetischen Konfrontation erfährt das Subjekt nicht sich selbst, sondern seine Entäußerung – und in dieser, vermittelt durch Form, wird es seiner selbst überhaupt erst gewahr.

„Was im Subjekt ästhetisch erwacht, ist nicht es selber, sondern ein Anderes, das durch es hindurchgeht.“ (TWA)

In diesem *Durchgang des Anderen* liegt die eigentliche Dialektik von Subjekt und Kunst. Das Kunstwerk stellt nicht dar, sondern es bildet – und zwar im Sinne der *Bildung des Subjekts als seiner Entbildung*. Der Anspruch des Kunstwerks liegt nicht im Mitteilbaren, sondern im Unverfügbaren. Indem es dem Subjekt entgleitet, macht es dessen Bedürfnis nach Totalisierung sichtbar – ein Bedürfnis, das Kunst gerade verweigert. Ihre Wahrheit liegt „in dem, was sie an sich selber widerständig hält gegen das bloß Begriffliche“ (TWA).

Ästhetik als Ort der Selbstkritik des Subjekts

So wenig die Kunst das Subjekt affirmiert, so sehr ist sie auf dessen Durcharbeitung verwiesen. Die ästhetische Erfahrung ist nicht der Rückzug ins Innere, sondern der Vollzug eines Selbstverlusts, der sich nicht regressiv, sondern kritisch vollzieht. In der Versenkung in das Kunstwerk begegnet das Subjekt nicht dem Bekannten, sondern dem Fremden – einem Fremden, das nicht außerhalb, sondern *im Subjekt selbst* liegt. Kunst eröffnet jenen Raum, in dem das Subjekt sich selbst unterbrochen begegnet, als das, was es nicht ist: *„Die Reflexion des Subjekts auf sich selber ist wesentlich durch das Andere hindurch vermittelt.“* (TWA)

Diese Vermittlung ist keine Versöhnung, sondern ein Prozess unabschließbarer Negation. Das Subjekt wird in der ästhetischen Erfahrung nicht vereindeutigt, sondern „veruneindeutigt“ – konfrontiert mit seiner eigenen Nicht-Identität. Gerade darin liegt seine Wahrheit: Nicht als das, was es ist, sondern als das, was es nicht zu sein vermag. Der ästhetische Prozess ist daher kein affirmativer Akt, sondern ein *Modus der Krise*, ein dialektischer Raum, in dem Subjektivität als geschichtlich und deformiert erfahren wird.

„Die Subjektivität ist kein letzter Halt der Kunst, sondern ihr Material; als solches zergliedert und durchgearbeitet.“

Kunst als Ort utopischer Möglichkeit

Inmitten dieser Zergliederung erscheint jedoch – negativ – der utopische Gehalt der Kunst: Sie lässt die Möglichkeit einer Subjektivität aufscheinen, die nicht mehr von Herrschaft, Selbstbehauptung,

Identitätszwang durchzogen ist. Die ästhetische Form, als Gestalt der Vermittlung von Inhalt und Ausdruck, ist nicht bloß Präsentation, sondern Kritik an den herrschenden Formen der Wahrnehmung und Erfahrung. Kunst denkt das Andere nicht aus, sondern lässt es hervortreten – als *Gestalt gewordene Unerfülltheit.*

Nicht die Realität des Subjekts, sondern seine Möglichkeit ist es, die im Kunstwerk zur Erscheinung kommt. „Kunstwerke sind Fenster auf eine andere Welt, nicht weil sie sie zeigen, sondern weil sie durch das Nichtidentische, das ihnen eignet, das Bestehende in Frage stellen." In diesem Sinne ist Kunst nicht bloß ein Ort der Erkenntnis, sondern der Transformation – nicht im Sinne einer moralischen Erhebung, sondern durch die Form selbst: eine Form, die nicht versöhnt, sondern ausstellt, was fehlt.

Kunst als Widerstand gegen Identität

In der Negativität ihres Anspruchs vermag Kunst das Subjekt zu retten – nicht indem sie es bestätigt, sondern indem sie es herausfordert, über sich hinauszudenken. Das Kunstwerk ist kein Ort der Identifikation, sondern der Desidentifikation. Das Subjekt, das sich im Kunstwerk erkennt, tut dies nur, indem es sich in Frage stellt. In dieser Selbstinfragestellung liegt seine Freiheit – nicht als Besitz, sondern als Bewegung. Die Kunst fragt nicht: *Wer bist du?*, sondern: *Bist du das, was du zu sein meinst?* Und genau dadurch öffnet sie den Horizont eines Subjekts, das sich nicht mehr in seiner bloßen Gegebenheit erschöpft.

„Kunst ist die gesellschaftlich sanktionierte Verweigerung, das Seiende für das Sein zu halten."

So wird die Kunst zum Ort der Rettung des Subjekts durch dessen Suspendierung – eine Dialektik, die sich nicht im harmonischen Ausgleich erfüllt, sondern in der permanenten Spannung, im Aushalten des Ungleichzeitigen. In dieser Spannung verweist das Kunstwerk über sich hinaus – nicht als Lösung, sondern als Unruhe. Und in dieser Unruhe liegt der emanzipatorische Impuls der Ästhetik: Sie zeigt das Subjekt nicht als Herr, sondern als Fragwürdigen; nicht als Zentrum, sondern als Ort der Möglichkeit.

VII. Kunst und Gesellschaft: Kritik, Transformation und Emanzipation im Medium ästhetischer Negativität

„Was sich der Identität entzieht, das rettet die Wahrheit. [...] Die Wahrheit des Kunstwerks ist seine Unversöhnlichkeit mit der Realität."

Die Relation von Kunst und Gesellschaft konstituiert sich nicht im Modus unmittelbarer Abbildlichkeit, sondern als Spannungsverhältnis, in dem sich das Kunstwerk als sedimentierte Gesellschaft ebenso erweist wie als Ort ihrer Transgression. Kunst ist – im strengen Sinne – gesellschaftlich nicht, insofern sie deren Inhalte transportiert, sondern weil sie, durch die Form hindurch, die gesellschaftliche Totalität in ihrer Unwahrheit durchbricht. Ihre gesellschaftliche Wahrheit ist die ihrer Negation.

Im Horizont der *Ästhetischen Theorie* ist Kunst weder bloß ein Spiegelbild der sozialen Wirklichkeit, noch ein bloßes Ornament derselben. Vielmehr ist sie der Kristallisationspunkt einer Wahrheit, die der Realität fehlt. Diese Wahrheit ist negativ: Sie liegt nicht im Gezeigten, sondern im Ungesagten, nicht im Inhalt, sondern in der Form als verweigerte Versöhnung mit dem Wirklichen. Das Kunstwerk spricht, wo das Schweigen der Gesellschaft beginnt. In ihm artikuliert sich, was sich unter den Bedingungen des Bestehenden nicht sagen lässt, ohne sogleich nivelliert zu werden.

Ästhetische Erfahrung als Kritik des Gegebenen

Adorno schreibt, dass „Kunstwerke Spuren des gesellschaftlich Unversöhnten tragen, indem sie es darstellen, ohne es zu affirmieren". Das heißt: Kunst ist nicht gesellschaftlich, indem sie Botschaften vermittelt oder moralische Appelle inszeniert – sondern in ihrer ästhetischen Struktur, die das Nicht-Identische gegen das übermächtige Identitätsdenken geltend macht. Der Anspruch des Kunstwerks liegt in seiner Autonomie – einer Autonomie, die nur möglich ist, weil sie der Heteronomie ihrer Entstehungsbedingungen nicht ausweichen kann.

Autonome Kunst ist das paradoxe Resultat gesellschaftlicher Unfreiheit: Sie ist die artikulierte Form des Widerstands gegen jene Tendenzen zur Totalisierung, die alles Einzelne unter das Allgemeine subsumieren. In einer Welt, in der das Ganze als falsch erkannt ist, wird das Kunstwerk zur Allegorie der Möglichkeit eines Anderen. Seine Wahrheit liegt nicht im harmonischen Ausdruck, sondern im Aushalten der Widersprüche.

Kunst als Ort des Unversöhnten

In der *Minima Moralia* schreibt Adorno: *„Es gibt kein richtiges Leben im falschen.“* Doch genau hierin liegt die Aufgabe der Kunst: in der Verweigerung des falschen Lebens, ohne das richtige zu behaupten. Kunst vollzieht Kritik nicht durch Direktheit, sondern durch Verfremdung, durch formale Brüchigkeit, durch das Moment des Widerstands im Innersten ihrer Gestalt. Die moderne Kunst, seit der historischen Avantgarde, hat sich gerade darin ausgezeichnet, dass sie nicht versöhnt, sondern die Unversöhnlichkeit sichtbar macht.

So etwa ist der Expressionismus nicht Ausdruck innerer Zerrüttung allein, sondern Manifestation einer objektiven gesellschaftlichen Pathologie, die im Subjekt eingeschrieben ist. Die zerklüftete Form, das Verzerrte, das Fragmentarische – sie bezeichnen nicht nur subjektive Stimmungen, sondern das gesellschaftlich Produzierte im Subjekt. Kunst wird zur Negativfolie einer Gesellschaft, die den Menschen zum bloßen Träger ökonomischer Funktionen herabsetzt.

Ästhetik der Hoffnung im Medium der Negation

Kunst enthält – in Adornos Denken – ein utopisches Moment, gerade insofern sie keine Utopie formuliert. Ihre Möglichkeit, das Gegebene als kontingent erfahrbar zu machen, liegt im Vermögen der Form, sich der Totalität des Bestehenden zu entziehen, ohne sie zu verleugnen. In der Spannung zwischen innerer Geschlossenheit und äußerer Unversöhntheit liegt ihr Emanzipationspotential.

Die wahre Kunst ist, wie Adorno sagt, „die Magie, die sich ihrer selbst bewusst ist“. Sie ist Illusion und deren Aufhebung in einem. Nicht, indem sie das Leiden verklärt, sondern indem sie es in seiner Unerträglichkeit zur Darstellung bringt, leistet sie Kritik. Nicht die Affirmation des Schönen, sondern das Aufscheinen des Erschütternden, Verstörenden, Nicht-Integrierbaren begründet ihre Wahrheit.

Kunst als Kontrafaktur der Realität

Was bleibt, ist der Gedanke, dass Kunst das Versprechen eines anderen Zustandes birgt – eines Zustandes, in dem das Subjekt nicht länger der instrumentellen Vernunft unterworfen ist. Dieses Versprechen artikuliert sich nicht in der Botschaft, sondern im Bruch mit dem Bestehenden: im Verstummen der Sprache, im Auseinanderfallen der Perspektiven, in der Negation der Form durch sich selbst. Nur so wird sie – wie Adorno es formuliert – „die Sprache der Leiden, die ohne Stimme sind".

VIII. Kunst als kritische Instanz gesellschaftlicher Wahrheit

Kunst ist nicht Spiegel der Gesellschaft, sondern ihre Brechung. Sie reflektiert nicht einfach, was ist, sondern unterläuft das Gegebene, indem sie es in der Form negiert. Ihr Verhältnis zur Gesellschaft ist nicht mimetisch, sondern antagonistisch. In einer Welt, in der das Falsche zur Totalität geronnen ist, bedeutet Kunst nicht Affirmation des Seienden, sondern seine Durchstreichung in der ästhetischen Gestalt. Kunst wird zur *Spur des Nichtidentischen* im Gewebe gesellschaftlicher Identitätszwänge. *„Die Kunstwerke sagen nicht, was der Fall ist, sondern was sein könnte."* (TWA)

Bereits in der Antike keimte ein solches Moment kritischer Überschreitung – etwa in der Komödie des Aristophanes, die weniger die Ordnung des Politischen verspottete, als deren Grundannahmen durch ihre Verschränkung mit dem Lächerlichen unterminierte. Doch erst die Moderne, mit ihrer Einsicht in die Brüchigkeit von Subjekt und Welt, verleiht der Kunst ihre schärfste kritische Kraft: Die historischen Avantgarden – Dadaismus, Surrealismus, Situationismus – sind nicht bloße Stilvariationen, sondern ästhetische Aufstände gegen die falsche Versöhnung des Bestehenden.

Adorno beschreibt diesen Impuls als *Protest gegen die Versachlichung der Welt*: „Kunst ist Magie, befreit von der Lüge, Wahrheit zu sein." (*MM*, Nr. 6) Der Wahrheitsgehalt der Kunst liegt gerade darin, dass sie sich dem Anspruch auf Wahrheit entzieht – nicht um beliebig zu werden, sondern um an einer anderen Form von Wahrheit festzuhalten: der Wahrheit des Unerfüllten, des Noch-Nicht, des Unversöhnten.

Kunst, so verstanden, ist *Verweigerung des Realitätsprinzips* in seiner borniertesten Form. Sie *stört* die Ordnung, nicht weil sie moralisiert, sondern weil sie durch ihre bloße Form die Maßstäbe des Wirklichen erschüttert. Sie ist ein *Riss im Kontinuum der Erfahrung*, durch den das Subjekt gezwungen wird, sich selbst wie die Welt anders zu denken – und womöglich überhaupt erst zu denken.

Form als Antagonismus:
Die gesellschaftliche Funktion der Autonomie

Die Autonomie der Kunst ist keine bloße Ästhetik des Abgeschlossenen, sondern eine *historisch gewordene Form gesellschaftlicher Negation*. Ihre „Zweckfreiheit" (TWA) ist nicht unpolitisch, sondern verweist auf die Unmöglichkeit, innerhalb der gegebenen Zweck-Mittel-Rationalität ein anderes Leben zu denken. Der formale Eigensinn des Kunstwerks ist die artikulierte Weigerung, sich in die Funktionalität gesellschaftlicher Verwertung einfügen zu lassen. In der Weigerung liegt sein Widerstand. *„Die gesellschaftliche Funktion von Kunst ist ihre Funktionslosigkeit."* (TWA)

Die avantgardistischen Bewegungen des 20. Jahrhunderts haben dies exemplarisch vorgeführt: Der Dadaismus dekonstruiert Sprache, Bild und Geste – nicht in den Diensten eines neuen Sinns, sondern als Ausdruck der Sinnlosigkeit einer Welt, die sich selbst zerstört hat. Der Surrealismus entblößt die repressiven Mechanismen des Bewusstseins, indem er dem Unbewussten eine Stimme gibt – und diese Stimme ist die des gesellschaftlich Verdrängten.

Kunst wird zum *Ort des Anderen*, indem sie selbst anders ist: Sie artikuliert nicht das Bekannte, sondern das, was sich der Artikulation entzieht. Ihre Sprache ist gebrochen, zersetzt, widerständig. Das ist ihre Wahrheit – „nicht im Widerspiegeln des Wirklichen, sondern in seiner Negation."

Transformation durch ästhetische Erfahrung

Kunst ist nicht nur Kritik; sie ist auch Möglichkeit. Ihre Negation ist nicht leer, sondern voller Gehalt – sie imaginiert das, was sein könnte, ohne es in die Form des Gegebenen zu pressen. Sie *zeigt das Mögliche durch das Unmögliche*. In der Erfahrung des Kunstwerks erfährt das Subjekt sich selbst als veränderbar – nicht durch willentliche Entscheidung, sondern durch den Schock des Anderen. *Die Erfahrung der Kunst ist die eines Anderen als Anderen.*

In einer Welt, die dem Einzelnen nur noch die Rolle des Konsumenten zugesteht, eröffnet Kunst einen Raum, in dem die Passivität durchbrochen wird. Nicht, indem sie das Subjekt aufruft, etwas Bestimmtes zu tun, sondern indem sie es verunsichert, erschüttert, beunruhigt. Die ästhetische Erfahrung ist eine der *Verstörung* – und eben dadurch eine der Erkenntnis.

Adorno formuliert dies prägnant: „Im Kunstwerk leben Inhalte auf, die im Prozess der gesellschaftlichen Praxis unterdrückt worden sind." Die Wahrheit der Kunst ist die Erinnerung an das, was unterdrückt, verleugnet, getilgt wurde – nicht als bloße Nostalgie, sondern als Antrieb zur Veränderung. Ihre Form ist sedimentierte Geschichte – doch gerade deshalb öffnet sie Zukünftigkeit.

Kunst als Moment gesellschaftlicher Emanzipation

Kunst vermag, was die Gesellschaft sich versagt: die Vorstellung des Anderen, des Freien, des Solidarischen. Nicht als Idealismus, sondern als reale Möglichkeit. In ihrem scheinbaren Weltfremdsein liegt ihre größte Nähe zur Welt – weil sie das Nicht-Identische artikuliert, das im gesellschaftlichen Diskurs systematisch ausgeschlossen wird. Sie ist „der Ort, an dem das Leid stumm geworden ist und dennoch spricht").

Die Forderung nach politischer Kunst verkennt, dass das Ästhetische selbst schon Anklage ist. Nicht das Thema macht das Werk widerständig, sondern seine Form: das beharrliche Verweigern der Reduktion auf Funktion. Politische Kunst im engeren Sinn – Protestformen, soziale Skulpturen, Interventionen – sind keine Überwindung, sondern Intensivierung dieses Anspruchs. Wo Kunst kollektiv wird, verliert sie ihre kontemplative Haltung nicht notwendig, sondern kann gerade in der Verschränkung mit sozialem Handeln ihren kritisch-emanzipativen Impuls steigern. Entscheidend bleibt: Kunst ist nicht Mittel zum Zweck – ihre Kraft liegt gerade in der *Zwecklosigkeit als Form der Kritik.* *„Das utopische Moment der Kunst besteht darin, dass sie etwas anderes sein soll."* (TWA)

Dieses Andere ist nicht bestimmbar, sondern muss offenbleiben – als *Figur des Unbestimmten*, als Form der Hoffnung. Kunst ist kein Programm, sondern eine Bewegung: Sie verweigert sich dem Sinn – und stiftet ihn dadurch neu. Sie ist nicht die Stimme der Revolution – aber ihr Echo.

ERINNERUNG, MIMESIS, ERWACHEN

Zur Konstellation des Denkens bei Walter Benjamin

Was im Raum das Labyrinth, ist in der Zeit die Erinnerung – so notierte Peter Szondi, mit jener Präzision, die weder in der Metapher aufzugehen droht noch sich in systematische Begriffsbildung flüchtet. Bereits dieser eine Satz weist auf eine Topologie des Denkens, in welcher die Bewegung durch das Vergangene nicht Rückwendung bedeutet, sondern Antizipation: Das Vergangene als die Zukunft im Modus des Erinnerns. Eine Konstellation, die das Denken Walter Benjamins grundiert.

Die besten Gedanken sind nicht jene, die sich in Sätzen vollenden, sondern solche, die sich am Ausdruck brechen. Sie stoßen an die Schwelle des Sagbaren, um sich, jenseits dieser, in Bilder zu verlieren, die nicht erscheinen, sondern leuchten – flüchtig, vor-sprachlich, magisch. Sprache, sofern sie mehr ist als Medium der Mitteilung, entbirgt ihr eigenes Versagen. In diesem Versagen: die Wahrheit.

Das Lesen, dem Benjamin seine ungeteilte Aufmerksamkeit widmet, ist ein anderes als jenes, das auf die Identifikation von Zeichen zielt. Es ist ein Lesen, das sich der Sprache entzieht, um auf sie selbst verwiesen zu sein. "Lesen, was nie geschrieben wurde" – Hofmannsthals Formel – wird zum Leitsatz einer mimetischen Praxis, die die Differenz zwischen Zeichen und Bedeutung nicht aufhebt, sondern zum Ort der Erkenntnis macht. Der Text wird hier zum Medium des Vorbildlichen, nicht des Abbildlichen; das Gelesene gleicht nicht, es erscheint.

So wird Sprache bei Benjamin nicht als Mitteilung, sondern als Spur begriffen. Als Spur eines mnemischen Akts, in dem Vergangenheit nicht erinnert, sondern erweckt wird. Die mimetische Kraft der Sprache, ihre Fähigkeit, unsinnliche Ähnlichkeiten zu bewahren, konstituiert ein Archiv des Nichtgesagten. In diesem Archiv: das Überleben des Magischen in der Geschichte.

Benjamins Prosa – in ihrer Fragmentiertheit stets von aphoristischer Geschlossenheit bedroht – verweigert die Systematik, um die Bewegung des Denkens nicht zu lähmen. Wer sich auf ihre Lektüre einlässt, sieht sich nicht der Klarheit ausgesetzt, sondern einem Sog. Dieser Sog ist die allegorische Bewegung selbst: nicht zielgerichtet, sondern konstellativ. Nicht die Antwort, sondern das Erwachen ist das Ziel.

Hier berührt sich Benjamins Denken mit jenem Prousts, und doch ist ihr Verhältnis nicht eines der Parallele, sondern der Antinomie. Proust rettet die Zeit, indem er sie verliert; Benjamin verliert sie, um sie zu retten. Das Kindheitsbild bei Proust ist Regressionspunkt einer Erlösung, bei Benjamin jedoch wird es zur Chiffre eines erkenntniskritischen Projekts: Erwachen heißt hier nicht Rückkehr, sondern Verwandlung. Erinnerung ist nicht Besitz, sondern Praxis.

Diese Praxis findet in der Einbahnstraße ihre literarische Form. In den Denkbildern, die nicht ausformulierte Gedanken, sondern Blitzlichter des Gedankens sind, verschränkt sich autobiographische Reflexion mit kulturkritischer Analyse. Dass Benjamin sich hierin auf Aragon beruft, ist kein Zufall: Wie Aragon in der *Passage de l'Opéra* die Stadt als mythisches Interieur begreift, so deutet Benjamin in den Passagen das Objekt als Allegorie. Beide bewegen sich an der Grenze zwischen Traum und Wirklichkeit; Benjamin jedoch zielt auf das Erwachen, Aragon verbleibt im Traum.

Was bei Aragon poetische Topographie bleibt, wird bei Benjamin zur dialektischen Bildstruktur. In dieser Struktur fließen Subjekt und Objekt ineinander, nicht zur Einheit, sondern zur Konstellation. Die Dingwelt spricht nicht, sie ruft. Und das Subjekt antwortet, nicht indem es versteht, sondern indem es sich verliert. Erkenntnis, in dieser Perspektive, ist kein Besitzstand, sondern eine Form des Sich-Verlierens im Anderen.

Sich in einer Stadt zu verirren, heißt nicht, sie nicht zu kennen. Es heißt, sie als Text zu lesen. Jeder Kiosk, jedes Dach, jedes Straßenschild wird zum Zeichen eines verborgenen Sinns, der sich nicht entschlüsseln lässt, sondern nur im Moment seines Aufscheinens sichtbar wird. Wie das Knacken eines Astes, wie der Schrei eines unsichtbaren Tiers: Erkenntnis ist hier Ereignis, nicht Resultat.

Die Einbahnstraße ist als Form bereits ihre eigene Theorie. Ihre Linearität ist die des Denkens unter Bedingungen der Krise. Nicht zufällig entstehen ihre Texte in einer Zeit biographischer Erschütterung. Das Scheitern der akademischen Karriere, die ökonomische Abhängigkeit, das prekäre Leben am Rand: All dies bricht sich in den Bruchstücken der Aphorismen, die weniger sagen als zeigen. Und was sie zeigen, ist nicht die Welt, sondern ihr Abdruck im Bewusstsein.

Ernst Bloch beschreibt dieses Schreiben als surrealistisches Philosophieren in Revueform: "Wie Segelschiffe in der Flasche stecken [...] so stecken hier Philosopheme der Welt unterm Glas der Schaufenster." Und in der Tat: In der Einbahnstraße kulminiert Benjamins Denken nicht in einem System, sondern in einer Figur. Diese Figur ist die Passage selbst: Ort des Übergangs, der weder Anfang noch Ende kennt. Nur Richtung.

Richtung aber ist hier kein Ziel. Sie ist eine Bewegung des Bewusstseins, das sich seinem Gegenstand nicht bemächtigt, sondern in ihn übergeht. So bleibt auch die Einbahnstraße nicht Straße, sondern Spur. Und in dieser Spur: das Erwachen aus dem Mythos in das Licht der Geschichte.

Wie ultraviolette Strahlen, die eine verborgene Schrift bloßlegen, erscheint die Erinnerung im Werk Benjamins nicht als eine willentliche Rekonstruktion des Vergangenen, sondern als eruptives Moment, das sich dem Subjekt in einem Akt des Erkennens wie des Erschreckens zu erkennen gibt. Der Flaneur, diese emblematische Figur der Moderne, tritt in die nächtlichen Straßen der Metropole ein, nicht um zu sehen, sondern um zu lesen – und was er liest, sind keine Texte, sondern Chiffren, keine Botschaften, sondern Hieroglyphen. Die Stadt spricht nicht in der Sprache des Logos, sondern im Dialekt der Dinge, die ihrerseits beredt werden durch ihre Anordnung im Raum des Konsums. Die Architektur, die Reklame, die Typografie der öffentlichen Schrift sind ihm kein Ornament, sondern Ruine – Träger einer Geschichte, die sich nicht erzählt, sondern verrät.

Die Reklame, diese grelle Entstellung der Sprache, reißt die Schrift aus dem stillen Asyl des Buches hinaus in die entfremdete Öffentlichkeit der Straße. In ihrem entfesselten Spiel der Lettern, das mehr blendet als belehrt, offenbart sich die strukturelle Gewalt einer Gesellschaft, die ihre Innerlichkeit gegen die Marktschreie des Außen vertauscht hat. In diesem chaotischen Aufruhr, in dem Sinn zur Ware und Bedeutung zur Attrappe wird, erlischt die kontemplative Tiefe der Lektüre. Der Blick wird durch ein ständiges Gewitter von Zeichen entstellt, nicht geschärft. Lesen ist nicht mehr Aneignung, sondern Abwehrarbeit gegen das Zuviel des Sichtbaren.

Doch genau hier, im Sinken der bürgerlichen Form der Literatur ins Triviale, erkennt Benjamin die Möglichkeit eines anderen Schreibens, eines anderen Lesens. Es ist nicht die Stille des Buches, sondern die Unruhe des Flugblatts, der Blitz der Parole, der in der „Einbahnstraße" zur Form wird. Nicht als Flucht aus der Geschichte, sondern als ihre radikalste Einholung: Die Sprache der Dinge wird zur Sprache der Kritik – dialektisch nicht im Systematischen, sondern im Sprunghaften.

Was so erscheint wie der Verfall von Subjektivität, ist in Wahrheit die dialektische Negation eines bürgerlichen Subjekts, das in seiner Autonomie längst der Heteronomie des Marktes geopfert wurde. Der Verlust der Subjektform wird zur Bedingung der Möglichkeit eines neuen historischen Bewusstseins: nicht mehr residierend im Ich, sondern zerstreut in den Massen, nicht mehr beruhend auf Tiefe, sondern auf Schock, Montage, Kollision. In dieser Figur des erwachenden Kollektivs liegt Benjamins utopisches Moment – das Erwachen nicht als sanfter Übergang, sondern als Gewaltsamkeit der Erinnerung, die sich gegen das Gewesene richtet, um aus ihm die Wahrheit zu entreißen.

Der Akt des Lesens wird in dieser Konzeption zu einem Akt der Entzifferung, bei dem der Text sich nicht als kohärente Oberfläche darbietet, sondern als Palimpsest, als ein Gewebe von Spuren, Einschreibungen, Tilgungen. Wahrheit offenbart sich nicht im Besitz des Begriffs, sondern in der Bewegung der Allegorie: sie ist nicht verfügbar, sondern entzieht sich, genau im Moment ihrer größten Präsenz. Lesen ist in diesem Sinne eine asketische Übung: eine Erwartung ohne Garantie, ein Warten auf das, was sich nicht planen lässt – der Moment, in dem die Dinge, gleichsam „von Geisterhand", zu tanzen beginnen.

Und doch ist dieses Warten nicht leer. Es ist angefüllt mit Bildern, mit Erinnerungen, mit dem Staunen des Kindes, das zum ersten Mal von der Sprache umfangen wird wie von einem Schneegestöber. In der Figur des „lesenden Kindes" konvergieren Vergangenheit und Gegenwart, Mythos und Aufklärung: Die Worte des Textes sind nicht mehr Zeichen des Autors, sondern Spiegelungen des Lesers, der in ihnen sich selbst wiederfindet – nicht wie er ist, sondern wie er hätte sein können.

Erinnerung wird zur Utopie einer möglichen Versöhnung: nicht durch Besitz, sondern durch Anerkennung.

Diese Versöhnung freilich ist gebrochen, sie ist nur in der Form des Untergangs denkbar. Benjamins Geschichtsdenken, wie es in der „Einbahnstraße" skizziert, im „Passagen-Werk" vertieft und in seinen späten Thesen „Über den Begriff der Geschichte" vollendet wird, ist ein Denken des Stillstands, nicht des Fortschritts. Die Revolution ist nicht der Durchbruch in eine neue Zeit, sondern der Griff in die Notbremse. In der Allegorie findet dieses Denken seinen Ausdruck: Das Tote, das Verstummte, das Obsolete wird nicht musealisiert, sondern dialektisch erweckt. Der Sammler, diese Figur des melancholischen Materialisten, rettet nicht durch Verklärung, sondern durch Montage: durch die Verbindung dessen, was getrennt ist, in der Hoffnung auf eine Wahrheit, die sich nur im Fragment zeigt.

In dieser Konzeption ist der Trost nicht versöhnlich, sondern schmerzlich. Die „Rettung" – wenn sie überhaupt denkbar ist – erscheint nicht als Erlösung, sondern als das Sichtbarwerden des bereits Verlorenen. Und doch ist es gerade dieses Sichtbarwerden, das die Möglichkeit eröffnet, die Dinge anders zu sehen – nicht als das, was sie sind, sondern als das, was sie gewesen sein könnten. Dialektik im Stillstand ist keine Systematik, sondern eine Ästhetik: eine des Unterbruchs, der Störung, des Schocks.

Dass die Hoffnung nur den Hoffnungslosen gegeben ist, ist keine Sentenz der Resignation, sondern ein Akt tiefster Negation. Nicht weil es Hoffnung gibt, soll man hoffen, sondern weil die Welt, wie sie ist, die Hoffnung selbst dementiert. In dieser dialektischen Paradoxie wird Benjamins Denken Adornos Denken verwandt: Beide wissen um die Unmöglichkeit des Ganzen, aber sie verweigern sich der Akzeptanz des Bruchstücks als Trost. Kritik ist nur dort wahr, wo sie schmerzt.

Wenn die „Einbahnstraße" heute betreten wird, so nicht als bürgerlicher Spaziergang, sondern als Gang durch ein Trümmerfeld. Und doch: Zwischen den Trümmern, zwischen den Waren, in den Ruinen der Subjektivität leuchtet – ein Scheinwerfer, ein Fenster, ein Kind – die Möglichkeit auf, dass Geschichte noch nicht zu Ende geschrieben ist.

VON SCHATTEN UND SCHEMEN

Zur Schlemihlisierung des Intellektuellen in regressiven Zeiten

I. Schattenhandel – Eine Allegorie des Verlusts

Inmitten einer Epoche, deren Signatur nicht Fortschritt, sondern Regression ist – nicht bloß im politisch Fassbaren, sondern als strukturierte Rückbildung des Bewusstseins selbst –, ermüdet das Denken an der bloßen Tatsache seiner Existenz. Es reibt sich wund an einer Welt, die dem Begriff abhandengekommen ist. Dort, wo einst Geist sich artikulierte als das Andere der Verhältnisse, treten nun Gestalten hervor, deren Schatten nicht vom Übermaß an Wahrheit herrühren, sondern von der Abwesenheit jeglicher Tiefe. Es sind nicht mehr die Lichtträger, die das öffentliche Bild bestimmen, sondern jene, die im matten Reflex des Bestehenden groß erscheinen – weil sie sich mit dem Schein, und mehr noch: mit der Ideologie des Scheins, zufriedengeben.

Die Krise, die sich in den Zeichen der Zeit – im politischen, kulturellen und intellektuellen Ausdruck – artikuliert, reicht tiefer als jede tagespolitische Diagnostik es zu fassen vermag. Es ist eine Krise des Geistes selbst, verstanden als der Ort des Nicht-Identischen im Subjekt, dessen Autonomie sich gerade in der Negation des Bestehenden äußert. Die Aushöhlung des Subjekts beginnt dort, wo es seine Fähigkeit verliert, sich gegen das Vorgegebene zu sperren – nicht aus renitenter Pose, sondern aus einem inneren Zwang zur Wahrheit.

Der Schatten – in Chamissos Parabel jenes unveräußerliche Zeichen des Subjektseins, des Singularen, das sich nicht verdoppeln lässt – wird hier zur Ware, zum letzten Pfand, das der Intellektuelle in schlechten

Zeiten auf dem Basar gesellschaftlicher Akklamation feilbietet. Die Allegorie des Peter Schlemihl ist mehr als ein romantisches Schicksalsmärchen; sie ist ein prophetisches Gleichnis für die Veräußerung des Innersten: desjenigen Moments des Denkens, das nicht abbildet, sondern widersteht. Die Geste des Verkaufs, scheinbar individuell, erweist sich als systemisch erzwungen: Der Schatten wird hingegeben nicht aus Not, sondern aus dem Wunsch, gesehen zu werden – in einer Welt, in der Sichtbarkeit zur einzigen Währung geworden ist.

Was Adorno als unversöhnlichen Widerspruch zwischen Wahrheit und Gesellschaft beschreibt, gewinnt hier seine allegorische Form. Wahrheit ist kein Besitz, den man halten oder teilen könnte, sondern eine Verpflichtung zur Differenz. Sie verlangt jene Einsamkeit, die sich dem Konsens entzieht, nicht als Flucht, sondern als Form der Freiheit. Der Schatten, den das Denken wirft, ist kein Zeichen der Macht, sondern der Negativität – des Unaufgehenden, das sich nicht restlos in den Diskurs der Verwertbarkeit übersetzen lässt.

Wer diesen Schatten – das Residuum der Nicht-Identität – gegen Anerkennung, Einfluss, Gold oder Sichtbarkeit eintauscht, veräußert mehr als ein Symbol: Er verliert die Möglichkeit zur Transzendenz, die Fähigkeit, der Welt nicht nur zu entsprechen, sondern ihr zu widersprechen. Die Konformität, als Einverständnis mit dem Falschen, ist nicht bloß Verrat am Gedanken, sondern seine Auslöschung. Der Intellektuelle, der einst als Störfaktor im Getriebe der Anpassung agierte, wird zur Marionette, zum Requisit in einem Schattentheater, dessen Texte längst von anderen – von der Verwaltung, vom Markt, vom Konsens – geschrieben sind.

Die Bühne ist hell erleuchtet – aber nicht vom Licht der Aufklärung, das dem Dunkel zugewandt bleibt, um es zu erhellen, sondern vom grellen Schein ideologischer Zurichtungen, die alles sichtbar machen, nur nicht das, was zählt. Es ist das Licht der Blendung, nicht der Erkenntnis. Und so wird der Intellektuelle, der seinen Schatten aufgegeben hat, nicht zum Erleuchteten, sondern zum Schemen: konturenlos, reflektiert im Spiegel einer Öffentlichkeit, die nichts mehr zurückwirkt als ihr eigenes stumpfes Abbild.

II. Mimesis und Simulation –
Die Verwandlung des Intellektuellen

Die Ästhetische Theorie erkennt in der Kunst jenen Ort, an dem das Unversöhnte nicht aufgehoben, sondern bewahrt wird – nicht durch Affirmation, sondern durch die Negativität ihrer Form. Das Kunstwerk, so Adorno, ist das Nicht-Identische im Medium der Gestalt; es sagt das Unaussprechliche, indem es sich dem Sagbaren entzieht. In analogen Bahnen müsste auch der Intellekt sich bewegen: als Widerstand gegen die Totalität des Identischen, als Geste der Verweigerung, als mimetisches Gegenbild zur Logik des Allgemeinen.

Doch eben diese mimetische Bewegung – jenes empfindsame Sich-Aussetzen, das nicht auf Angleichung zielt, sondern auf eine tastende Berührung des Anderen – wird unter den Bedingungen einer durchrationalisierten Welt zur Unmöglichkeit. Mimesis, die einst das Verhältnis zum Anderen in seiner Unverfügbarkeit zu gestalten suchte, kippt in ihr Zerrbild: Simulation. Nicht mehr das Fremde spricht sich aus im Subjekt, sondern das Subjekt inszeniert ein Fremdsein, das es längst nicht mehr durchdringt.

In diesem Umschlag der mimetischen Haltung zur bloßen Pose liegt der tiefere Verrat: Der Intellektuelle, der vormals aus der Offenheit gegenüber dem Nicht-Identischen seine kritische Kraft bezog, wird zur Maske ohne Antlitz. Seine Äußerungen verlieren die Schwere der Erfahrung, sie gleichen Serienprodukten: formatiert, standardisiert, anschlussfähig – kurzum: verwertbar. Die Wahrheit, die sich im Vollzug des Denkens nur negativ, nur im Riss, in der Unverfügbarkeit artikuliert, wird zur simulativen Funktion – zur performativen Geste im Theater des Bestehenden.

In einer Gesellschaft, in der selbst Dissens zur Funktion gerät, ist das Nicht-Mitspielen zum bloßen Spiel geworden. Kritik wird zur Chiffre, zur Attitüde, zum Stilmittel im Diskurs der Selbstvermarktung. Der Intellektuelle, einst durch seine Mimesis an das Leiden der Welt gebunden, wird zum Schauspieler eines Schmerzes, den er nicht mehr fühlt – ein Schatten seiner selbst, flach geworfen auf die Projektionsfläche gesellschaftlicher Erwartungen.

Was sich hier vollzieht, ist nicht bloß eine moralische Korruption, sondern eine ontologische: die Zersetzung des Intellekts von innen, seine Mutation vom Ort der Reflexion zum Medium der Reproduktion. Der mimetische Impuls, der sich dem Objekt zuneigte, um dessen Fremdheit nicht zu überwältigen, sondern auszuhalten, wird ersetzt durch eine Simulation der Nähe, die nichts mehr berührt, weil sie sich nicht mehr verletzen lässt. Unverletzlich aber ist nur das, was längst gestorben ist.

In diesem Stadium wird der Intellektuelle selbst zur Ware – nicht als Stimme der Kritik, sondern als ihr Image. Er spricht, um wiedererkannt zu werden; er schreibt, um anschlussfähig zu bleiben. Die Wahrheit ist ihm nicht mehr Verpflichtung, sondern Accessoire. Und so ist sein Schatten, sofern er noch einer ist, nicht mehr das Symbol des Eigenen, sondern ein Fremdkörper, der dem Glanz seiner Sichtbarkeit im Wege steht.

III. Lieber konform als anders
Der Konformismus der Krisenjahre

In den Tagen der Pandemie, da das Leben in ein Zwielicht des Ausnahmezustands geriet, wurde nicht nur das soziale Verhalten modifiziert, sondern die Struktur gesellschaftlicher Vergesellschaftung selbst offenbar – nicht als bloß epidemiologische, sondern als ideologische Formation. Angst, Unsicherheit, Schutzbedürfnis – all dies schien die Oberfläche zu bestimmen; doch tiefer darunter wirkte ein Mechanismus, dessen Rationalität nicht der Vernunft, sondern der Vermeidung galt: die Bereitschaft, Differenz zu opfern, um Zugehörigkeit zu simulieren.

Was sich in Talkshows, Feuilletons, den Ritualen digitaler Öffentlichkeit als moralisch überhöhte Diskursbereinigung darbot, war kein Fortschritt an Empathie, sondern Regression im Modus der Humanität: eine Regression zur affektiven Disziplinierung, zur moralischen Affirmation des Bestehenden, getarnt als Solidarität. In einer Gesellschaft, in der jedes Abweichen sogleich unter Verdacht gerät, wurde Konformität zur Tugend umgedeutet – nicht durch äußeren Zwang, sondern als innere Verwandlung des Subjekts. Der Zensor war nicht länger repressiv, sondern verinnerlicht – sein Ort nicht das Staatsorgan, sondern das von Angst zersetzte Gewissen des Einzelnen.

„Lieber konform als anders" – das unausgesprochene Credo einer Epoche, die den Dissens nicht mehr bekämpfte, sondern pathologisierte. Was nicht mitsang im Chor der Zustimmung, galt als gefährlich, nicht aus Argument, sondern aus Abweichung. Der moralische Konsens jener

Jahre war keiner, sondern sein Zerrbild: nicht errungen durch Dialog, sondern hergestellt durch Ausschluss. Zustimmung unter Bedingungen des Drucks ist Konformität, und Konformität – dies Adornos unüberhörbare Warnung – ist die feine, glatte Oberfläche des autoritären Charakters, nicht seine Negation.

Konformität, einst äußerlich aufgezwungen, wirkt heute durch das Medium des Inneren: als Unfähigkeit, gegen das Falsche Nein zu sagen, weil das Ich sich längst mit dem Über-Ich des Gesellschaftlichen identifiziert hat. Die Identität, die sich hier vollzieht, ist keine Selbstwerdung, sondern eine gesellschaftlich verordnete Ich-Verkleinerung – ein Ich, das sein Anderssein nicht mehr als Möglichkeit, sondern als Bedrohung empfindet. In einer solchen Struktur ist die Bereitschaft zur Anpassung keine Tugend, sondern Ausdruck eines beschädigten Bewusstseins, das sich dem *falschen Ganzen* angleicht, um nicht aufzufallen – und dabei genau das aufgibt, was Denken zur Kritik befähigt: seine Negativität.

Adorno hat darauf bestanden, dass in einer Welt, die sich zur Totalität des Identischen formt, das Abweichende das einzig Wahre ist. Doch in den Krisenjahren wurde das Abweichende pathologisiert, ästhetisiert oder gelöscht – nicht aus Vernunft, sondern aus Angst, und nicht aus Überzeugung, sondern aus der panischen Suche nach Evidenz im Anderen. Wer ausschert, wird nicht mehr befragt, sondern markiert: als unvernünftig, unsolidarisch, gefährlich – Kategorien, die sich nicht durch Argumente, sondern durch moralische Suggestion behaupten.

So verschob sich das Feld des Sagbaren, ohne dass es eine Zensur im klassischen Sinne bedurft hätte. Die Angst vor dem Abweichen ersetzte den Widerstand durch Anschlussfähigkeit, das Denken durch Redundanz, die Kritik durch die Pose der Zustimmung. Konformität wurde zur Chiffre für das Überleben im Raum des Sozialen – nicht als Wahl, sondern als Reflex. Und darin liegt ihre Gefahr: Sie entlastet das Subjekt, aber um den Preis seiner Wahrheit.

IV. Öffentlichkeit als Simulakrum
Vom Verschwinden des Intellektuellen in der Sichtbarkeit

Die Öffentlichkeit, einst gedacht als Raum des Austauschs, der Vernunft, der Streitkultur, ist in ihrer gegenwärtigen Gestalt zum Simulakrum ihrer selbst verkommen: Sie existiert, aber als ihr Gegenteil.

Was sich hier darbietet, ist nicht mehr das Forum des Arguments, sondern die Bühne der Sichtbarkeit. Öffentlichkeit ist nicht länger der Ort, an dem sich Wahrheit durchsetzt, sondern der, an dem sich ihre Repräsentationen verwalten lassen – als Images, als Marken, als Strategien der Aufmerksamkeit.

In diesem System verschwindet der Intellektuelle nicht durch Repression, sondern durch Integration. Er wird absorbiert, eingepasst, geglättet – nicht, weil er schweigt, sondern weil seine Rede vorab in ein Raster von Sagbarkeit eingepasst wird, das ihre kritische Pointe neutralisiert. Sichtbar ist er, aber nicht wirksam. Er erscheint – aber als Funktionär seiner eigenen Entmachtung. Was sich hier ereignet, ist nicht die Abschaffung der Kritik, sondern ihre Simulation: ein diskursives Arrangement, das Widerspruch inszeniert, um ihn zu entkräften.

Adornos Diagnose der *Kulturindustrie* – jenes Apparats, der Differenz nivelliert, um sie genießbar zu machen – erweist sich in der Figur des heutigen öffentlichen Intellektuellen als unheimlich aktuell. Die Kritik wird vermarktet, bevor sie wirken kann. Ihr Ort ist nicht mehr der Riss im gesellschaftlichen Bewusstsein, sondern das Feuilleton, die Podiumsdiskussion, der Talkshow-Slot. Die Unversöhnlichkeit der Wahrheit wird zur ästhetischen Geste, zur Haltung ohne Risiko. Das Denken dient nicht mehr der Wahrheit, sondern der Kuratierung eines kritischen Habitus, der umso erfolgreicher ist, je weniger er anstößig wird.

In einer Welt, in der Aufmerksamkeit die letzte Form von Macht darstellt, ist der Intellektuelle gezwungen, seine Kritik in Formaten zu artikulieren, die ihrem Gegenstand widersprechen. Er schreibt, um gelesen zu werden, spricht, um gehört zu werden, erscheint, um zu bleiben – doch in alledem verliert er dasjenige, was ihn konstituieren sollte: die Freiheit, zu sagen, was nicht gesagt werden darf. Die Öffentlichkeit fordert von ihm nicht Aufklärung, sondern Anschlussfähigkeit; nicht Differenz, sondern Wiedererkennbarkeit. Der Intellektuelle wird so zum Spezialisten für kritische Simulation – zur Figur, die das Andere denkt, ohne es zu leben.

Wo Kritik zur Ware wird, verliert sie ihr Negatives. Sie ist dann nicht mehr die Kraft, die dem Ganzen entgegentritt, sondern die Stimme, die es veredelt. Die Gestalt des Intellektuellen, wie sie noch in Adornos Denken aufscheint – der Einzelne, der sich dem Sog der Affirmation entzieht, um dem Leiden der Welt Ausdruck zu verleihen – wird ersetzt durch einen neuen Typus: den Medienintellektuellen, der im Namen der Kritik spricht, aber nur vermittelt durch jene Instanzen, deren Funktion es ist, sie zu neutralisieren.

In dieser Verfassung verliert die Öffentlichkeit ihren kritischen Ernst. Sie wird zum Ort der Repräsentation – nicht der Wahrheit, sondern ihrer Imitation. Und der Intellektuelle, der sich in ihr bewegt, wird zur Karikatur seiner selbst: zur Projektionsfläche eines Bedürfnisses nach Haltung, das sich selbst nicht mehr auszuhalten vermag. Sein Schatten – um das Bild aus Chamisso zu reaktualisieren – ist nicht verkauft, sondern verflüchtigt. Er ist da, aber ohne Substanz; eine Silhouette, gezeichnet vom Licht des Scheins, nicht vom Dunkel der Erfahrung.

V. Schluss: Die Tragik des Gewinns

So wiederholt sich, was Schlemihl erleidet: Der Tausch gegen Zugehörigkeit, die Anpassung an das Bestehende, bringt keinen Gewinn, sondern vielmehr den Verlust der eigenen Substanz. Der Schatten, den der Intellektuelle zu wahren meint – als das unersetzliche Zeichen seines kritischen Selbst –, ist schon längst das Abbild der Selbstverleugnung, ein Relikt, das im Prozess seiner Instrumentalisierung entweicht. Der Intellektuelle, der sich dem Schein des Konsenses, dem Glanz der Anerkennung hingibt, verliert sich nicht nur in der öffentlichen Ansicht, sondern vor allem in der Verletzung des eigenen Denkens. Er wird zum stillen Komplizen eines Systems, das keine Kritik mehr braucht, weil es sich selbst als alternativlos gesetzt hat. In der Geste des Zustimmens, im ahnungslosen Kompromiss mit dem „Falschen Ganzen", hat er sich selbst ausgelöscht.

Die wahre Tragik liegt nicht im Verlust des Schattens, sondern in der Illusion des Gewinns. Der Gewinn, der als Versprechen einer besseren, einer sichereren Existenz erscheint, ist der eigentliche Verlust. Er erscheint als Erlösung, doch in Wahrheit ist er der Weg in die falsche Befreiung: die Entsagung des Widerspruchs, die Aufgabe des Eigenen zugunsten eines Entwurfs des Selbst, der nur im Licht der Gesellschaft, im Zerrbild der Anerkennung existiert. Was der Intellektuelle verliert, ist nicht nur seine Autonomie, sondern auch seine Fähigkeit, der Welt etwas entgegenzusetzen, das nicht schon vorab die Sprache der Gewalt und der Verwertbarkeit spricht.

In einem Zeitalter, das sich die Logik der Beliebigkeit auferlegt hat, ist die Verhandlung der Wahrheit selbst zur Ware geworden. Der Intellektuelle – einst der kritische Geist, der das Unrecht benannte, der Widerstand gegen das falsche Wohl formulierte – hat seinen Platz auf der Bühne der medialen Inszenierungen gefunden, wo er nur noch als „relevant" erscheint, solange er sich den Mechanismen des Marktes unterwirft. Es ist der Verlust der Differenz, der alles Verfälscht, das Denken in die Sphäre des Möglichen entlässt, ohne je den Widerstand gegen das Unmögliche aufzugeben.

Die Tragik des Gewinns ist, dass der Gewinn, den das System verspricht, nichts anderes ist als eine Aufforderung zur Anpassung: Ein Gewinn, der sich als Zwang entpuppt, als eine letzte Tarnung der Entmündigung. Die Freiheit, sich gegen die Welt zu stellen, verwandelt sich in die Freiheit, sich ihr zu unterwerfen – als eine Entscheidung, die nicht mehr zwischen Alternativen, sondern zwischen Konformität und Selbstverleugnung vermittelt wird. Und in diesem unaufhaltsamen Rückzug in das System verliert sich die Möglichkeit der Kritik als das, was sie in ihrer reinsten Form ausmacht: der Wunsch, das Bestehende nicht nur zu hinterfragen, sondern es in seiner Konzeption als Falschheit zu demaskieren.

In dieser Tragik ist die Krise der kritischen Intelligenz nicht nur eine Krise des Denkens, sondern eine Krise des Subjekts selbst, das sich nicht mehr in der Lage sieht, in den Widerspruch zu treten, den die Welt ihm aufzwingt. Der Verlust des Schattens ist nicht der Verlust eines äußeren Merkmals, sondern der Verlust einer inneren Instanz, die das Denken zur Form des Widerstands gemacht hat. Der Schatten, der sich einmal gegen das Licht der Macht stellte, ist nun selbst nur ein weiteres Bild im Spektrum der Überwältigung.

So stellt sich die Frage: Kann es noch eine Form der Kritik geben, die sich nicht in den Sog der Anerkennung, des öffentlichen Konsenses, des falschen Gewinners verliert? Oder sind wir an dem Punkt angelangt, an dem der Intellektuelle nicht mehr als der historische Träger des Widerstands fungiert, sondern als dessen simulierte Vorstellung – ein Schatten seiner selbst, ein Relikt der Vergangenheit, das in der Gegenwart nur noch als Hülle existiert?

Das wahre Problem des Intellektuellen ist nicht die Herausforderung des Verlusts, sondern der Verlust der Fähigkeit, sich diesem Verlust zu stellen. Die Tragik des Gewinns besteht nicht in dem, was er verspricht, sondern in dem, was er uns nimmt: die Freiheit, das Unmögliche zu denken, den Schatten zu wahren, die Abwesenheit des Geistes zu durchbrechen, die Welt so zu verändern, dass sie sich selbst widerspricht.

DAS WELTKLIMA DES FIEBERS

Zur dialektischen Physiognomie des „Zauberbergs

Die Literatur, die sich der Wahrheit annimmt, tut dies nie direkt, sondern immer durch den Umweg der Form – ein Umweg, der in Thomas Manns *Zauberberg* zu einer Art metaphysischem Aufenthalt wird. Hundert Jahre ist es nun her, dass der Roman erstmals erschien, als ein literarisches Fieberthermometer der europäischen Zivilisation. Was zunächst als bloßer Genesungsaufenthalt erschien, erweist sich als dialektische Chiffre einer Epoche: nicht Beschreibung, sondern Absorption der Zeit – sedimentiert, kristallin, in sich gefroren – bis sie, im Moment der Reflexion, ihre eigene Unwahrheit freigibt. Der *Zauberberg* ist kein Roman im emphatischen Sinne – er ist ein Sanatorium des Geistes, in dem Begriffe zur Kur verweilen. Die Figuren erscheinen nicht als Menschen, sondern als Masken einer ideellen Choreographie: Träger eines diskursiven Spiels, in dem das Individuum zurücktritt zugunsten seiner Idee. Sie sprechen nicht, um zu überzeugen, sondern um sich in der Form ihrer Rede zu entäußern; sie handeln nicht im Sinne psychologischer Entwicklung, sondern vollziehen sich als Symptome eines Denkens, das sich selbst inszeniert. In dieser Kulisse aus ewigem Schnee, gepflegter Dekadenz und sublimierter Entropie wird Krankheit nicht mehr als Defekt erlebt, sondern als ästhetische Bedingung: der Körper als Medium der Erkenntnis, der Tod als Bedingung ihrer Möglichkeit. Was Thomas Mann im Sanatoriumsleben erblickt, ist keine bloße Milieustudie, sondern ein Modell: die Suspension aller Praxis, die das Denken erst ermöglicht – und zugleich lähmt.

Die Krankheit, genauer: die Tuberkulose, erscheint hier nicht zufällig. Sie ist die Krankheit der Seele in einer Zeit, in der die Seele längst aus dem Diskurs der Wissenschaft verschwunden ist. Ihre Physiologie ist allegorisch, ihr Verlauf dialektisch. Sie konserviert, was die Moderne vergessen machen will: dass das Leben nicht vom Fortschritt getragen wird, sondern vom Zerfall. Krankheit ist in diesem Roman nicht das Andere der Gesundheit, sondern deren verinnerlichte Wahrheit. In der scheinbaren Ruhe der Liegekur kündigt sich der Weltkrieg an wie ein Herzinfarkt während des Mittagsschlafs.

Hans Castorp, dieser heroische Zauderer, der sich in die Kälte des Denkens verliert, wird zur Chiffre jener Generation, die am Vorabend der Katastrophe in die Philosophie flüchtete, um nicht sehen zu müssen, was aus ihr wurde. Sein Aufenthalt auf dem Zauberberg ist ein Aufenthalt in der Idee. Doch die Idee ist vergiftet, nicht durch das Pathologische, sondern durch das Historische. Die Zeit steht nicht still – sie fault. Sie dehnt sich, verlangsamt sich, verflüssigt sich wie Quecksilber auf dem Zifferblatt einer entgleisten Moderne. In dieser Zeitlosigkeit der Höhe wird jede Bewegung zur Geste, jedes Wort zum Symptom, jeder Gedanke zur Nachhut einer versinkenden Kultur.

Wahrheit erscheint in *Der Zauberberg* nicht als Licht, sondern als Kälte. Sie hat die Temperatur des klinischen Thermometers, das die Grenze zwischen dem Innen und dem Außen, zwischen Sinn und Sinneseindruck auf misst. Wahrheit – das war bei Hegel noch der Gang des Begriffs durch seine Negation. Bei Thomas Mann ist sie die Verlängerung des Fieberzustands über den Punkt der Heilung hinaus. Das Denken selbst wird fiebrig – nicht im Sinne kreativer Inspiration, sondern als Indiz einer Überhitzung, die nicht zur Tat drängt, sondern zur Analyse. Wer auf dem Zauberberg denkt, denkt nicht, um zu handeln, sondern um zu verstehen, dass Handeln womöglich längst obsolet ist.

So wie Hans Castorp nie ganz krank ist und nie ganz gesund, so ist auch die Kunst des *Zauberbergs* nie ganz ironisch, nie ganz ernst, sondern in einem melancholischen Dazwischen suspendiert. Sie trägt den Ernst des Todes im Tonfall der Konversation. Sie weiß, dass jede Entscheidung – sei sie politisch, philosophisch oder erotisch – im Grunde schon gefällt ist, und das einzig Bleibende die Art und Weise bleibt, in der man sie beschreibt.

Das Luxussanatorium wird zur letzten Bastion einer untergehenden Welt, in der die Dialektik von Aufklärung und Mythos nicht mehr produktiv ist, sondern bloß zentrifugal. Die Kontrahenten Naphta und Settembrini führen einen Kampf, dessen Ausgang gleichgültig ist, weil beide Recht haben – und damit Unrecht. Ihre Ideen kreisen wie Planeten um eine Sonne, die längst erloschen ist, aber noch Licht spendet. Diese Sonne ist die Geschichte, nicht im Sinne des Fortschritts, sondern als Ruine, die man bewohnt, weil es keine Alternative gibt.

Und doch stellt sich, inmitten dieser Verlangsamung, dieser süßen Zersetzung, die Frage: Gibt es ein Danach? Ist der Tod wirklich das Ende, oder bloß der Punkt, an dem die Sprache versagt? Der Krieg, mit dem der Roman schließt, ist keine Antwort, sondern ein Ereignis. Dass Castorp in ihm verschwindet, nicht stirbt, sondern sich verliert, ist folgerichtig. Er hat alles gedacht – nur nicht, wie man lebt.

Was in dieser essayistischen Erkundung als Denkbewegung begonnen hat, setzt sich im Folgenden konkretisierend fort – in der Figur Hans Castorps, der nicht steigt, sondern sinkt: in das Element der Krankheit, in die Suspension der Zeit, in eine Wahrheit, die nichts mehr heiligt außer den Tod.

Im „Zauberberg" hat Thomas Mann eine Ästhetik des Morbiden entworfen, in der die Form des Bildungsromans wie in einem Nekrolog sich selbst nachträglich verabschiedet. Bildung, einst humanistische Verheißung, wird zur pathologischen Selbstbeobachtung, zur Thermometrie des Geistes. Hans Castorp, dieser anämische Messias der Mittelmäßigkeit, steigt nicht auf, sondern ein – nicht ins Licht, sondern in die kalte Transzendenz des Berghofes, wo das Pathologische den Kanon ersetzt und das Fieberthermometer zur Pforte metaphysischer Erkenntnis wird. Das Sanatorium, eine Anstalt ohne Zukunft, wird zur Bühne des europäischen Geistes kurz vor dem Zusammenbruch: hier dialogisieren Ideologien, nicht um sich zu verständigen, sondern um sich gegenseitig zu entkräften – bis nichts bleibt als die Nullstelle der Geschichte.

Die Krankheit, mit klinischer Ironie Tuberkulose genannt, ist in Wahrheit der Chiffre für eine tiefere, metaphysische Disposition: jene des Zwischenzustands, der Suspension alles Lebendigen zwischen Leben und Tod. So wird das Kranksein zur Bedingung der Möglichkeit von Reflexion: In der Liegekur wird gedacht, nicht gehandelt. Die Suspension, nicht das Handeln, wird hier zum Ursprung der Erkenntnis – so als sei das Denken selbst schon ein Dekubitus des Willens.

Hierin erweist sich die Dialektik von Krankheit und Kunst. Was bei Nietzsche noch als großartiger Wahnsinn sublimiert, ist bei Mann bereits musealisiert: Die Krankheit wird nicht überwunden, sondern ins Ästhetische überführt. Der Berghof ist Museum und Mausoleum zugleich. Und wie jedes Museum eine Organisation des Todes in Bildern ist, so ist das Sanatorium eine Inszenierung der Sterblichkeit im Kostüm der Konversation. Der Tod wird nicht verdrängt, sondern täglich geprobt. Der Roman ist eine Kulisse für die Theatralik des Verfalls. Der Körper wird gläsern – durch Röntgen, durch die Sprache Hofrat Behrens', durch die kühle Distanz der medizinischen Diagnose, deren Exaktheit jedes Mysterium nur noch tiefer zu machen scheint.

Wie oft bei Mann, steht am Anfang eine Ironie: Die Tuberkulose ist keine Krankheit des Leibes, sondern des Geistes, des Geistes, der zu viel weiß, zu wenig glaubt, zu müde ist, sich in das Weltliche einzulassen. Und so wird Castorps Faszination für die schöne, asiatisch-schlappe Russin Chauchat, die mit dem Geräusch einer nicht richtig geschlossenen Tür in sein Leben tritt, zur Allegorie einer Erotik des Todes. Der Crayon, den er von ihr borgt – wie einst von Přibislav Hippe –, wird zum Fetisch, zum phallischen Zeichen des Begehrens, das sich in der Schwebe zwischen Thanatos und Eros verliert. Diese Erotik ist unzeitgemäß – nicht in Nietzsches heroischem Sinne, sondern im buchstäblichen: Sie widersteht der Chronologie, sie ist eine Verlängerung der Gegenwart in ein ästhetisches Nichts.

Denn alles, was auf dem Zauberberg geschieht, geschieht in der Suspension der Zeit. Die Zeit ist das zentrale Medium der Reflexion – und sie ist zugleich ihr größter Feind. Thomas Mann hat das Phänomen der Zeit nicht bloß beschrieben, sondern in den Text eingeschrieben. Die ersten Monate dehnen sich aus zu einem Epos, die letzten Jahre raffen sich zusammen wie der Vorhang vor dem Abgang. Das Jetzt, das nunc stans, das Schopenhauer als höchste Form der Kontemplation begriff, wird hier zum Symptom. Zeit wird erfahren nicht im Durchgang, sondern in der Erstarrung – wie Schnee, der alles dämpft, aber nichts löscht.

Im Kapitel „Schnee" erreicht Castorp – und mit ihm der Leser – einen paradoxen Höhepunkt: eine Vision der Humanität, geboren aus der eisigen Nähe des Todes. Doch diese Vision bleibt uneinlösbar – wie ein musikalischer Akkord, der keinen Schluss findet. Thomas Mann erlaubt seinem Helden nicht, das Erkannte zu leben. Erkenntnis bleibt in der Sphäre des Ästhetischen gefangen, als hätte Mann selber den platonischen Dualismus von Idee und Wirklichkeit nicht mehr aufheben, sondern nur noch zitieren können. Dass Castorp am Ende in den Schlamm des Ersten Weltkriegs zurückkehrt, ist kein Akt des Handelns, sondern der Schicksalshaftigkeit, die in der bürgerlichen Bildung immer schon steckte.

Der Tod, der sich durch das gesamte Werk zieht – mal als religiöser Mythos, mal als medizinischer Befund, mal als erotischer Schatten – ist nicht nur Thema, sondern Prinzip. Er ist die dialektische Rückseite jeder Wahrheit, die sich auf dem Zauberberg als Differenz von Ideologie und Ideologie entlarvt. Wahrheit ist nicht mehr, was aus dem Diskurs hervorgeht, sondern das, was sich dem Diskurs entzieht: das Verstummen am Rand des Todes, das sich in Naphtas Suizid vollzieht, im irrlichternden Charisma Peeperkorns verdichtet und in der Viatikum-Szene um Barbara Hujus seine liturgische Karikatur erfährt.

Dass diese Wahrheit auch eine musikalische ist – eine, die nicht sagt, sondern summt – zeigt sich in der letzten Szene des Romans, in der Hans Castorp durch das Trommelfeuer des Weltkriegs geht und Schuberts „Lindenbaum" summt. Die Musik, sonst Medium der Transzendenz, wird hier zur letzten Geste des Verlorenen. Ein Ton, der kein Ziel hat, ein Klang, der kein Lied mehr trägt: Musik als melancholischer Rest, als zartes Echo einer Menschlichkeit, die sich im Weltfest des Todes erschöpft hat.

In der Struktur, der Sprache, der Motivik, ja selbst im Symbolischen bleibt der „Zauberberg" ein Werk, das der Idee der Erziehung den Totenschein ausstellt. Bildung, die nicht mehr hinausführt in die Welt, sondern hinein in die Schwebe des Denkens, wird zur Pathologie. Thomas Mann hat einen Initiationsroman geschrieben – doch die Initiation führt nicht in die Freiheit, sondern in die Endlichkeit. Der Zauberberg ist kein Ort der Läuterung, sondern ein Palimpsest des Verfalls, ein mythischer Raum, in dem das Denken sich selber zusieht, wie es zu Boden sinkt – nicht ohne Stil, nicht ohne Musik, nicht ohne Wahrheit. Aber ohne Hoffnung.

So entwirft der „Zauberberg" nicht zuletzt eine Poetik der Unmöglichkeit: die Unmöglichkeit, in einer Welt, die an der eigenen Reflexivität erstickt, noch auf Erlösung durch Erkenntnis zu hoffen. Kunst – hier in der Form des Romans – wird zur letzten Instanz des Widerspruchs: Sie bewahrt, was die Philosophie aufzugeben gezwungen war, nämlich die Möglichkeit, in der Form selbst Wahrheit zu denken. Dass diese Form sich im Roman als Krankheit tarnt, ist keine ästhetische Koketterie, sondern Notwendigkeit. Denn das Wahre, das sich nicht mehr sagen lässt, muss sich zeigen – in der Konstruktion, im Rhythmus, im Stillstand.

Thomas Manns Ironie, diese „Ironie der Verzweiflung", ist dabei nicht bloß ein Stilmittel, sondern ein erkenntnistheoretisches Verfahren. Sie macht sichtbar, dass jedes Pathos längst gebrochen ist, dass das Erhabene, das noch in Goethes Bildungsbegriff leuchtete, nur noch als Parodie überleben kann. Der Zauberberg ist die Ruine des Bildungsromans – ein Werk, das in sich selbst zusammenfällt, aber diesen Zusammenbruch mit einer solchen Musikalität vollzieht, dass im Ästhetischen noch einmal etwas aufscheint, das Wahrheit genannt werden darf. Nicht als Gehalt, sondern als Erfahrung.

Denn wenn Adorno forderte, dass Kunst die Wunden sichtbar machen müsse, ohne sie zu schließen, dann hat Mann diese Forderung erfüllt – auf seine Weise, mit chirurgischer Präzision und opernhafter Überhöhung. Der Tod, der hier als semantisches Zentrum zirkuliert, ist nicht das Ende, sondern das Medium, in dem überhaupt noch gedacht werden kann. Reflexion, die sich ihrer eigenen Sterblichkeit bewusst ist, wird bei Mann zur einzigen Form von Ernst. Alles andere ist Gespräch – brillant, dialektisch, aber letztlich leerlaufend.

Und so kulminiert der Roman in jenem paradoxen Satz, der niemals geschrieben wird, aber jede Zeile unterläuft: dass es eine Wahrheit gibt, die nur in der Form des Scheiterns sich behaupten kann. Der Zauberberg ist dieses Scheitern – als Kathedrale gebaut, als Grabmal vollendet.

AM ABHANG DES IDYLLS

Kirchners Davoser Jahre

Die Idylle als Zwangsjacke. Davos, das weiße Paradies der Lungenkranken, das Landarztidyll der Lebenden, die sich langsam entleiben – es wurde für Kirchner zum letzten Exil. Die Natur, die ihn umgab, war von jener Reinheit, die das Subjekt zum Schweigen zwingt. Wer hier malt, muss entweder der Natur nachgeben oder sich gegen sie behaupten – Kirchner versuchte letzteres. Doch die Schneelast auf den Dächern wurde auch zur metaphysischen Bürde: Das Licht, das seine Bilder erhellte, blendete ihn in seiner Subjektivität. Die gesunde Umgebung, verordnet wie eine Arznei, wurde zum Ort der Krankheit selbst.

Genesung als Gewalt. Dass Kirchner sich durch eiserne Disziplin von Medikamenten befreite, war keine Genesung, sondern ein weiterer Akt der Selbstverformung. Es ist ein Trugschluss der bürgerlichen Moral, dass Abstinenz als Autonomie erscheint – in Wahrheit war die Abstinenz Ausdruck einer noch tiefer verinnerlichten Abhängigkeit: von der Vorstellung des „freien Künstlers", der aus eigener Kraft zu sich selbst zurückkehrt. Der Körper mag geheilt haben, die Wunde blieb: *„Was nicht verletzt ist, ist verdorben."*

Die Maske des Autors. Dass Kirchner unter dem Pseudonym Louis de Marsalle seine eigene Rezeption kontrollierte, ist kein bloßer Eitelkeitsakt, sondern Ausdruck eines zutiefst modernen Misstrauens: Gegen das Wort des Anderen, gegen die institutionalisierte Wahrheit. Wer sich selbst auslegt, ist nicht frei, sondern verzweifelt. Dass er den Diskurs beherrschen wollte, zeigt seine Ohnmacht gegenüber der

Öffentlichkeit – eine Ohnmacht, die zur Herrschaft ausartet. Kontrolle wird zur Karikatur des Dialogs.

Freundschaft als Funktion. Die Begegnungen mit van de Velde, mit Gosebruch, mit Hagemann – sie lesen sich wie Kapitel einer Hoffnung, die sich stets ins Anekdotische rettet. Wo Freundschaft zum Betriebsmittel des Künstlerdaseins wird, ist ihr innerster Gehalt schon verloren. Die „Mäzene" erscheinen wie letzte Requisiten einer Ära, die sich selbst überlebt hat. Jeder Handschlag ist von der Schwerkraft des Kommerzes durchzogen, jede Einladung zur Ausstellung ein Kontrakt in der Ästhetik des Notwendig-Gewordenen.

Der Stil als letzter Halt. Dass Kirchners Malerei flächiger wurde, später abstrakter, dann wieder gegenständlicher – diese stilistischen Modulationen sind keine lineare Entwicklung, sondern Reflexe einer brüchigen Identität. In der Bewegung der Farben ringt einer um Form, während sein Leben formlos wird. Die geometrisch strengen Kompositionen seiner letzten Jahre sind der verzweifelte Versuch, Ordnung in ein Innen zu bringen, das sich auflöst. Das Licht in diesen Bildern ist nicht Hoffnung, sondern Analyse – es seziert das Dasein, nicht um es zu feiern, sondern um es zu überleben.

Der Ausschluss als Wahrheit. Dass 639 seiner Werke als „entartet" entfernt wurden, war für Kirchner nicht nur politische Kränkung, sondern metaphysischer Sturz. Die Gesellschaft, die sich in ihren eigenen Bildern nicht mehr erkennen wollte, erkannte doch am klarsten, was ihre Wahrheit war. Kunst, die nicht integriert werden kann, zeigt am deutlichsten, wie falsch das Ganze ist. *„Es gibt kein richtiges Leben im falschen"* – und doch konnte das Richtige im falschen nicht bestehen bleiben.

Der letzte Akt. Der Tod kam nicht aus dem Dunkel, sondern aus dem Licht der Reflexion. Dass der Künstler sich mit Herzschuss tötete, während ein Bild mit Schafen auf der Staffelei stand, ist mehr als ein Symbol: Es ist die Aporie der Moderne in einem Bild. Das ländliche Motiv, pastoral und fast naiv, kollabiert in jenem Akt, der das Leben selbst verneint. Der Schuss ins Herz war kein Ausbruch, sondern Schlusspunkt – nicht Rebellion, sondern Endgültigkeit. Vielleicht hat er weniger das Leben getötet als die Hoffnung auf ein Werk, das noch gehört werden könnte.

Zweifel am Zweifel. Dass um die Umstände seines Todes Zweifel und Widersprüche bestehen – zwei Einschüsse, keine Schmauchspuren – ist in einer Weise kongruent mit der Dialektik seines Lebens. Selbst der Tod entzieht sich einer endgültigen Klärung. Wie seine Kunst bleibt auch das Ende offen und mehrdeutig: Zwischen dem Zwang zur Selbstbehauptung und der Ohnmacht der Auflösung, zwischen der Scheinbarkeit von Kontrolle und der Tragik der Kapitulation. In einer Welt, in der Wahrheit zu einer Funktion des Systems wird, ist der Zweifel das letzte, wahre Zeugnis des Individuums.

Farbe als Wunde. Kirchners Farben leuchten nicht, sie fiebern. Sie sind weniger Oberfläche als Haut – durchlässig, gereizt, mitunter fiebrig. Die Palette ist kein harmonischer Kosmos, sondern ein Terrain der Reibung. Jede Farbe scheint von innen heraus bestrahlt, als trüge sie ein seelisches Echo in sich. Wenn das Blau in den Gesichtern auftaucht, ist es kein Lichtreflex – es ist der Schmerz der Reflexion. Farbe ist nicht Mittel der Darstellung, sondern Austragungsort des Konflikts. Eine chromatische Dialektik, in der jeder Farbton gegen sich selbst gemalt ist.

Die Bühne des Selbst. Die Fotografien Kirchners, in denen er sich inszeniert – als Indianer, als Schamane, als Arbeiter –, sind mehr als Eitelkeit. Sie sind Metaphern der Zersplitterung. Das Künstler-Ich wird zum Theaterstück, das sich selbst aufführt, um sich zu überleben. Jede Pose ist ein Hilfeschrei in ästhetischer Form, jeder Blick in die Kamera ein verlorener Appell. Dass diese Selbstbilder inszeniert sind, macht sie nicht falsch – sondern wahrer, als das unmaskierte Gesicht es je sein könnte.

Die Natur als Kontrastfolie. Davos, das Hochplateau des Gesundbetens, zwang den Künstler in eine Natur, die kein Gegenüber war, sondern eine Wand. Kirchners Landschaften sind keine romantischen Rückzugsräume, sondern spiegelglatte Fronten: Das Gebirge erhebt sich, aber es antwortet nicht. Der Maler, der aus der Stadt kam, begegnet hier keinem Paradies, sondern einem Exil ohne Trost. Die Berge wurden nicht Kulisse, sondern Kulmination des Verstummens. Was in Berlin noch schrie, hallte in Davos nur noch nach.

Die Ironie des Materials. Holzschnitt, Pastell, Öl – jedes Medium war für Kirchner ein Modus des Widerstands. Nicht, weil es Ausdrucksmittel war, sondern weil es Grenze setzte. Der Holzschnitt: brutal und kantig, eine Kunst des Aussparens. Die Pastelle: flüchtig, verletzlich. Selbst die Ölfarbe, einst Medium der Fülle, geriet ihm zur Mangelerscheinung. Kirchners Materialwahl ist keine technische Entscheidung – sie ist symptomatisch. Das Werk spricht nicht trotz, sondern durch seine Fragilität.

Die Linie als Zittern. Bei Kirchner ist die Linie kein Umriss, sondern ein Symptom. Sie ist nie ruhig, nie neutral – immer Ausdruck, immer Bewegung. Selbst stehende Figuren scheinen zu vibrieren. Der Strich trägt kein Volumen, sondern Spannung. Die Linie sagt nicht: "So ist die Welt", sondern: "So zittert sie." In diesem Zittern liegt die Wahrheit des Expressionismus – nicht als Programm, sondern als Unruhe.

Der Künstler als Ausnahmezustand. Kirchner war nicht krank, sondern hellhörig. In einer Welt, die das Normale feierte, war sein Unbehagen ein Indikator der Wahrheit. Dass er psychisch litt, war keine Störung, sondern Konsequenz. Die Krankheit, die ihm diagnostiziert wurde, war vielleicht nur die Sprache einer Gesellschaft, die sich vor dem eigenen Spiegelbild fürchtete. In einer Zeit, die sich im Funktionalen einrichtete, war der expressive Ausbruch kein Defekt, sondern Widerstand – leise, aber sichtbar.

Die Farbe als Nichtidentisches. Kirchners Farbe verweigert sich der Synthese. Sie „bedeutet" nichts, sie „ist" – aber eben nicht im Sinne mimetischer Deckung, sondern als Chiffre des Unversöhnten. In der Spannung zwischen farblicher Ekstase und formaler Dissoziation kündigt sich eine Wahrheit an, die nicht abbildbar ist. In Adornos Sinn wäre Kirchners Palette der Ort, an dem sich die Unversöhntheit der Welt in sinnlicher Nichtvermitteltheit zeigt. Farbe ist hier nicht Illustration, sondern Widerstand – gegen das Eindämmen, das Verstehen, das Versöhnen.

Das Bild als mimetisches Paradox. In Kirchners Selbstbildnissen malt sich kein Subjekt, sondern dessen Auflösung: das Ich als mimetische Bewegung, die sich selbst nicht mehr einholt. Die expressionistische Verzerrung, das Übermaß an Präsenz, ist gerade Zeichen der Entfremdung. Kirchners Malerei folgt nicht dem Prinzip der Identität, sondern ihrer Verwerfung. In Adornos Sprache: Das Subjekt verliert sich, um Wahrheit hervorzubringen – und geht in dieser Wahrheit notwendig unter.

Autonomie als Chimäre. Kirchners Rückzug nach Davos war kein Befreiungsakt, sondern ein Fluchtpunkt – aus der Moderne in die Stille, die sich als noch unbarmherziger erweist. Die Idee der künstlerischen Autonomie – von bürgerlicher Kunsttheorie zur heiligen Kuh erhoben – wird hier zur Chimäre. In der Einsamkeit verliert das Werk nicht nur sein Publikum, sondern auch seinen Adressaten. Die Natur um Davos war keine Resonanzfläche, sondern die radikale Entgesellschaftung: Die Autonomie, die er ersehnte, war eine Autarkie des Verstummens.

Kunstwerk als beschädigtes Leben. Kirchners Bilder sind keine Heilungen, sondern Verwundungen, die Form angenommen haben. In ihrer expressionistischen Unruhe artikulieren sie nicht das Überwundene, sondern das Unüberwindbare. Sie sind ästhetische Narben – Sedimente des Schocks. Wie Adorno es sinngemäß formulierte: Das Werk ist wahr, wo es der Unwahrheit der Welt sich nicht beugt. Kirchners Werk ist gerade da groß, wo es sich gegen jeden Trost sperrt. Die Schönheit seiner Bilder ist keine Versöhnung, sondern ein schöner Schmerz.

Die Natur als zweite Entfremdung. Der Rückzug ins Gebirge war keine Rückkehr zum Ursprung, sondern Exil im doppelten Sinne: politisch und existenziell. Kirchner, der mit dem „Brücke"-Kollektiv die Großstadt zerlegte, fand in Davos keine Rückbindung, sondern eine neue Form der Entfremdung: Die Stille des Schnees wurde zur akustischen Metapher des Verstummens. Wo in der Stadt die Überreizung des Nervensystems das Subjekt zerschnitt, war es hier die Leere. Adornos Kritik an der Idylle – dass sie selbst schon Lüge sei – findet in Kirchners Davoser Bildern ihre Entsprechung.

Das Kunstwerk als negative Ontologie. In Kirchners Spätwerk, das oft als „ruhiger" bezeichnet wird, kehrt die expressive Gewalt nicht etwa zurück in Form klassischer Ordnung – vielmehr wird sie sublimiert zur Statik der Form. Die Konturen werden klarer, die Farben konzentrierter – aber nichts ist versöhnt. Die geordnete Komposition ist nicht Ausdruck von innerem Frieden, sondern von Disziplin, die aus Not geboren ist. Die Kunst wird zum Ort, an dem das Nichtseiende als das eigentlich Seiende erfahrbar wird: Das Werk als Negativ einer Welt, die sich selbst ausgelöscht hat.

Krankheit als Metapher der Moderne. Kirchners „Nervosität", diagnostiziert, kommentiert, pathologisiert, war kein individuelles Leiden, sondern ein historisches Symptom. Seine Krankheit war das Echo auf eine Welt, die selbst krank war – an Tempo, Technik, Krieg, an der Ideologie des Fortschritts. Die Psychose, die ihm unterstellt wurde, war die innere Logik eines Körpers, der nicht mehr mitkam. In Adornos Duktus gesprochen: Was das Subjekt erleidet, ist oft nur die Sprache einer beschädigten Welt, die sich im Einzelnen sedimentiert.

Der letzte Pinselstrich als Negation. Dass Kirchners letztes Bild unvollendet blieb, ist kein Zufall – sondern notwendig. Die Moderne kennt keinen Abschluss, nur das Abreißen. Der Künstler, der sein Werk unterbricht, unterbricht nicht das Werk, sondern den Mythos seiner Vollendung. Der Selbstmord ist in dieser Perspektive kein Bruch, sondern Konsequenz – einer Ästhetik, die keinen Platz mehr hat für den „ganzen Menschen", weil der Mensch selbst fragmentiert ist. Der Tod vollzieht, was das Werk vorbereitet hat: die endgültige Absage an den Gedanken der Einheit.

IM SCHATTEN DER KRISE

Poetische Selbstreflexionen der Moderne

Die Moderne ist nicht bloß eine Epoche, sondern ein Zustand der permanenten Erschütterung, in dem die Gewissheiten der Tradition zerfallen und das Subjekt, seiner Fundamente beraubt, ins Offene gestoßen wird. In diesem Zwischenraum, wo das Vertraute ins Fragwürdige kippt und das Sagbare an seine Grenze gerät, erhebt sich die Lyrik als Probe aufs Ganze: als ästhetische Selbstreflexion, die die Krise nicht verschweigt, sondern zum Material ihrer Form macht.

Baudelaire, Mallarmé, Rimbaud, George, Valéry, Rilke, Apollinaire — sie alle sind nicht bloß Dichter, sondern Seismographen einer Zeit, die sich ihrer eigenen Brüchigkeit bewusst wird. Ihre Werke sind keine Zufluchtsorte mehr, sondern Laboratorien der Sprache, in denen die Dissonanz, die Fragmentierung, die Auflösung des Subjekts nicht als Mangel, sondern als Bedingung der Möglichkeit von Kunst erscheinen. Die Negation des Gegebenen, das Insistieren auf der Materialität des Wortes, die Skepsis gegenüber jeder versöhnten Form—darin liegt die Wahrheit der modernen Lyrik, die sich selbst befragt und in der Reflexion ihrer eigenen Grenzen die Hoffnung auf das Andere, das Noch-Nicht, bewahrt.

So ist der rote Faden, der sich durch die Konstellation dieser Dichter zieht, die Erfahrung der Krise als Ursprung ästhetischer Produktivität: Das Gedicht wird zum Ort, an dem das Unversöhnte, das Unabgeschlossene, das Unverfügbare nicht nur sichtbar, sondern denkbar wird—und in der Dichte seiner Sprache das Versprechen einer künftigen Wahrheit aufscheinen lässt.

Die Ästhetik der Dissonanz
Baudelaires Negativität als Wahrheit der Moderne

In Baudelaires Lyrik wird Dissonanz zum Prinzip, das die Moderne in ihrer Wahrheit offenbart. Nicht mehr ist das Gedicht Ort der Harmonie, der versöhnten Schönheit; vielmehr ist es die Bühne, auf der das Unversöhnliche, das Zerrissene, zur Erscheinung gelangt. Die Dissonanz, die Baudelaire ins Zentrum seiner Poesie rückt, ist nicht bloß ein ästhetisches Mittel, sondern die Signatur einer Welt, die sich selbst entfremdet hat. Sie ist das Echo einer Gesellschaft, deren Widersprüche keine Auflösung mehr finden, sondern als Bruchstellen im Kunstwerk fortleben.

Baudelaire hebt das Hässliche, das Verfallene, das Abgründige in den Rang des Poetischen und verweigert damit die Affirmation des Schönen als metaphysische Instanz. Die Schönheit, die in seinen Versen aufscheint, ist gebrochen, von Dissonanzen durchzogen, ein Schimmer auf der Oberfläche des Verderbens. In dieser Ästhetik des Bruchs wird das Gedicht zum Ort der Negativität: Es artikuliert, was nicht versöhnt ist, und hält die Wunde offen, anstatt sie zu heilen.

Doch gerade in dieser Unversöhntheit liegt die Möglichkeit der Wahrheit. Die Dissonanz, die Baudelaire zur Form erhebt, ist nicht bloß Ausdruck der Zerrissenheit, sondern Widerstand gegen die Lüge der versöhnten Welt. Das Gedicht, das sich der Harmonie verweigert, bewahrt im Fragment, im Schock, im Hässlichen das Versprechen einer anderen, noch ausstehenden Versöhnung. Es ist die „Versöhnung des Unversöhnbaren", die in der Kunst als Möglichkeit fortlebt, indem sie das Unversöhnte nicht verdeckt, sondern sichtbar macht.

So wird Baudelaires Lyrik, in der Dissonanz zur ästhetischen Kategorie gerinnt, zum Paradigma der Moderne: Sie bezeugt die Wahrheit der Zerrissenheit und hält im Widerstand gegen das Versöhnliche die Hoffnung auf das Andere, das im Bruch, im Fragment, im Nichtidentischen als Möglichkeit fortbesteht.

Man dürfte sich kaum eines größeren Irrtums hingeben als jenem, der in Baudelaires Dissonanz bloß einen Verstoß gegen klassische Formprinzipien wittert. Sie ist nicht bloß Antithese zur Harmonie, sondern deren dialektische Durchdringung – eine Negation, die nicht einfach aufhebt, sondern in sich bewahrt, was sie überwindet. Die Form des Gedichts wird zur Chiffre des Unversöhnten, in der die Erfahrung der Moderne sedimentiert ist: zersplittert, zerbrochen, jedoch nicht sprachlos.

Das Gedicht bei Baudelaire verweigert sich der Identität; es insistiert auf dem Nichtidentischen, auf der Unverfügbarkeit des Sinns. Indem das Hässliche in den Rang des Poetischen gehoben wird, wird das Ideal des Schönen nicht zerstört, sondern als Ideologie kenntlich gemacht. In dieser Negation liegt die Wahrheit: dass es kein wahres Leben im falschen gibt – und dennoch das Gedicht, als Ort des Widerstands, die Spur des Wahren, des Noch-nicht, aufbewahrt.

Baudelaires Lyrik vollzieht nicht bloß eine Wende in der Ästhetik; sie ist ein Akt der Kritik, ein ästhetisches Verfahren, das sich weigert, das Unheil in Schönheit zu sublimieren. Die Dissonanz ist kein Selbstzweck, sondern eine Form des Erinnerns an das, was nicht aufgeht – ein Mahnmal der Geschichte in der Sprache.

Sprachkrise als Wahrheit
Mallarmés Negativität und das Verstummen des Verses

Mallarmés „crise de vers" ist die Signatur jener Moderne, in der das Gedicht, von der Tradition der Form entbunden, an der Schwelle zum Verstummen steht, weil das Sagbare, in seiner Verfügbarkeit, sich selbst entzieht. Nicht mehr ist das Subjekt der Souverän, der im Gedicht sich ausgießt; vielmehr ist es die Sprache selbst, die, von der Last des Ausdrucks befreit, in der Kälte ihrer Materialität aufscheint. Das Verschwinden des Dichters, von Mallarmé als „disparition élocutoire" apostrophiert, ist nicht bloß ein Akt der Selbstverleugnung, sondern die Konsequenz einer Erfahrung, in der das Ich, seiner Unmittelbarkeit beraubt, an die Grenze des Sagbaren gerät.

Die Krise des Verses ist die Krise des Subjekts: Wo der Vers sich weigert, den Atem des Dichters zu tragen, wird die Sprache zur Chiffre des Nichtidentischen, das sich dem Begriff entzieht und dennoch im Gedicht als Negativum, als Spur des Unaussprechlichen, fortlebt. Der Vers, seiner metrischen und semantischen Bindung entkleidet, wird zum Ort der Reflexion über das, was nicht mehr gesagt werden kann und doch als Mangel, als Riss, als Störung in der Sprache persistiert.

Adornos Philosophie liest in dieser Krise die Wahrheit der Kunst: Nur indem das Gedicht sich der Mitteilung verweigert, indem es die Form als Fragment, als gebrochene Totalität darbietet, wird es zum Ort einer Erfahrung, die der versöhnten Welt abhandengekommen ist. Die Negativität der Form, wie sie Mallarmé praktiziert, ist nicht bloß Verneinung, sondern die Möglichkeit, im Scheitern des Ausdrucks das Nichtidentische aufscheinen zu lassen. So wird die Mallarmésche „crise de vers" zur Chiffre einer Ästhetik, die im Schweigen der Sprache, in der Leere des Verses, das Versprechen einer anderen, noch ausstehenden Wahrheit birgt.

Es ist das Paradox des Gedichts, dass es umso wahrer wird, je weniger es sagt. Mallarmés poetologische Entschärfung der Sprache – nicht im Sinn einer Verarmung, sondern als Entzug des Affirmativen – lässt im Verstummen das aufblitzen, was sich der Sagbarkeit prinzipiell entzieht. Das Gedicht wird nicht Ausdruck eines Inneren, sondern Exponat des Scheiterns – einer Sprache, die sich selbst durchkreuzt, nicht um zu lügen, sondern um das Unsagbare in seiner Negativität zu bewahren.

In Mallarmés Vers wird die Sprache auf ihre reine Faktizität zurückgeworfen – Klang, Weißraum, das Schweigen zwischen den Zeilen. Was wie ein Verlust erscheint, ist in Wahrheit die Konstitution eines Raumes, in dem das Nichtidentische sich einnisten kann, ohne gewaltsam begriffen zu werden. Das Gedicht wird zur dialektischen Geste: ein Ort, an dem sich die Sprache nicht erfüllt, sondern aufreißt.

Dass das Subjekt in dieser Dichtung verschwindet, ist kein ästhetisches Spiel, sondern ein Symptom: jenes Subjekts, das in der Moderne seine Souveränität eingebüßt hat, taucht nicht wieder auf als tragischer Held, sondern als Spur – verwischt, entzogen, aber notwendig. Das Ich, das nicht mehr spricht, wird zum Index seiner geschichtlichen Verlorenheit. Was bleibt, ist eine Sprache, die nichts mehr verbirgt, weil sie nichts mehr zu verbergen hat.

So verwandelt sich die „crise de vers" in eine negative Epiphanie: Im Verschwinden des Ausdrucks, in der Suspendierung des Sinns, eröffnet sich der Horizont eines anderen Denkens – eines Denkens, das dem Gedicht nicht als Medium der Mitteilung begegnet, sondern als Widerstand gegen die falsche Versöhnung der Sprache mit der Welt.

Explosion der Form
Rimbaud und die Negativität des poetischen Experiments

Das Gedicht als Sprengsatz der Tradition, als Experimentierfeld einer Sprache, die sich selbst entgrenzt und im eigenen Exzess verzehrt. In Arthur Rimbauds Werk wird die Moderne zur Erfahrung des Bruchs, der Zerrissenheit, der radikalen Infragestellung jeder poetischen und gesellschaftlichen Ordnung. Nicht mehr das Gedicht als harmonische Welt, sondern als Ort der Destruktion, der permanenten Krise, der Explosion des Sinns: Das „trunkene Schiff" treibt nicht auf den Wellen des klassischen Verses, sondern zerschellt an den Klippen seiner eigenen Metaphorik, hebt die Unterscheidung von Bild und Wirklichkeit auf, lässt Sprache zur Materie werden, die sich selbst formt und zugleich zerstört.

Rimbaud, der Rebell, der sich gegen die Erniedrigung der Wirklichkeit panzert, sprengt die Fesseln der Prosodie, verabschiedet den Alexandriner, löst die Bindung von Silbenmaß und Reim, um der Poesie eine neue, anarchische Freiheit zu eröffnen. Die Dichtung wird zur Avantgarde, nicht mehr nachgeordnet der Handlung, sondern ihr voraus, ein Experiment ohne Netz, in dem das Ich sich verliert und neu erfindet. Die Grenze zwischen Poesie und Prosa, zwischen hoher und alltäglicher Sprache, wird durchlässig; das Gedicht wird zum Labor, in dem das Schöne, Wahre und Gute als transzendentale Einheit zerfällt und die Vision des Anderen, Ungekannten, aufscheint.

In den „Illuminations" und Prosagedichten wie „Aube" offenbart sich die Sprache als ein Feld der Möglichkeiten, in dem Bedeutungen oszillieren, Bilder sich überlagern, Perspektiven kippen. Die Einfachheit der Form täuscht: In Wahrheit ist es die Komplexität, die das Gedicht durchdringt, die Vieldeutigkeit, das Spiel mit Mythen, Metamorphosen, der ständige Wechsel von Identität und Auflösung. Rimbauds Dichtung ist ein Akt der Selbstaufhebung – das Ich, das sich in der Sprache verliert, das Gedicht, das seine eigene Lesbarkeit untergräbt, die Welt, die im poetischen Bild nicht mehr abgebildet, sondern neu erfunden wird.

So wird Rimbaud zum Seismographen der Moderne: Die Krise der Form, die Dissonanz der Bilder, die Reflexion auf die Materialität der Sprache sind nicht Defizite, sondern die Voraussetzung einer Poesie, die das Unmögliche wagt. Das Gedicht wird zum Sprengsatz gegen die Welt des Gegebenen, zur Utopie eines anderen Sagens, das im Fragment, im Schock, in der Auflösung des Subjekts seine Wahrheit behauptet.

Was sich bei Rimbaud als Destruktion des Gedichts zeigt, ist in Wahrheit dessen Rettung: Indem die Form explodiert, konserviert sie im Augenblick ihres Zerbrechens die Möglichkeit, anders zu sprechen – oder überhaupt noch zu sprechen, wo Sprache selbst zur Ware, zur Funktion, zur Mitteilung geworden ist. Das Gedicht, das sich selbst zerschlägt, exponiert in seinem Trümmerfeld die Bedingungen seiner eigenen Möglichkeit: es ist das Paradox einer Form, die nur als Negation fortbestehen kann.

Rimbauds Vers wird zur Szene des Widerstreits – zwischen Bedeutung und Material, zwischen Bild und Körper der Sprache. Indem er die klassischen Ordnungen sprengt, macht er erfahrbar, wie sehr jene Ordnung selbst schon Gewalt war. Das Fragment, das Schockhafte, das Uneindeutige – alles, was der tradierten Poetik als Mangel erschien – wird bei Rimbaud zur Kraft des Neuen, das sich nur negativ, im Bruch, im Aufstand der Form, ankündigen lässt.

In diesem Sinne ist Rimbaud nicht bloß der Prophet eines kommenden Ichs, sondern dessen Auflösung: nicht mehr das Subjekt spricht, sondern das Sprechen selbst wird zum Ort der Krise. Was bei ihm untergeht, ist nicht bloß der Vers, sondern die Illusion, Sprache könne noch unmittelbar Ausdruck sein. Gerade darin liegt ihre Wahrheit: in der Anerkennung des Unaussprechlichen als bleibender Horizont des Gedichts.

Die Poesie, die sich gegen das Gegebene richtet, ist nicht affirmativ utopisch – sie ist negativ utopisch. Nicht, weil sie ein Besseres entwirft, sondern weil sie sich weigert, das Bestehende als das Letzte zu akzeptieren. Rimbaud verleiht der Dichtung ihre Sprengkraft zurück – nicht durch Pathos, sondern durch das kühle Feuer der Form, die sich an sich selbst entzündet.

Form als Widerstand
Stefan George und die auratische Negation der Moderne

Stefan George, der Hohepriester einer Kunst, die sich dem profanen Zugriff der Zeit entzieht, hat mit seinem Kreis ein ästhetisches Refugium errichtet, das im Zeichen der radikalen Autonomie steht. Georges Dichtung ist nicht Mitteilung, nicht Ausdruck eines subjektiven Inneren, sondern Manifestation einer Form, die sich selbst genügt und in ihrer Strenge das Alltägliche, das Zufällige, das Unreine verbannt. Die Sprache, von aller Gebrauchsnähe gereinigt, wird bei George zur Skulptur, zum auratischen Artefakt, das sich dem Zugriff des Verstehens ebenso entzieht wie der Vereinnahmung durch den Zeitgeist.

Im Zentrum des George-Kreises steht die Idee einer absoluten Kunst, einer Lyrik, die, gleich dem „Algabal", den Saum des Sagbaren berührt und das Gedicht zu einem Ort macht, an dem Innerlichkeit sich nicht offenbart, sondern verbirgt, sich in die Form zurückzieht, um als reine Möglichkeit, als Potenzial des Geistes, zu bestehen. Die Dichtung wird zum Ritual, das Ich verschmilzt mit dem Ge-Dicht, so dass ein Entwirren kaum noch möglich scheint; der Leser blickt nicht mehr auf das Subjekt, sondern auf das Gedicht als solches, das zum eigentlichen Protagonisten der Moderne wird.

Der George-Kreis, eine exklusive Gemeinschaft von Jüngern und Adepten, ist weniger literarischer Salon als ästhetische Ordensgemeinschaft, in der das Werk des Dichters als Gründungsdokument einer neuen, ja überzeitlichen Ordnung gilt. Hier wird das Leben selbst zum Kunstwerk stilisiert, der Alltag ästhetisch überhöht, die Gemeinschaft als Elite geformt, die sich gegen die Trivialität der Masse stemmt und im Zeichen der Zucht, Sitte und männlichen Disziplin einen neuen Menschentypus zu schaffen sucht.

Georges Modernismus ist ein Antimodernismus, eine Negation der Moderne im Namen ihrer höchsten Möglichkeit: der radikalen Form. In der hermetischen Abgeschlossenheit seiner Kunstwelt, in der Schönheit und Grausamkeit, Tod und Ekstase, Macht und Untergang in dekadenter Umarmung verschmelzen, wird die Dichtung zum letzten Ort des Widerstands gegen die Entzauberung der Welt. Die Gedichte, formal von klassischer Strenge, entheben sich dem Fluss der Zeit, um im „ewigen Augenblick" das Versprechen einer anderen, nicht versöhnten, sondern erhabenen Existenz einzulösen.

So ist George – und mit ihm sein Kreis – der große Außenseiter und letzte Magier der deutschen Moderne: ein Dichter, der das Gedicht als Welt, als Gesetz, als Mysterium behauptet und in der asketischen Strenge der Form die Möglichkeit einer Schönheit aufscheinen lässt, die dem Gewöhnlichen, dem Historischen, dem Vergänglichen für einen Moment entzogen bleibt.

Was bei George als aristokratischer Gestus erscheint – das Absondern, die Formstrenge, die rituelle Selbstverklärung – ist in seinem ästhetischen Absolutheitsanspruch das Symptom eines Zeitalters, das im Zerfall der Bedeutungen die letzte Zuflucht in der Form sucht. Die auratische

Erhabenheit seiner Dichtung ist keine bloße Pose, sondern ein Akt des Widerstands gegen die nivellierende Gewalt der Aufklärung, die alles ins Allgemeine, ins Verständliche, ins Zweckmäßige überführt. Gerade das Unzugängliche, das Formstrenge und Künstlichkeit in sich birgt, ist der Ort, an dem die Kunst sich ihrer Wahrheit nähert.

Die Form bei George ist nicht bloß Stil, sondern Negation: Sie verneint die Welt, wie sie ist, um an ihr Maß zu nehmen. In der Strenge der Metrik, im Pathos des Unzeitgemäßen, artikuliert sich ein utopischer Impuls – nicht in der Hoffnung auf Versöhnung, sondern in der ästhetischen Verweigerung des Gegebenen. Die Gedichte sind Chiffren einer verlorenen Transzendenz, die im Moment ihrer sprachlichen Überhöhung als Schattenriss einer möglichen, anderen Welt erscheint.

Dass George das Gedicht nicht als Ausdruck, sondern als Gesetz versteht, stellt ihn quer zur Moderne und macht ihn gerade dadurch zu ihrem radikalsten Zeugen. Die Ästhetik der Abgrenzung, der Distanz, des Erhabenen ist kein Eskapismus, sondern ein anderes Verhältnis zur Welt: eines, das sie nicht affirmiert, sondern auf Distanz hält, um ihre Wahrheit – in ihrer Abwesenheit – zu wahren.

So ist Georges Dichtung – wider alle historische Vereinnahmung – eine Metaphysik in ästhetischer Gestalt: nicht als System, sondern als Schweigen zwischen den Versen, als auratische Präsenz der Form, in der das Unausgesprochene fortlebt. Seine Gedichte sind keine Botschaften, sondern Monumente des Nichtidentischen – in Stein geschriebene Utopien, die sich weigern, verstanden zu werden, um wahr bleiben zu können.

Form als Prozess
Valérys Cahiers und die Unabschließbarkeit des Denkens

Paul Valérys *Cahiers* sind das Laboratorium eines Geistes, der sich weigert, im Gegebenen zu verharren und der in der Unabschließbarkeit des Denkens seine eigentliche Heimat findet. Nicht das Werk, sondern die Arbeit am Werk, nicht das Resultat, sondern der Prozess, nicht die Vollendung, sondern das ständige Infragestellen des Vollendeten: Das ist das *Movens* dieser 27.000 Seiten umfassenden Topographie des Intellekts, die sich über ein halbes Jahrhundert erstreckt und in ihrer Fragmentarität das Scheitern jeder Systematik zum Prinzip erhebt.

Valéry, der am frühen Morgen, zwischen Tau und Tag, das Denken als „geistige Gymnastik" betreibt, entzieht sich dem Pathos der Inspiration und dem Kult des Genies. Die *Cahiers* sind keine Bekenntnisse, keine Tagebücher, sondern Aufzeichnungen, Skizzen, Versuche, in denen das Ich sich als Funktion des Denkens, als „Gehirnwiese" begreift, die es täglich abzugrasen gilt. Die Identität, die hier sichtbar wird, ist kein Subjekt im emphatischen Sinne, sondern eine Schnittstelle von Beobachtung, Reflexion, Disziplin und Zweifel. „Nicht mehr mit dem denken, was wir als falsch erkannt haben. Mit dem denken, was uns klar geworden ist." Das Subjekt, das sich in den *Cahiers* ausspricht, ist ein sich selbst befragendes, sich selbst unterwanderndes, sich selbst auflösendes.

Die ästhetische Dichte der *Cahiers* besteht in der radikalen Reflexivität, die jede Setzung sofort ihrer eigenen Vorläufigkeit aussetzt. Valéry sucht nicht nach Wahrheit im emphatischen Sinne, sondern nach der Möglichkeit, das Denken als Bewegung, als Versuch, als Exerzitium zu begreifen. Die Notate sind keine Aphorismen, die sich abschließen, sondern Fragmente, die sich wechselseitig kommentieren, widersprechen, fortsetzen. In ihnen wird das Schreiben selbst zur ästhetischen Praxis, zur Form der Selbsterkundung, die sich jeder Dogmatik entzieht und dennoch von höchster Strenge ist.

So werden die *Cahiers* zum Denkraum der Moderne, in dem das Subjekt sich als Experimentierfeld erfährt, als ein Ort, an dem das Geistige nicht in der Produktion von Sinn, sondern in der permanenten Revision, im Zweifel, im tastenden Voranschreiten besteht. Valéry, der sich von der Romantik der Eingebung absetzt, erhebt die Technik, die Disziplin, das Handwerk zur Bedingung der Möglichkeit von Kunst und Denken. Die *Cahiers* sind das Monument einer Skepsis, die sich selbst nicht als Schwäche, sondern als Stärke begreift: In der Unabgeschlossenheit, im Fragment, im ständigen Neubeginn liegt die Würde des Geistes, der sich nicht mit dem Gegebenen, schon gar nicht mit sich selbst, zufriedengibt.

Was sich bei Valéry in der disziplinierten Askese des Denkens äußert, ist die Negation jener metaphysischen Erhabenheit, mit der das Subjekt sich im Ausdruck zu hypostasieren pflegt. Die *Cahiers* sind die Anti-Confessions eines Geistes, der sich dem narzisstischen Reiz der Innerlichkeit entzieht, um in der Kälte der Form das Wärmende der Wahrheit zu bewahren. Ihre Aphorismen, die sich dem Abschluss verweigern, sind keine Trümmer eines zerfallenen Systems, sondern Miniaturen einer Dialektik, die im Prozesshaften das Maß aller Philosophie erkennt: Das Fragment als Form, die der Totalität widersteht.

In der Negativität der *Cahiers* realisiert sich das, was Adorno als wahre Produktivität verstand: das Nichtabschließen, das Offenhalten, das Denken gegen den Strich der Identifikation. Ihre Strenge ist keine rigide Ordnung, sondern Ausdruck der Anstrengung, dem Gegebenen nicht zu verfallen. Dass das Ich hier sich selbst unterläuft, ist nicht Selbstverlust, sondern Selbstkritik, die Form des Widerstands gegen die affirmative Subjektkonstitution bürgerlicher Tradition. Die Formlosigkeit der Form bei Valéry – stets nah am Zerfall, ohne je darin aufzugehen – ist die Signatur eines Geistes, der um die Unmöglichkeit weiß, Wahrheit je vollständig zu erfassen, und gerade darin ihr am nächsten kommt.

So wird Valérys Denkbewegung zur ästhetischen Ethik: nicht im Sinne einer Norm, sondern einer Haltung, in der das Denken seine Kraft aus dem Verzicht auf das Letztgültige zieht. Der Zweifel, den Valéry kultiviert, ist nicht destruktiv, sondern schöpferisch – ein Zweifel, der in der asketischen Ausgesetztheit des Geistes das utopische Moment dessen aufbewahrt, was sich dem Begriff entzieht. Seine Notate sind keine Flucht vor der Welt, sondern die gedankeneigene Weise, ihr nicht beizupflichten.

Das Gedicht als Ort des Unmöglichen
Rilkes poetische Metaphysik

Rainer-Maria Rilke, der Solitär im Geviert der Moderne, ist der Dichter, der das Gedicht als Grenzgang zwischen Sichtbarem und Unsichtbarem, zwischen Leben und Tod, zwischen Ich und Welt neu bestimmt. In einer Epoche, in der die Gewissheiten der Tradition zerfallen und das Subjekt sich im Strom der Großstadt, der Technik, der Entfremdung verliert, wagt Rilke die Rückkehr zum Orphischen, nicht als naive Wiederholung, sondern als bewusste Beschwörung des Anderen im Gedicht. Seine Sprache ist kein Instrument der Mitteilung, sondern Medium der Verwandlung: Sie tastet nach dem Unsagbaren, sucht den Kern der Sprache, in dem die Dinge nicht mehr bloß bezeichnet, sondern zum ersten Mal wahrhaftig angerufen werden.

Die Moderne erscheint bei Rilke als Krise der Darstellung und der Wahrnehmung selbst. In den *Aufzeichnungen des Malte Laurids Brigge* zersplittert die Welt in Fragmente, die Erfahrung wird subjektiviert, das Erzählen gerät an seine Grenzen – das Ich, das erzählt, weiß um die Unmöglichkeit, sich noch in kohärenten Geschichten zu fassen. Die

Gleichzeitigkeit des Ungleichzeitigen, das Nebeneinander von Erinnerung und Gegenwart, von Kindheit und Großstadt, von Innerlichkeit und äußerer Zerstreuung, wird zum Grundmodus seiner Poetik. Rilkes Werk ist durchdrungen von der Frage, wie das Innere, das Unverfügbare, noch Ausdruck finden kann, wenn die äußeren Äquivalente fehlen.

Doch Rilkes Modernität liegt nicht in der bloßen Reflexion dieser Krise, sondern in der poetischen Antwort darauf: Im Gedicht, in der Elegie, im Sonett wird das Vereinzelte, das Flüchtige, das scheinbar Bedeutungslose aufgehoben und verwandelt. Die Dinge, die bei Rilke „uns ansehn", werden zu Trägern einer neuen, fragilen Transzendenz. Das Gedicht wird zur Probe auf das Unsichtbare, zur Anrufung des Möglichen im Angesicht des Wirklichen. Rilke glaubt an die Macht der Dichtung, aber es ist ein Glaube ohne Illusion, ein Wissen um die Fragilität und Vorläufigkeit jeder Form.

Rilkes Dichtung ist keine Rückkehr zur metaphysischen Geborgenheit, sondern ein poetisches Unterfangen, das sich der Leere stellt, ohne sie affirmativ zu bannen. Ihre Transzendenz ist nicht das Jenseitige, sondern die immanente Erschütterung der Immanenz selbst: Das Gedicht als Ort, an dem die Dinge nicht mehr Funktion sind, sondern Widerstand gegen den Begriff, gegen das bloße Für-etwas-Sein. In den Dingen, die bei Rilke sprechen, spricht nicht die Welt, sondern das, was an ihr stumm bleibt.

Wie Adorno das Kunstwerk als das Nichtidentische im Medium der Form denkt, so ist bei Rilke das Gedicht nicht Ausdruck eines Inneren, sondern das Medium, in dem das Innere als Unzugängliches sedimentiert. Die Welt wird nicht dargestellt, sondern in ein Schweigen versetzt, das mehr sagt als jede affirmative Setzung. Die Sprache ist bei Rilke nicht Mitteilung, sondern Unterbrechung – ein Raum, in dem das Subjekt sich seiner selbst entäußert, um der Welt, in ihrer Verstummung, Gehör zu verschaffen.

Dass Rilke sich dem Orphischen zuwendet, ist keine Flucht, sondern die ethische Geste eines Denkens, das im Angesicht der Moderne nicht kapituliert, sondern sich ihrer Verzweiflung aussetzt – mit den Mitteln der Kunst. Die Elegie, die Sonette, selbst die späten Gedichte sind nicht Ausdruck einer verlorenen Welt, sondern Formen, in denen das Verlorene als Spur, als Ahnung, als Fluchtpunkt einer künftigen Ordnung sichtbar wird – eine Ordnung, die sich im Gedicht, und nur dort, imaginieren lässt. In dieser Utopie des Gedichts wird Rilke zum

Zeugen eines Sprechens, das das Verstummen nicht überwindet, sondern zur Sprache bringt.

Das Gedicht als Konstruktion der Wirklichkeit
Apollinaires ästhetische Revolution

Guillaume Apollinaire, der Dichter an der Schwelle, ist der Ingenieur einer Moderne, die sich ihrer eigenen Vermittlung bewusstwird und im Spiel mit dem Material der Sprache die Grenzen von Bild und Wort, von Sinn und Sinnlichkeit, von Realität und Imagination durchlässig macht. In den *Calligrammes* – jenen Gedichten, die sich als Schriftbilder ins Auge graben – wird das Gedicht selbst zum Experimentierfeld einer Ästhetik, die die optische Physis der Buchstaben ebenso ernst nimmt wie ihre semantische Flüchtigkeit. Die Sprache, nicht länger bloßes Medium, wird zum Gegenstand der Reflexion, das Wort zum Atom im Kosmos des Dichters, der im Akt der Verfälschung, der bewussten Verschiebung, die Welt nicht abbildet, sondern neu erschafft.

Apollinaire hebt die poetische Produktion aus dem Schatten der Nachahmung heraus: Wie das Rad nicht das Bein imitiert, sondern einen eigenen Bewegungsmodus erfindet, so ist das Gedicht nicht mehr Mimesis, sondern Konstruktion, ein Akt schöpferischer Imagination, der die Wirklichkeit nicht verdoppelt, sondern transzendiert. Der Surrealismus, den Apollinaire als „esprit nouveau" proklamiert, ist keine Flucht ins Unbewusste, sondern die bewusste Durchdringung der Realität mit dem Licht der Phantasie, ein Surnaturalismus, der die Natur nur als zu überwindende Schwelle anerkennt.

Die Simultaneität, das Nebeneinander disparater Bewusstseinsströme, wird zum Strukturprinzip einer Poesie, die die beschleunigte Wahrnehmung der Moderne nicht nur abbildet, sondern in ihrer Form vollzieht. Das Gedicht wird zur Fläche, auf der Zeit, Raum und Subjektivität sich kreuzen, zur Matrix, in der das Zufällige, das Fragmentarische, das Unverbundene als neue Ordnung aufscheint. In dieser Selbstreflexivität, in der das Gedicht sich seiner eigenen Vermittlung bewusstwird, liegt die Pointe von Apollinaires Ästhetik: Die Realität ist immer schon sprachlich vermittelt, und das Gedicht ist das Labor, in dem diese Vermittlung sichtbar, ja feierlich wird.

So ist Apollinaire der Prophet einer Moderne, die sich nicht mehr mit der bloßen Abbildung des Gegebenen begnügt, sondern in der kühnen

Montage von Zeichen, in der Verschränkung von Wort und Bild, in der Erfindung neuer Mythen das Versprechen einer noch ausstehenden Wahrheit birgt. Das Gedicht, befreit von den Fesseln der Tradition, wird bei Apollinaire zur Feier der Imagination und zur Reflexion ihrer eigenen Bedingungen – ein Ereignis, in dem das Mögliche gegen das Wirkliche aufbegehrt und die Sprache, im Moment ihrer größten Künstlichkeit, zur Wahrheitsprobe der Moderne wird.

Apollinaire entzieht der modernen Sprache die Illusion der Natürlichkeit und entlarvt sie als Konstrukt, das die Welt nicht widerspiegelt, sondern in ihr selbst neue Welten erschafft. Der Bruch mit der traditionellen Form wird zum selbstbewussten Akt der Befreiung: Es ist nicht das Gedicht als bloße Repräsentation, das in Apollinaire einen Platz findet, sondern die poetische Subjektivität, die sich der traditionellen Ordnung entzieht und die Sprache zur Form des Widerstands gegen die Beschränkungen des Denkens erhebt.

Apollinaires Dichtung lässt sich nicht mehr durch das Prisma der klassischen Ästhetik fassen, weil sie sich der klassischen Ordnung verweigert. Sie wird zur Kunst der Fragmentierung, der Asymmetrie und der zerstreuten Wahrnehmung. In der Mehrdimensionalität seines Werkes zeigt sich die Wahrheit der Moderne als eine zugleich irreversible und produktive Zerrüttung des Ganzen. Die Sprache, die nicht mehr nach Vollständigkeit strebt, sondern in ihrer Fragmentierung ihre eigene Wahrheit artikuliert, wird zum Instrument einer neuen ästhetischen Revolution: Sie strebt nicht nach Synthese, sondern nach Offenbarung des Unverbundenen.

Die poetische Praxis Apollinaires, die das Wort als flexibles, wandelbares Material begreift, ist eine Auseinandersetzung mit der Frage, wie die Künste im Angesicht der Krise der Moderne überhaupt noch einen Zugang zur Welt finden können. Es ist die Sprache selbst, die im Experiment mit ihrer eigenen Materialität die Welt nicht mehr nur bezeichnet, sondern in einer formalen Transgression die Welt neu erschafft. Das Gedicht wird in Apollinaire zu einem Labor der Visionen, in dem die Trennung von Bild und Wort, von Bedeutung und Material verschwimmt und in einer neuen ästhetischen Form von Transzendenz aufgebrochen wird.

ZUR DIALEKTIK DES UNWILLKÜRLICHEN ERINNERNS

Es ist nicht das Subjekt, das sich erinnert, sondern die Erinnerung, die das Subjekt überfällt. Der unwillkürliche Akt des Erinnerns ist kein freiwilliger Zugriff, sondern eine Eroberung des Gedächtnisses durch das Vergangene. Der Duft einer Madeleine, der Geschmack eines Tees, ein plötzliches Geräusch – alles sind Invasionen der Vergangenheit, die den Subjektbereich durchbrechen und den Verlust des Erlebten in den Raum der Gegenwart zwingen. Was der Wille nicht fassen kann, fällt ihm zu, wie ein Gegenstand, der seine Bedeutung nur in der Entfremdung offenbart. Das Gedächtnis ist nicht ein Archiv, das aus willentlichem Anstoß die Vergangenheit wiederherstellt, sondern ein Riss in der Gegenwart, der den Abgrund der Zeit zur Erscheinung bringt.

Diese unwillkürliche Erinnerung ist niemals die Rückkehr des Vergangenen, sondern die Unmöglichkeit, es zu behalten. Sie entglitt dem Subjekt bevor es fähig war, sie zu erfassen – sie taucht auf, nicht als Bild der Vergangenheit, sondern als Verfremdung dessen, was war. In dieser Verzerrung kehrt das Vergangene nicht als objektive Wiederholung zurück, sondern als entfremdetes Abbild: etwas, das sich zeigt, aber nie wieder zu fassen ist. Der Duft, der Geschmack, das Geräusch der Madeleine sind nie die unmittelbare Vergangenheit, sondern ihre Unmöglichkeit, wieder vorhanden zu sein. Es ist die

Erinnerung an den Verlust, die das Vergangene erst sichtbar macht – nicht als Rückkehr, sondern als die Verwandlung in Abwesendes.

Die unwillkürliche Erinnerung entzieht sich der Herrschaft des Subjekts. Sie ist das Moment, in dem die Zeit sich selbst entgleitet. Was man sucht, bleibt verborgen, was man nicht sucht, stürzt über einen. Sie ist eine Ankunft, die nie gewünscht wurde, ein Geschenk des Vergangenen, das nicht in die Struktur des Verstehens passt. Was sich über die olfaktorische Spur wiederfindet, ist der Abglanz dessen, was entglitten ist. Und doch kehrt es zurück – als Abwesenheit der Wahrheit. In diesem Moment wird der Gedanke des Vergangenen für das Subjekt erkennbar, ohne je wirklich verfügbar zu werden.

Das Gedächtnis ist nicht der Ort, an dem Vergangenheit bewahrt wird, sondern der Ort, an dem sie nicht mehr sein kann. Es ist ein Verschwinden, das sich im Gegenwärtigen zeigt. Erinnerung ist keine Ansammlung von Bildern oder Daten, sondern ein Moment des Verlustes – einer nimmerwährenden Erinnerung, die im Entgleiten des Erinnerten lebt. Wo der Wille versagt, spricht das Gedächtnis. Und wo der Gedächtnisreflex die Vergangenheit holt, bleibt sie nicht die, die sie war – sondern sie zeigt sich im Licht des Verlorenen, das unaufhörlich verschwindet.

So wird die Erinnerung zum Instinkt des Verstehens, das nie vollständig begreifen kann, was es durchdringt. Die unwillkürliche Erinnerung ist der Moment, an dem das Subjekt die Gegenwart verliert und mit dem Ungewissen konfrontiert wird. Nicht im Denken, sondern im Verborgenen, wird es erfasst – und doch nie vollständig begreifen können, was es selbst enthüllt

MINIMA PROUSTICA

Die Erinnerung, die Proust bei der Hand nimmt, ist keine Idylle des Vergangenen, keine sanfte Rückkehr in das Gelobte. Sie ist vielmehr ein zerrissener Abgrund, der in jeder Reprise den Schmerz der Gegenwart nachzeichnet. Was wir in ihm entdecken, ist nicht das, was war, sondern das, was sich entzieht. Die berühmte Madeleine, die den Ausbruch der Erinnerung initiiert, ist kein harmloses Relikt der Kindheit. Sie ist eine Falltür. Ein Abgrund, der sich öffnet, wo der vermeintliche Halt der Zeit der Täuschung verfällt. Der „Wiedergänger" der Erinnerung ist eben jener – ein Spuk, kein Besitz. Diese Geister sind weder tröstlich noch heilend. Sie quälen den, der sich ihnen zuwenden will, weil sie nicht als Erfahrung zurückkehren, sondern als Fremde, die uns in ihrer Fremdheit entblößen.

Es ist, als würde die Zeit in Prousts Werk nicht vergehen, sondern sich entziehen, als wäre sie ein toter Moment, der durch die Wiederholung nur immer tiefer das zu verstehende Subjekt herausfordert. In der Wiederkehr des Vergangenen liegt keine Erlösung – sie bedeutet vielmehr die Erkenntnis, dass der Augenblick, den wir erlebten, nie wirklich gewesen ist. Was bleibt, ist nur die Erinnerung an seine Abwesenheit. Die Zeit, die uns eine Madeleine präsentiert, offenbart sich als jene, die uns verschlingt, und die Erinnerung als das, was in einem unaufhörlichen, quälenden Prozess niemals ganz erreicht wird.

In den *Minima Proustica* finden wir keine einfache Melancholie, sondern eine Dialektik der Zeit, die nicht nur das Subjekt entstellt, sondern es auch in die Absurdität seiner eigenen Erinnerung entlässt. Was Proust entdeckt, ist das Scheitern der Zeit. Was bleibt, ist nicht der Fortschritt, sondern der Bruch. Die Gegenwart, in die die Erinnerung hereinbricht, ist keine Naht, sondern eine Wunde. Der „Wiedergänger" des Vergangenen steht nicht als Erlöser vor uns, sondern als Ankläger. Er zeigt uns, dass das Vergangene in Wahrheit nichts anderes als ein Phantom bleibt, das die Substanz des Jetzt untergräbt.

Es sind die Risse, die Proust in die Zeit schlägt, die den Blick auf das Unsagbare freigeben. Denn der wahre Bruch, der wahre Schmerz der Erinnerung liegt nicht im Wiedererkennen des Verlorenen, sondern in der radikalen Erkenntnis, dass die Zeit nicht „vergeht", sondern uns verweigert. Es ist nicht das Festhalten, sondern das Loslassen, was den Blick auf das echte Leben freigibt. So ist die Zeit in Proust keine Ausdehnung von Momenten, sondern ein Überfall. Ein Überfall, der sich in das Leben stiehlt, ohne dass es auch nur bemerkt wird.

Wie die Philosophie bei Hegel, so zeigt sich auch in Proust die wahre Dialektik der Erinnerung nicht in der glatten Kontinuität des Zeitlichen, sondern im Widerspruch zwischen dem, was wir erfahren haben, und dem, was uns niemals zugänglich war. Die „wahren" Augenblicke, die von der Madeleine hervorgerufen werden, sind nicht die der Vergangenheit, sondern die der Entfremdung. In dieser Entfremdung besteht die radikale Wahrheit der Erinnerung: Sie zeigt uns nicht das, was war, sondern das, was nie gewesen ist und nie wieder sein wird.

Proust lässt uns einen Blick werfen in die Leere der Zeit – nicht in die Fülle, die wir uns oft ersehnen. In dieser Leere entblößt sich die Gegenwart als das, was sie ist: ein Augenblick, der nichts mehr besitzt als die Endlichkeit seiner eigenen Erscheinung. Und in dieser Erscheinung, in dieser „unendlichen Wunde" der Zeit, kann der wahre Schmerz der Erinnerung liegen.

MINIATUREN ZU PROUST

Falltür der Dinge. Die Erinnerung ist nicht die Schwester der Erfahrung, sondern ihr Wiedergänger. Was gewusst werden will, kommt nicht auf Befehl – es überfällt. Die Madeleine ist kein Requisit, sondern eine Falltür.

Präsenz als Phantom. Erinnerung ist nicht das Fortleben des Erlebten, sondern das Bewusstsein seines unwiderruflichen Verlusts. Was gegenwärtig war, entzieht sich im Moment seiner Wiederkehr: es zeigt sich, indem es verschwindet.

Die Lüge des Willens. Das willentliche Erinnern ist Arbeit am Trugbild. Je stärker das Bewusstsein greift, desto glatter entgleitet der Gegenstand. Erst das Unwillkürliche, die Regung ohne Absicht, vermag etwas vom Vergangenen zu retten – aber nie es selbst, sondern nur dessen Aura.

Liebe als optische Täuschung. Liebe ist das Bedürfnis, erkannt zu werden – ihre Tragik, dass der Andere nicht einmal existiert, wo man ihn am stärksten begehrt. Albertine ist ein Palimpsest: jedes neue Bild radiert das vorige aus.

Der Autor im Spiegelkabinett. Autobiografie als Verstellung: das Ich spricht, indem es sich zerstreut. Was wie Bekenntnis erscheint, ist raffinierte Camouflage. Der Autor ist überall – nur nicht dort, wo man ihn sucht.

Die Metapher als Erlösung. Erinnerung wird bei Proust zur Metapher – sie ersetzt nicht das Vergangene, sie verwandelt es. Kunst beginnt, wo Realität durch Form erlöst wird.

Schneiden statt predigen. Prousts Ästhetik ist unpolitisch wie ein Messer: nicht durch Parole, sondern durch Präzision wird geschnitten.

Sedimente der Zeit. Die Zeit vergeht nicht – sie sedimentiert. Ihre Wahrheit liegt nicht im Ereignis, sondern im Nachhall.

Der Abgrund im Gedächtnis. Erinnern heißt, das Verschwundene zu bewohnen, als wäre es nie gewesen – und gerade dadurch wird es zu einem ständigen Gast. Die Abwesenheit ist kein Leerraum, sondern der Raum, in dem das Vergangene weiterlebt, ohne je vollständig anzukommen. Die Erinnerung lebt nicht von dem, was war, sondern von dem, was nie ganz war. Sie wohnt im Fehlenden, als sei es das Einzige, das bleibt.

Das Erinnerte als Verstellung. Was sich erinnert, ist nie das Erlebte, sondern seine Maske. Das Unwillkürliche entreißt der Zeit kein Fragment, sondern eine Verkleidung, die nur dadurch wahr ist, dass sie lügt.

Die Madeleine als Verrat. Nicht die Süße der Madeleine enthüllt das Vergangene, sondern ihr bitterer Nachgeschmack. Der Geschmackssinn, am tiefsten ins Leibliche versenkt, wird zum Vollstrecker einer Rückkehr, die nichts zurückbringt.

Echos der Abwesenheit. Was erinnert wird, ist nicht, was war, sondern das Echo seines Verschwindens. Je deutlicher die Kontur im Gedächtnis, desto tiefer die Verfälschung. Die Dinge hallen am lautesten, wenn sie schon verstummt sind.

Die Ohnmacht der Gegenwart. Das Jetzt wird vom Einst überfallen wie ein Schlafender von einem Einbruch. Die unwillkürliche Erinnerung ist kein Schatz, sondern ein Einbruchsdiebstahl – sie nimmt der Gegenwart ihre Souveränität.

Aura als Wunde. Was aus der Vergangenheit aufleuchtet, tut es nicht aus Kraft, sondern aus Verletzung. Das Erinnerte strahlt, weil es beschädigt ist. Nur das Zerbrochene zieht den Blick an.

Der Triumph des Nichtgewollten. Wo der Wille schweigt, spricht die Wahrheit. Kein Zugriff, sondern ein Fallenlassen macht das Vergangene kenntlich – als das, was sich dem Zugriff entzieht.

Der Affekt als Archiv. Das Gedächtnis, das am zuverlässigsten arbeitet, ist das der Träne. Nicht das Datum, sondern das Zittern in der

Stimme trägt die Geschichte. Affekte sind die Bibliothek der Zeit – ohne Ordnung, aber voller Wissen.

Erinnern als Verlustbewahrung. Die unwillkürliche Erinnerung ist kein Besitz, sondern ein Nachklang dessen, was nie wirklich uns gehörte. Sie bewahrt das Verlorene nicht, sondern bewahrt es als Verlorenes – und gerade dadurch wahrer als das Faktum.

Der Schatten der verlorenen Zeit. Die Zeit ist der Fluss, in dem wir uns verlieren, ohne uns je gefunden zu haben. Ihr Schatten reicht weit über uns hinaus – nicht als Erinnerung, sondern als ständiger Verlust. Was wir suchen, ist nicht die Zeit, sondern der Trost über das, was wir nie besaßen.

Die Ferne als Abwesenheit. Die verlorene Zeit ist keine Erinnerung an ein anderes Leben, sondern die Abwesenheit eines Lebens, das nie mehr als Ahnung existiert hat. Die Zeit in Trouville ist nicht die Zeit, die wir erlebten, sondern die, die wir uns versagten, während wir ihr nachjagten.

Das Gestern als Insel. Was wir vergangen nennen, ist nicht mehr als eine Insel im Strom der Gegenwart. Sie erscheint wie ein Fernglas, das uns die Küste des Verlorenen zeigt, aber uns nie näher bringt. Wir strecken die Hand aus – doch die Insel wird nur größer, je weiter wir uns von ihr entfernen.

Der Raum des Gedächtnisses. Gedächtnis ist kein Archiv, sondern eine unaufhörlich zerfallende Ruine. In ihm wird das Vergangene nicht bewahrt, sondern als Ruine bewohnt – ein Raum, den wir niemals betreten, ohne ihn durch unser Kommen zu entweihen.

Der stumme Dialog der Zeit. Die Zeit spricht nicht, sie raubt das gesprochene Wort. Wo der Wille das Gedächtnis sucht, da entgleitet die Sprache – nur das Schweigen bewahrt die Zeit, indem es sie in unhörbare Töne zerfließen lässt.

Die Tragödie des Verborgenen. Jede Erinnerung ist ein unvollständiger Akt der Trauer. Der Verlust, der sie begleitet, verwehrt uns das Vollständige. Was im Gedächtnis zu leben scheint, lebt nur als unvollkommene Fiktion – und gerade diese Unvollkommenheit ist das einzig Wahre.

Die Dämmerung der Erinnerungen. Erinnerung ist kein Rückblick, sondern ein Blick in die Dämmerung. Was wir sahen, sieht uns jetzt nicht mehr, und was wir noch glauben zu erkennen, ist nur ein schwaches Schimmern der Zeit, die uns entglitten ist.

Die stille Konvergenz der Zeitebenen. Die verlorene Zeit ist keine Einheit, sondern eine Gleichzeitigkeit des Verschwindens. Sie zerschmilzt in der Gegenwart, in der jeder Moment das vergangene Schicksal widerspiegelt, ohne es jemals begreifen zu können.

Der Kreis des Nichts. Was verloren ist, kommt nicht zurück – es ringt nicht nach Wiedergeburt, sondern nach Verstummen. Die Erinnerung ist ein Kreis, der sich immer wieder schließt, um sich erneut zu öffnen – nie um das Vergangene zu fassen, sondern um die Leere darin zu erfahren.

Die Unruhe des Wiedersehens. Was wir „wiedersehen" wollen, ist nicht das, was war, sondern das, was es nie war. In jedem Blick auf die Vergangenheit entgleitet sie uns – sie ist der ständige Begleiter, der uns nie erreicht. Und dennoch suchen wir immer wieder den Moment, in dem sie uns entglitt.

Die Illusion der Zeit als Besitz. Glaube an die Zeit ist der Glaube, sie besäße eine Form, die wir in unseren Händen halten könnten. Doch die Zeit, die wir für uns gewinnen wollen, hat sich längst entfaltet, noch bevor wir sie begreifen. Besitz ist der letzte Trugschluss der Erinnerung.

Der Triumph der zerbrochenen Zeit. Was zerbrochen ist, kann nicht mehr zurückgelassen werden. Erinnerung ist der Sieg des Fragmentarischen – das Gedächtnis trägt die Wahrheit in den Splittern dessen, was nie vollständig war. Die Zeit, die verloren scheint, ist die einzige, die sich uns entfaltet.

ZUR SYMBOLISCHEN GEWALT

In einer Gegenwart, in der Freiheit zum Signum der Unterwerfung gerät und Autonomie in das Idiom des Zwangs umschlägt, wird der Blick auf die tiefen Strukturen der Macht nicht nur verstellt, sondern durch ihre allgegenwärtige Immanenz systematisch entmächtigt. Gerade weil das Ideologem der Freiheit sich mit den Imperativen der Selbstoptimierung und Effizienz ununterscheidbar zu machen weiß, bedarf es einer kritischen Reflexion, die nicht affirmativ in die Strukturen eingeht, sondern sich ihrem Zwangscharakter widersetzt – durch Denken, das nicht restlos aufgeht in Begriff und System.

In dieser Konstellation gewinnt das Konzept der symbolischen Gewalt seine brennende Aktualität – nicht im Sinne einer bloßen Erweiterung soziologischer Kategorien, sondern als Chiffre jener subtilen Gewaltförmigkeit, die sich in die stofflosen Texturen des Sozialen einschreibt, ohne als solche aufzuscheinen. Je mehr die Diskurse von Emanzipation sich dem Duktus des Liberalismus unterwerfen, desto dringlicher wird es, den Blick auf jene unsichtbare Form von Gewalt zu schärfen, die nicht durch Schlagstock oder Gesetz manifest wird, sondern durch das Subtile, das Alltägliche, das als Selbstverständliches sich Gebende: die symbolische Gewalt.

Bourdieus Verdienst besteht darin, dass er den traditionellen Ideologiebegriff, dem die bewusste Täuschung als Grundfigur eingeschrieben ist, unterläuft, und so die Herrschaft auf jener Stufe sichtbar macht, auf der sie als zweite Natur, als sedimentierte Selbstverständlichkeit wirksam wird.

Symbolische Gewalt – eine Gewalt, die nicht von außen trifft, sondern von innen formt; nicht repressiv zuschlägt, sondern sich ins Subjekt einbrennt, indem sie dessen Dispositionen in das Schema des Sozialen fügt. Sie äußert sich im Gewöhnlichen, im Unauffälligen, im Alltäglichen – und eben dadurch in ihrer gefährlichsten Gestalt. Ihre Wirkmächtigkeit gründet im Unbewussten, nicht weil sie sich dort versteckt, sondern weil das Subjekt selbst aus ihr hervorgeht. Sie ist das, was nicht reflektiert wird, weil es in der Reflexion bereits vorgeformt ist.

Die Gesellschaft erscheint im Horizont symbolischer Gewalt nicht als die Summe äußerer Zwänge, sondern als ein Gewebe aus Dispositionen, die das Verhalten der Subjekte lenken, ohne dass diese in der Lage wären, sich dieser Lenkung bewusst zu werden. Die Gewalt ist umso wirksamer, je weniger sie als solche erscheint – eine Gewalt der Form, nicht der Faust.

Doch genau an diesem Punkt, an dem die Subtilität der Herrschaft sich als ihre eigentliche Stärke erweist, entsteht eine epistemologische Aporie: Wenn die Gewalt des Sozialen nicht mehr als Gewalt erfahrbar ist, weil sie das Subjekt nicht trifft, sondern es hervorbringt, wie ließe sich dann überhaupt ein Standpunkt des Widerstands denken? Jeder Versuch, sich „außerhalb" dieser Strukturen zu positionieren, gerät in Verdacht, eben jenes „Außen" zu konstituieren, das durch die symbolische Gewalt selbst bereits unterminiert wurde. Das Denken, das sich gegen diese Form von Gewalt richtet, muss notwendig von ihr durchdrungen sein – eine Reflexion, die ihre eigenen Voraussetzungen zugleich zu unterlaufen sucht.

Hierin liegt das Moment der Unversöhntheit, das Adorno als Signatur kritischen Denkens begreift: Die Unmöglichkeit, aus der Totalität des Bestehenden auszubrechen, wird nicht zum Grund der Resignation, sondern zum Movens einer Kritik, die sich selbst infrage stellt – eine Reflexion, die nicht auf Konsens, sondern auf Negation zielt.

Bourdieus Theorie, so verdienstvoll sie in ihrer Entlarvung der unbewussten Reproduktionsmechanismen ist, bleibt an dieser Stelle in einem Dilemma befangen: Ihre Erkenntnis scheint jene Position vorauszusetzen, die sie selbst für unmöglich erklärt. Die Frage ist nicht nur, wie symbolische Gewalt funktioniert, sondern ob die Theorie, die sie analysiert, sich von ihr zu emanzipieren vermag – oder ob nicht gerade das Wissen um symbolische Gewalt selbst bereits in der Logik ihrer Reproduktion befangen ist.

Die Kritische Theorie, wie sie Adorno formuliert, verschärft diese Aporie zur produktiven Antinomie. Aufklärung, die sich von Mythos zu lösen sucht, schlägt in ihr Gegenteil um, indem sie zur totalen Rationalität erstarrt, die nichts anderes mehr duldet als sich selbst. Die symbolische

Gewalt ist die Fortsetzung dieser Dialektik mit anderen Mitteln: Wo Freiheit gepredigt wird, herrscht Anpassung; wo Subjektivität beschworen wird, operiert der gesellschaftliche Apparat bereits im Innersten des Denkens.

Das „Falsche Ganze", von dem Adorno spricht, ist nicht bloß die Gesellschaft als Struktur der Ausbeutung, sondern die Totalität der Bedingungen, unter denen überhaupt gedacht, wahrgenommen, empfunden wird. Widerstand gegen symbolische Gewalt kann daher nicht in einer simplen „Bewusstmachung" bestehen, sondern muss in einer radikalen Reflexion auf jene Bedingungen liegen, unter denen Bewusstsein selbst verfasst ist.

Diese Reflexion aber, um nicht in die Affirmation umzuschlagen, muss sich ihrer eigenen Gefährdung bewusst sein: dass sie, indem sie spricht, bereits im Netz der symbolischen Gewalt verstrickt ist. Kritik darf sich nicht als souveräne Instanz gerieren, sondern muss sich im Medium ihrer eigenen Negativität vollziehen. Nur ein Denken, das sich seiner Ohnmacht nicht schämt, sondern sie zur Bedingung seines Geltungsanspruchs macht, vermag den Bann der symbolischen Gewalt zu durchbrechen – oder ihn wenigstens kenntlich zu machen.

Die paradoxale Bewegung des Widerstands besteht darin, dass er sich seiner eigenen Unmöglichkeit stellt – und darin gerade seine Möglichkeit findet. Denn Kritik, die sich über ihre eigene Verstrickung hinwegtäuscht, reproduziert notwendig jene Strukturen, die sie zu überwinden sucht. Kritik aber, die ihre eigene Verfangenheit reflektiert, vermag wenigstens den Riss offen zu halten, durch den hindurch ein anderes Denken denkbar wird.

So wäre die Aufgabe einer kritischen Theorie der symbolischen Gewalt nicht nur, die Mechanismen der Reproduktion offenzulegen, sondern zugleich jene Bedingungen zu benennen, unter denen überhaupt noch von Befreiung zu sprechen ist. Eine Theorie, die nicht davor zurückschreckt, die eigene Komplizenschaft mit der Struktur zu bekennen – und sich dennoch nicht zum Schweigen verdammen lässt. Nur in dieser Spannung, in der Negativität sich selbst reflektiert, kann Kritik ihrer Aufgabe gerecht werden: das Unversöhnte nicht zu glätten, sondern auszuhalten.

DIE DIKTATUR DER SICHTBARKEIT

Platons Höhle ist zurück – nur hat sie heute WLAN. Die Schatten, die ihre Wände bedecken, sind hochauflösend, animiert, mit Werbung unterlegt. Die Gefangenen sind nicht mehr gefesselt – sie sind eingeloggt. Der Weg zur Idee, der einst durch Entsagung führte, ist zur Laufbahn geworden; das Denken, das sich einst gegen die Welt stemmte, richtet sich nun in ihr ein. Was sich früher nur dem Schweigen und der Geduld enthüllte, läuft heute in Echtzeit – als Beweis, dass es war, nicht dass es wahr ist.

Heideggers Begriff der Wahrheit als *Unverborgenheit* hat in der Gegenwart eine zynische Wendung genommen: Was zählt, ist nicht, was wahr ist, sondern was sichtbar gemacht werden kann. In einer Welt, in der alles Transparentwerden zur höchsten Tugend erhoben wird, ist das Verborgene nicht mehr das Noch-Nicht-Erkannte, sondern das Verdächtige. Die Wahrheit wird zur Ware, und ihre Unverborgenheit zum Spektakel. Was sich nicht zeigt, gilt als irrelevant; was sich zeigt, als evident.

Die Gesellschaft der Sichtbarkeit, in der jede Regung, jeder Gedanke, jede Abweichung dokumentiert, archiviert, analysiert wird, bringt nicht mehr Wahrheit hervor, sondern eine neue Art von Dunkel: die Blendung durch das Licht. Es ist nicht mehr das Schattenhafte, das den Blick trübt, sondern die Überfülle an Sichtbarkeit. Alles zeigt sich – und nichts erscheint. Die Aufklärung, die einst aus der Höhle führen sollte, ist zur Dauerprojektion geworden, zur Endlosschleife von Bildern, die nichts mehr verbergen, weil sie nichts mehr bedeuten.

Wahrheit, einst das Entzogene, das der Mühe des Denkens abgerungene, wird zur Funktion algorithmischer Sichtbarkeit. *Unverborgenheit* heißt nun: Klickzahlen, Viralität, Reichweite. Der heroische Akt, dem Heidegger das Wahre abtrotzen wollte, wird zum Konsumakt. Wer heute glaubt, das Wahre liege in seiner Sichtbarkeit, verwechselt Licht mit Erkenntnis – und Transparenz mit Wahrheit. Die Wahrheit aber beginnt, wo die Bilder enden.

In der Gegenwart ist nicht das Verborgene das Problem – sondern das Zuviel an Enthüllung.

Der neue Schatten ist das grelle Licht.

DIE DIALEKTIK DES SICHTBAREN

Transparenz als Verdacht. Nicht mehr das Dunkel weckt das Misstrauen, sondern das Schweigen. In der Gesellschaft der totalen Sichtbarkeit gilt, wer nichts zeigt, als jemand, der etwas verbirgt. Schweigen wird zur Schuld, Nicht-Mitteilung zur Anklage. Der Zwang zur Transparenz ist der neue Konformismus: sichtbar oder verdächtig.

Der blendende Schein. Die Bilderflut löscht die Bilder aus. Was sich permanent zeigt, entzieht sich der Bedeutung. Die Gesellschaft glaubt, durch Sichtbarkeit Wahrheit zu erzeugen – sie erzeugt nur Präsenz. Was überall ist, ist nirgends. Die Sonne, in die Platon seine Erkennenden aufsteigen ließ, brennt heute die Netzhaut durch: es bleibt das Nachbild, nicht die Idee.

Lob der Höhle. Die Höhle war nie bloß Gefängnis – sie war auch ein Schutzraum gegen die Diktatur des Sichtbaren. In ihr war Denken noch möglich, weil der Schatten nicht als Fehler, sondern als Möglichkeit galt. Wer heute aus der Höhle ins Licht tritt, sieht nicht die Wahrheit, sondern den Bildschirm. Der Schatten war humaner.

Aletheia als Spektakel. Was Heidegger als Unverborgenheit fasste, wird heute zur Ware gemacht: das Enthüllte ist nicht das Wahre, sondern das Gesehene. Wahrheit ist, was Klicks erzeugt. Der Logos, dem einst das Denken verpflichtet war, wird ersetzt durch den Algorithmus. Nicht das Wesen wird enthüllt – nur das, was konvertierbar ist.

Wahrheit ohne Zeugen. Vielleicht beginnt das Wahre dort, wo niemand hinsieht. Nicht im Strahl der Öffentlichkeit, sondern im Dunkel des Gedankens, der sich nicht äußert, liegt sein Ort. Die Wahrheit muss sich nicht zeigen, um zu sein. Sie muss nicht sichtbar, sondern möglich bleiben – inmitten einer Welt, die das Sichtbare mit dem Guten, das Verborgene mit dem Bösen verwechselt.

Der Blick als Gefängnis. Der moderne Blick entbindet das Subjekt nicht, sondern verortet es in einem permanenten Zustand der Überwachung. Der Blick ist nicht mehr das Tor zur Welt, sondern die Zwangsvorstellung eines Über-Ichs, das in jeder Regung das Unreine vermutet. Sichtbarkeit wird zur Form der Disziplinierung: Wer gesehen wird, wird verformt. Das Sehen selbst wird zur Bedingung der Existenz.

Die Ästhetik des Abwesenden. Was nicht mehr gesehen werden kann, wird zur Ware der Erinnerung. In der Ära der allgegenwärtigen Präsenz wird das Fehlen zur höchsten Form des Wissens. Es ist nicht das, was sichtbar ist, das den Raum beherrscht, sondern das, was abwesend bleibt. Die Abwesenheit wird zur letzten Bastion der Wahrheit, die dem Rausch der Bilder nicht erliegt, sondern ihn in die Leere zurückweist.

Das Bild als Exil. In einer Welt, in der alles sichtbar werden muss, verlieren die Bilder ihre tiefe Funktion als Spiegel des Unsagbaren. Sie sind nicht mehr Transzendenzen, sondern Gegenstände, die im Licht der Sichtbarkeit ihre Essenz verlieren. Die Bilder werden Exilanten, deren Bedeutung von der Last der Offenbarung erdrückt wird. In ihrer unablässigen Präsenz verschwinden sie in der Abwesenheit der Bedeutung.

Die Gesellschaft der Entropie. Sichtbarkeit ist nicht mehr der Beginn von Kommunikation, sondern das Ende des Dialogs. Was immer gezeigt wird, verliert sich in der Beliebigkeit des Zugriffs. Die Zunahme von Informationen erzeugt keine Klarheit, sondern Chaos: Der Fortschritt der Offenbarung ist der Untergang der Differenz. Die Entropie des Sichtbaren ist die einzige Gesetzmäßigkeit der modernen Gesellschaft.

Die Illusion der Kontrolle. Wer sich sichtbar macht, glaubt Kontrolle über das Bild zu haben – in Wahrheit aber wird er von ihm beherrscht. Das Sichtbare entzieht sich der Intention des Subjekts. Wer sich den Blicken preisgibt, wird nicht gesehen, sondern entstellt. Das Bild regiert, der Blick ist nur ein Sklave, der glaubt, er lenke den Lauf der Dinge. Die Sichtbarkeit ist der neue Fetisch der Macht, die den Untergang im Glanz verbirgt.

ÄSTHETIK DER NEGATION

Sätze gegen das Verstehen

Vom Scheitern des Begriffs und der Überfülle der Form. Der Begriff will begreifen – und scheitert. Kunst entzieht sich nicht, sie überantwortet sich dem Zugriff als Überfülle. Ihre Sprache ist nicht das, was benannt werden kann; sie ist der Rest dessen, was nicht erfasst werden darf. Der Begriff sucht, aber das Werk entfaltet sich im Scheitern des Suchens.

Schönheit als sedimentierter Schmerz. Schönheit ist das geronnene Leiden: eine Spur des Schmerzes, der sich zu der Ahnung eines Anderen sublimiert. Sie spricht nicht das Glück aus, sondern dessen Abwesenheit – die Unmöglichkeit, sich dem Glück zu nähern, weil es bereits von der Welt ausgeschlossen ist. In ihrer Form lebt der Schmerz der Welt, der durch das Schöne hindurchscheint.

Die Erscheinung des Unsagbaren. Kunst vermag, was das Denken zu zerstören vermag: sie bringt das Unsagbare zur Erscheinung, nicht durch Mitteilung, sondern durch die Gestaltung des Unaussprechlichen. Sie ist der Bruch im Denken, der die Kluft zwischen dem Gesagten und dem, was gesagt werden kann, öffnet.

Form als Widerstand gegen Identität. In der Form artikuliert sich der Widerstand des Inhalts gegen die Identität. Kunst ist nicht Ausdruck, sondern Differenz – die sprechende, sich gegen das Verstehen verschließende Differenz, die zugleich das Verstehen zwingt, sich zu verneinen. Sie verweigert sich dem Begriff, um sich im Unverstand zu entfalten.

Ästhetik als Entlarvung des Natürlichen. Ästhetik ist keine Affirmation des Schönen, sondern die Kritik an der Naturalisierung des Hässlichen. Sie entreißt dem Anschein der Natur das, was als Ideologie sich maskiert – sie ist die Entlarvung des Verborgenen, das sich als natürlich ausgibt, um den Blick auf das Unnatürliche zu verstellen.

Das Echo des Unerträglichen. Wer in der Kunst nur das Schöne sucht, überhört den Schrei, der ihre Stille zerreißt. Schönheit ist nicht Trost, sondern das Echo des Unerträglichen, das sich in der Form der Kunst nicht verbergen kann. Sie ruft die Abwesenheit des Schönen ins Gedächtnis und macht den Schmerz der Welt sichtbar.

Die Wahrheit des Unaussprechlichen. Wahrheit in der Kunst ist die Negation des Sagbaren. Sie verweigert jede Botschaft und wird dadurch zur Botschaft des Unmöglichen. Was sich durch den Begriff sagen lässt, ist nicht das Wahre, sondern das, was sich der Sprache verweigert, bleibt wahr. Kunst ist das Gegenteil der Aussage.

Makel als Spur und Negation. Jedes vollendete Kunstwerk trägt den Makel der Welt, aus der es stammt – und zugleich den Trotz, ihr nicht anzugehören. Es ist der Flecken der Welt, der sich in der Form zeigt, aber die Welt zugleich in der Stille des Werkes negiert. Es lebt im Widerstand gegen das, was es zeigt.

Form als Grenze der Freiheit. Gestalt ist sowohl Gefängnis als auch Befreiung. Form bindet, um zu sprengen. Sie ist der Ort der Verinnerlichung, der sich zugleich öffnet, um das, was nicht benannt werden kann, in die Welt zu entlassen. Die Form ist die Grenze, die sich im Akt des Widerstands zur Möglichkeit aufhebt.

Autonomie durch Verweigerung. Das Kunstwerk ist autonom, weil es nicht gehorcht – weder dem Künstler, noch der Welt, noch dem Begriff. Es lebt im Verborgenen, in der Weigerung, sich den Erwartungen zu unterwerfen. Es spricht, aber nicht in den Kategorien des Verstehens; es zeigt sich als Widerstand gegen das Verlangen nach Erklärung.

Die Erschütterung der ästhetischen Erfahrung. Ästhetische Erfahrung beginnt nicht im Verstehen, sondern im Erschüttertsein. Sie ist der Moment des Aufeinandertreffens mit dem Unfassbaren, mit dem, was sich der sprachlichen Fixierung entzieht. Sie lebt in der Leere, die das Verstehen hinterlässt – in der Spannung, die das Unverstehbare hervorbringt.

Schönheit als Verschleierung der Wahrheit. Was gefällt, versöhnt. Was stört, offenbart. Kunst, die nur schön ist, verschweigt die Wahrheit. Sie wird zum Werkzeug der Befriedigung, während die Kunst, die in ihrem Schrecklichen lebt, uns in den Abgrund der Wahrheit führt. Schönheit ist der Schleier, der die Wahrheit verdeckt – der Schmerz ist die Wahrhaftigkeit des Werkes.

Harmonie als Verleugnung der Unruhe. Jede Harmonie in der Kunst ist Schuld: sie beruhigt, wo Unruhe geboten wäre. Kunst muss nicht harmonisch sein – sie muss die Unruhe der Welt widerspiegeln, die in der Harmonie erstickt. Was harmonisch erscheint, ist die Verleugnung dessen, was als Unvollkommenheit das Werk durchdringt.

Das Schweigen als Ausdruck des Unaussprechlichen. In der Spannung zwischen Ausdruck und Stille lebt das Kunstwerk – als Möglichkeit des Unmöglichen. Es ist der Raum, in dem das Unaussprechliche zwischen den Linien, zwischen den Worten lebt. Es spricht durch das Schweigen, und im Schweigen spricht es das, was der Begriff nie erfassen wird.

Die Fragmentierung als Wahrheit der Kunst. Die Wahrheit der Kunst liegt im Fragment: das Ganze wäre Lüge. Was als Ganzes erscheint, ist stets eine Verzerrung – das Werk bricht in seiner Fragmentierung das Bild, das es von der Welt projiziert. In der Bruchstelle erscheint das, was wirklich ist.

Das Vergessene in der Form der Kunst. Kunst ist das Erinnern des Vergessenen, nicht durch Inhalt, sondern durch die Form, die sich dem Zugriff entzieht. Sie erinnert nicht in Worten, sondern in den Formen des Unaussprechlichen. Das Vergessene lebt in der Form als das, was nicht mehr gesagt werden kann – als das, was immer schon in ihr verwehrt war.

Das Wahre als Schatten der Form. Das Wahre erscheint in der Kunst nur, weil es sich dem Begriff entzieht – wie ein Schatten, der mehr zeigt als das Licht. Das Wahre ist das, was nie vollständig erscheinen kann, weil es sich immer dem Greifen entzieht. In der Dunkelheit der Form lebt die Wahrheit, die der Begriff nie fassen wird.

Die Monaden des Leidens im Kunstwerk. Kunstwerke sind Monaden des Leidens: verschlossen, doch von der Welt durchdrungen. Sie tragen in sich das Unfassbare der Welt, die in ihrer Form zerbricht. Sie leben von der Spannung zwischen der Verschlossenheit des Werkes und der Durchdringung durch das Leid der Welt.

Kunst als ständige Negation. Das Kunstwerk schweigt nicht, es widerspricht – seiner Zeit, seinem Medium, seiner eigenen Möglichkeit. Es ist der Widerstand gegen das Gegebene, gegen das Erwartete, gegen das Begreifbare. Kunst ist die ständige Negation dessen, was sie könnte sein, weil sie immer mehr ist, als sie zeigt.

Der Zerfall des Verständlichen in der Kunst. Verständlichkeit ist die Ideologie der Kommunikation – Kunst ist der Störfall, nicht die Botschaft. Sie ist der Bruch, der in der scheinbar einfachen Kommunikation entsteht, der Moment, in dem die Worte nicht mehr die Welt abbilden können, sondern in sich selbst zerfallen. Kunst lebt vom Zerfall des Verständlichen.

Kunst als offene Wunde des Unvereinbaren. Kunst ist der Ort, an dem das Nichtidentische Form annimmt – nicht als Lösung, sondern als offene Wunde. Sie ist der Moment, in dem das Unvereinbare in der Form sichtbar wird, ohne dass es sich zur Identität fügt. Kunst lebt in der offenen Wunde, in der das Unvereinbare in der Form erscheint.

Die Geheimnisbewahrung der wahren Kunst. Das Werk, das sich vollständig erschließen lässt, hat sich selbst verraten. Es ist das Werk der Aufklärung, das aufhört, Kunst zu sein, weil es der Welt ihr Geheimnis preisgibt. Wahre Kunst bleibt im Geheimnis, selbst wenn sie sich zeigt – sie entzieht sich der vollständigen Offenbarung.

Die Form als Widerstand gegen den Begriff. Die Form ist nicht Gefäß, sondern Widerstand: sie enthält nicht, sie hält entgegen. Sie ist der Moment der Verweigerung des Begriffs, der sich in der Form bricht.

Kunst ist nicht das, was gefasst wird, sondern das, was sich dem Fassen entzieht – sie bleibt im Widerstand.

Kunst als Umkehrung der Welt. Kunst ist nicht das Andere der Welt, sondern ihr Echo in Verfremdung – erkennbar nur, wenn man sich nicht erkennen will. Sie ist das Unmögliche, das in der Welt lebt und sich ihrer entzieht. Kunst ist die Welt in ihrer Umkehrung, ihr Echo im Verborgenen.

Das Kunstwerk als Abdruck der Unversöhnlichkeit. Das Werk ist nicht Ausdruck, sondern Abdruck – der Welt, des Subjekts, ihrer Unversöhnlichkeit. Es ist die Spur, die bleibt, nachdem der Versuch, die Welt zu begreifen, gescheitert ist. Kunst ist der Abdruck des Unaussprechlichen, das sich in der Form bricht.

Die Kunst als Entlarvung des Begriffs. Das Kunstwerk entzieht sich nicht nur dem Begriff, es entlarvt ihn als eine Gewalt, die es niemals begreifen wird. Was sich als Begreifen präsentiert, ist nur das verzweifelte Festhalten am Unbegreiflichen. Kunst zeigt sich nicht in der Klarheit des Verständnisses, sondern im Unwillen, sich zu fügen. Sie lebt von der Unmöglichkeit, dass der Begriff sie fassen kann – und sie ist umso wahrer, je weiter der Begriff von ihr entfernt bleibt.

Form als Klammer des Widerstands. Die Form ist nicht die Hülle, in der der Inhalt erscheint, sondern die Klammer, die ihn zurückhält, um das Unaussprechliche anzudeuten. Sie trägt den Widerstand gegen das, was sie fassen soll, und in ihrer Spannung lebt der eigentliche Inhalt. Wo die Form starr wird, verliert sie ihre Funktion als Gefäß – sie wird zum Widerstand, der sich gegen das Verständnis erhebt.

Die Kunst als Stimme des Unaussprechlichen. Wahrheit ist nicht das, was gesagt werden kann, sondern das, was sich der Sprache entzieht. Die Kunst ist der Ort, an dem das Unaussprechliche seine Stimme findet, nicht durch das Sagen, sondern durch das Schweigen, das aus der Form spricht. In der Kunst spricht nicht der Wille, sondern das Unverlangte, das uns über den Begriff hinausführt.

Schönheit als Erinnerung an das Unmögliche. Schönheit ist nicht das, was sich in die Welt einfügt, sondern das, was sich ihr entzieht. Sie ist der

Glanz des Abwesenden, der Schmerz, der in der Möglichkeit des Schönen verborgen liegt. Schönheit ist die Erinnerung an das, was nie war, der unverstellte Blick auf das, was unmöglich ist, und doch von der Kunst beharrlich ersehnt wird.

Die Wahrheit im Schweigen der Kunst. Das Werk spricht nicht das Ausgedrückte, sondern das, was jenseits des Ausdrucks liegt. Es ist der Raum zwischen den Worten, der über das Verstehen hinausführt. Im Moment der Begreifbarkeit verliert es seinen Sinn, im Moment des Widerstands gegen das Begreifen jedoch entfaltet es die Wahrheit. Die Kunst ist das Schweigen, das spricht, weil es nicht spricht.

Die Schönheit als Kollision von Form und Inhalt. Die Schönheit der Form ist nicht ihr Geheimnis, sondern die Entblößung des Widerstands. Was als Schönheit erscheint, ist die Kollision von Form und Inhalt, der in seiner Widersprüchlichkeit aufscheint. Die wahre Schönheit entzieht sich dem reinen Genießen und verweigert sich jeder einfachen Erklärung. Sie lebt im Überfluss, der uns gerade deshalb überfordert.

Kunst als Widerstand gegen das Verstehen. Kunst ist der Übergang zur Wahrheit, der im Scheitern des Begreifens liegt. Was als Kunstwerk erscheint, ist der Moment, in dem das Verstehen gescheitert ist und die Wahrheit an den Rand gedrängt wird. Kunst lebt von dieser Spannung, diesem Widerstand gegen das Erklärbare, und gibt uns das Gefühl der Unmöglichkeit der Erkenntnis.

Das Werk als Subversion des Ausdrucks. Ein Werk ist nicht der Ausdruck des Künstlers, sondern der Ausdruck des Widerstands gegen das, was der Künstler hätte sagen wollen. Der Künstler ist derjenige, der sich in die Form fügt, ohne sie zu beherrschen. Kunst ist die Subversion des Ausdrucks, der in seiner Form die Sprachlosigkeit des Künstlers wiedergibt.

Kunst im Widerstand gegen die Interpretation. Das Werk wird nicht durch das Verstehen ergriffen, sondern durch das Nichtverstehen, das ihm inhärent ist. Jede Interpretation ist eine Gewalttat gegen das Werk, weil sie es in ein System der Verständlichkeit zwingt, dem es nie gehorchen wollte. In seiner unverständlichen Fülle entfaltet das Kunstwerk das, was sich der Sprache verweigert.

Form als Bruch des Verstehens. Form ist nicht Harmonie, sondern der Widerstand der Substanz gegen das Verstehen. Sie ist der Ort, an dem der Inhalt zur Wahrheit wird, indem er nicht sichtbar wird, sondern sich nur im Bruch mit der Wahrnehmung offenbart. Kunst lebt von diesem Bruch – der Bruch der Form, der Bruch des Inhalts, der Bruch des Verstehens.

Das Kunstwerk als Fragment des Unaussprechlichen. Was als Kunstwerk erscheint, ist nicht das Ausdrucksvolle, sondern das Unaussprechliche, das sich in der Form bricht. Die Kunst ist die äußere Form des Inneren, das sich nie ganz fassen lässt, aber immer wieder im Versuch, es zu fassen, sichtbar wird. Im Bruch der Form liegt die Wahrheit der Kunst – sie ist das Fragment des Unaussprechlichen, das dennoch spricht.

Kunst als Negation des Begreifens. Kunst ist die Negation des Begreifens – der Moment, in dem das Verstehen zu Ende kommt. Sie ist die Art und Weise, wie der Widerstand gegen das Verständnis zur Bedeutung wird. Das Kunstwerk gibt uns nicht das, was es ist, sondern das, was es nie sein kann. In diesem Unmöglichen entfaltet sich die Wahrheit der Kunst.

Das Kunstwerk als Sprache des Scheiterns. Das Werk ist nicht das Produkt des Künstlers, sondern der Abglanz seiner Unfähigkeit, sich in der Welt auszudrücken. Es ist der Moment des Scheiterns, in dem der Künstler sich in die Form zurückzieht und in ihr eine Wahrheit entdeckt, die er nie ausdrücken konnte. Die Kunst ist die Sprache des Scheiterns, die uns in der Unmöglichkeit der Aussage die Wahrheit zeigt.

Kunst als das Unmögliche des Verstehens. Wo alles verstanden wird, ist die Kunst verschwunden. Sie lebt in der Unmöglichkeit des Verstehens – im Augenblick, in dem der Begriff zerbricht. Kunst ist das, was den Begriff übersteigt, indem es sich ihm nicht fügt. Der wahre Wert der Kunst liegt nicht im begreifbaren Ausdruck, sondern im Unaussprechlichen, das sie hervorbringt.

Kunst als Paradoxon des Ausdrucks. Die Wahrheit in der Kunst ist nicht das, was gesagt wird, sondern das, was sich dem Sagen entzieht. Sie ist der Moment, in dem das Gesagte seine Bedeutung verliert und in der Unklarheit der Form die Wahrheit aufscheint. Kunst ist das Paradoxon des Ausdrucks – der Versuch, das Unmögliche zu sagen, ohne sich zu verlieren.

Die griechische Kunst als Sprache der Transzendenz. Die griechische Kunst ist keine Abbildung der Welt, sondern ihr Widerstand. Sie findet das Schöne nicht im bloßen Abbilden des Seienden, sondern im Streben nach dem, was jenseits des Realen liegt. Die griechische Skulptur ist nicht das Werk des Künstlers, sondern die Erhebung des Körpers zum Symbol des Unaussprechlichen. Der wahre Ausdruck des Schönen ist nicht in der Vollkommenheit der Form, sondern im unaufhörlichen Versuch, den Zustand des Göttlichen zu fassen.

Aristoteles und die Kunst als Immanenz des Schönen. Aristoteles nimmt die Kunst in den Dienst des Verstehens, doch gerade in diesem Dienst entsteht ihre wahre Schönheit. Sie ist nicht die Flucht aus der Welt, sondern die präziseste Form der Auseinandersetzung mit ihr. Das Kunstwerk ist nicht das Übersteigen der Realität, sondern ihre tiefere Immanenz: In der harmonischen Gestaltung des Schönen wird die Wahrheit des Seins in den materiellen Formen sichtbar. Doch in dieser Sichtbarkeit bleibt das Schöne stets in Spannung zur Welt des Sinnlichen, unvollständig und nie ganz begreifbar.

Das Kunstwerk als Zerrbild der Schönheit. Das Kunstwerk ist keine bloße Darstellung des Schönen, sondern seine Zerrform. In seiner Unvollkommenheit zeigt es das Schöne nicht als ein ideales Ganzes, sondern als das, was sich der Vollkommenheit entzieht. Die Kunst lebt von der Widersprüchlichkeit der Schönheit: Sie ist das, was nicht erreicht werden kann und doch immer wieder als Möglichkeit im Kunstwerk auftaucht. Schönheit in der Kunst ist nicht der Vollzug der Form, sondern der Bruch, der uns in die Fragilität des Ideals führt.

Die Ästhetik der Entfremdung. Die wahre Schönheit der Kunst liegt in ihrer Fähigkeit, uns zu entfremden. Sie ist der Moment, in dem das Gewohnte zu einem Fremden wird, das Naheliegende uns entfremdet und uns mit dem Unverständlichen konfrontiert. In dieser Entfremdung liegt die wahre Kraft der Kunst: Sie entfernt uns vom Gewohnten und zwingt uns, das Bekannte neu zu sehen. Das Kunstwerk ist der Ort, an dem die Entfremdung nicht als Mangel, sondern als Möglichkeit der Wahrheit erscheint.

PHANTASMAGORIEN DER ALLTÄGLICHEN OHNMACHT

Was sich als Mitte ausgibt, ist oft nichts als die Trägheit des Denkens, das in seiner Bewegtheit erschöpft ist, bevor es je ein Ziel erreicht hätte. Der Mythos der Mitte, der so gerne als Maß und Mäßigung gefeiert wird, ist in Wahrheit das Sediment der Resignation: Denken, das sich selbst abbricht, aus Angst, sich zu verlieren, ehe es sich je gefunden hätte. Es ist die Selbstneutralisierung der Vernunft im Dienste eines Konsenses, dessen Totalität sich nicht aus Gewalt, sondern aus Müdigkeit speist.

Die neoliberale Unbehaustheit ist keine bloße ökonomische Disposition, sondern ein affektives Dispositiv – der Verlust des Ortes als Verlust des Selbst. Es ist die Entortung des Subjekts, die zugleich dessen Entwirklichung meint: Wer keinen Ort mehr hat, hat auch kein Außen mehr, von dem aus Kritik möglich wäre. Adorno schrieb einst, dass „es kein richtiges Leben im falschen gibt" – und doch wird diese Unmöglichkeit heute als Lifestyle gefeiert: mobil, flexibel, ungebunden. Das Ich wird zur Bewegungsform des Kapitals – es rotiert, es optimiert, es funktioniert. In der Ikonographie dieser neuen Obdachlosigkeit lächelt das Glück aus den Bildschirmen, wo der Schmerz verschämt unter der Ästhetik des Funktionierens verborgen liegt.

Das Subjekt hat sich selbst liquidiert – nicht durch Zwang, sondern durch Anpassung. Die Identität, die sich einst als Ausdruck innerer Autonomie verstand, verkehrt sich zur Performance einer Rolle, deren Drehbuch von Marktlogik und Erwartungskonjunktur geschrieben wird. Wo früher Charakter war, ist nun Profil. Was als Selbstverwirklichung erscheint, ist oft nur das Resultat der erfolgreichen Internalisierung des äußeren Blicks. Die Affirmation ersetzt die Reflexion, die Kuratierung das Denken.

Der Konsens, dem sich alle unterwerfen, ist die Form, in der sich die Ohnmacht tarnt – nicht mehr als Angst, sondern als Zustimmung. In ihm liegt eine neue Form der Herrschaft, die ihrer eigenen Unsichtbarkeit wegen umso effektiver wirkt. Die Freiheit, die man empfindet, ist nur das Echo der Optionen, die einem zur Auswahl gestellt wurden. Die Wahl ersetzt die Entscheidung, das Angebot den Begriff.

Wo einst Klassen standen, stehen nun Lebensstile: fluide, konturlos, jederzeit kündbar. Die soziale Frage wird zur Geschmacksfrage, der Widerspruch zur Diversität. Die Entpolitisierung des Sozialen geht einher mit seiner Ästhetisierung: Man trägt Armut wie eine Marke, konsumiert sie als Narrativ, während ihre strukturellen Ursachen im Glanz der Selbstverantwortung verschwinden.

Der Sozialstaat wird zur Kulisse für den Markt, der sich als Mensch ausgibt – in der Sprache der „Empathie", des „Empowerments", der „Chancen". Doch diese Begriffe sind leer, weil sie auf ein Subjekt zielen, das es nicht mehr gibt. So zerfallen Subjekt und Struktur zur selben Zeit, ineinander und gegeneinander – und die Freiheit, die bleibt, ist die der Auswahl zwischen Abhängigkeiten.

In dieser Konstellation wird Ohnmacht zur Grundstruktur des Alltags – nicht in ihrer alten, sichtbar-materiellen Form, sondern als subtile Präsenz in jeder Entscheidung, jeder Handlung, jedem Wunsch. Die Phantasmagorie der Selbstverwirklichung blendet die Erfahrung der eigenen Bedeutungslosigkeit aus. Die Welt ist nicht mehr zu groß, sondern zu glatt: Ihre Oberfläche reflektiert das Ich, ohne es je zu erreichen.

Adorno sprach vom „Verblendungszusammenhang" – jenem Zustand, in dem die Verhältnisse so total sind, dass sie sich in ihrer Totalität unsichtbar machen. Die spätmoderne Form dieses Zusammenhangs ist die Illusion des Individuellen: Jeder glaubt, frei zu sein, weil jeder dieselbe Freiheit hat, sich zwischen standardisierten Optionen zu bewegen.

Das Denken, das diesen Zustand durchdringen will, muss sich seiner eigenen Fragwürdigkeit aussetzen. Es kann nicht affirmativ sein, es muss tastend, negativ, ungeduldig bleiben. Es muss die Worte so lange gegeneinander reiben, bis sie knistern – nicht um zu wärmen, sondern um das kalte Licht zu erzeugen, das notwendig ist, um im Nebel des Allgemeinen nicht zu erblinden.

SPLITTER I.

1. Natur als zweite Unschuld

Nicht die Natur selbst ist das Unschuldige – sondern das, was an ihr nicht aufgeht. Ihre Schönheit ist keine Eigenschaft, sondern ein Widerstand gegen die Totalität. Das Natürliche berührt, weil es sich nicht vollständig beziffern lässt. Es verweigert sich der Sprache der Zweckmäßigkeit, bleibt eine Erfahrung jenseits der Berechenbarkeit. In der Kunst der Natur findet das Subjekt eine Erinnerung an das, was nicht gesagt werden kann, das, was dem Zugriff der rationalen Ökonomie widersteht. Und in diesem Widerstand liegt ihre wahre Bedeutung.

2. Die Landschaft ist das Echo einer verlorenen Welt

Was als schön empfunden wird, ist nicht, was ist – sondern was hätte sein können. Die Landschaft ist nicht Natur, sondern Naturerinnerung: kontaminiert von Geschichte, doch nicht ganz von ihr gefangen. Sie trägt die Spuren der Zerstörung in sich, zugleich aber auch das versäumte Versprechen einer Harmonie, die nicht mehr erreichbar ist. Die Schönheit der Landschaft verweist auf den Verlust des Ursprünglichen und erinnert an eine andere Zeit, an das, was wir nicht mehr haben, weil wir es nicht zu bewahren vermochten.

3. Die Utopie hat keinen Ort – aber eine Form

Was erträumt wird, darf nicht identifizierbar sein, sonst ist es bereits korrumpiert. Die Utopie ist kein Plan, sondern ein Riss. Ihre Wahrheit liegt nicht im Inhalt, sondern im Leuchten der Möglichkeit. Der Traum vom besseren Zustand der Welt ist nicht eine vorgestellte Realität, sondern eine Möglichkeit, die im Moment des Unmöglichen aufscheint – als Moment des Widerstands gegen das Gegebene. Wo der Platz für das Utopische bleibt, entsteht die Ahnung einer anderen Ordnung, die weder vorstellbar noch tatsächlich denkbar ist. Ihr Wesen ist nicht das Vorhersehbare, sondern das Unbestimmte, das immer gerade noch über das Machbare hinausgeht.

4. Fragmentarisches Denken ist Treue zum Unabgeschlossenen

Systeme versprechen Vollendung, Fragmente lassen Platz. Die Form des Fragments sagt nicht weniger, sondern mehr: nicht als Summe, sondern als Ahnung. Die Wahrheit flackert – sie blendet nicht. Wer sich an das Ganze bindet, gibt sich der Illusion einer endgültigen Wahrheit hin. Doch die fragmentarische Struktur der Welt – in der jeder Blick, jedes Urteil unvollständig bleibt – ist das wahre Gewebe der Erkenntnis. Die Kunst, die im Fragment bleibt, ist die Kunst des Aufbruchs, nicht der Ankunft.

5. Schönheit ist der Schatten des Versäumten

Was schön ist, verweist auf das, was fehlt. Der Glanz der Kunst ist das Nachbild einer besseren Welt – nicht als Versprechen, sondern als Anklage. Schönheit ohne Schmerz ist Dekor. Sie erscheint als flimmernder Moment einer verlorenen Vollständigkeit, der, weil er sich entzieht, umso mehr begehrt wird. Die Kunst hält uns das Versäumte vor Augen, ohne uns eine Lösung zu geben. Sie ist das Verlangen ohne Erfüllung, das uns von der Leere nicht erlöst, sondern sie immer wieder in Erinnerung ruft.

6. Das Ganze ist nicht das Wahre – aber es fehlt

Die Sehnsucht nach Totalität ist Symptom und Widerstand zugleich. Wer das Ganze denkt, verrät es – wer es leugnet, verliert es. Die Kunst bewahrt es, indem sie es nicht vollendet. Sie bringt das Ganze nicht zur Geltung, sondern setzt sich in seiner Unvollständigkeit fort. Der Versuch, das Ganze zu fassen, ist die Aufgabe des Denkens, das sich immer wieder gegen die Vollendung seiner eigenen Erzählung wendet.

7. Die Leere ist nicht das Nichts – sondern die Erwartung

In ihr hallt das Ungewordene. Das Offene ist keine Schwäche des Werks, sondern seine Würde. Was leer bleibt, bleibt bereit. Die Leere ist nicht der Abgrund, sondern das Möglichkeitsfeld, das dem Werk seine Bedeutung verleiht. In der Leere verweilt das, was noch werden kann – ein Versprechen, das nie eingelöst wird, weil der Raum für die Zukunft immer nur als Andeutung bestehen kann.

8. Erinnerung ist die Treue zum Nichtgelebten

Nicht das Erlebte bindet uns, sondern das, was ausblieb. Kunst erinnert nicht an das Gewesene, sondern an das Verlorene, das nie eintrat – und doch gefehlt hat. Was nicht lebendig wurde, formt uns, weil es nie in den Fluss der Geschichte eingetreten ist. Es ist das Ungelebte, das uns zu dem macht, was wir sind, und gleichzeitig die Ermahnung, dass das Leben, das wir hätten führen können, immer ein anderes bleibt.

9. Das Unvollkommene ist nicht der Mangel – sondern der Protest gegen das Glatte

Perfektion ist der Stil der Macht. Das Offene, das Widersprüchliche, das Wunde – darin liegt die Wahrheit des Kunstwerks: nicht, weil es ganz ist, sondern weil es gebrochen bleibt. Die Schönheit des Unvollkommenen entsteht nicht aus einem Defizit, sondern aus dem Widerstand gegen die Idealisierung der Vollkommenheit. Es ist der Widerspruch, der in seiner Unauflöslichkeit die Wahrheit von allem, was nicht perfekt ist, zum Ausdruck bringt.

10. Hoffnung ist die Negation im Modus des Leisen

Nicht der Aufschrei, sondern das Zögern, das Innehalten, die stille Geste tragen das utopische Moment. Kunst hofft nicht laut – sie flüstert gegen die Welt. Der wahre Moment der Hoffnung liegt in der nicht artikulierten Kritik an der Gegenwart, im Schweigen vor der Möglichkeit einer Veränderung, die nie vollständig benennbar sein wird. Die Hoffnung spricht in der stillen Geste, in der leisen Verweigerung der gegenwärtigen Ordnung.

11. Ästhetische Erfahrung ist nicht Erkenntnis, sondern Erschütterung

Wer sieht, was er schon kennt, erfährt nichts. Das Kunstwerk fordert nicht Zustimmung, sondern ein Verstummen – nicht, weil es nichts sagt, sondern weil es zu viel sagt, um begriffen zu werden. Es übersteigt den Horizont des Verstehens, indem es sich nicht auf das Begreifen einlässt, sondern das Subjekt mit einer Kraft der Unbestimmtheit konfrontiert, die jede Vorstellung erschüttert.

12. Die Wahrheit der Kunst liegt in der Verunsicherung des Betrachters

Nicht was gefällt, sondern was aus dem Gleichgewicht bringt, ist wahr. Das Werk, das keine Zumutung ist, ist keine Erfahrung – es ist Unterhaltung. Die Kunst führt nicht zur Bestätigung dessen, was wir wissen, sondern zu einem Erschrecken vor dem, was wir noch nicht wissen. Sie öffnet die Augen für die Widersprüche, die uns umgeben, und zwingt uns, diesen Widersprüchen ins Angesicht zu sehen.

13. Das Subjekt ist in der Kunst nicht Schöpfer, sondern Gefährdeter

Nicht in der Meisterschaft, sondern im Verlust der Kontrolle beginnt das Eigentliche. Der Künstler, der ganz weiß, was er tut, hat aufgehört, Kunst zu machen. Es ist der Moment der Unsicherheit, der das Kunstwerk hervorbringt, nicht der Moment der Gewissheit. In der Kunst, die ihre eigene Form nicht mehr beherrscht, findet das Subjekt seine wirkliche Freiheit – als Suchender und nicht als Beherrscher der Welt.

14. Sich verlieren heißt nicht, sich aufzugeben – sondern sich anders zu finden

Die Entselbstung ist nicht der Absturz, sondern der Aufbruch. Wer sich im Werk verliert, findet etwas, das größer ist als das Ich – weil es nicht ihm gehört. Der Verlust des Selbst ist keine Katastrophe, sondern eine Öffnung, die das Ich für das Andere empfänglich macht. In der Kunst der Entselbstung liegt die Möglichkeit, das Ich zu überschreiten und die eigene Existenz in der Differenz zu erfahren.

15. Der Blick, der ästhetisch ist, ist nicht der des Besitzers

Wer das Werk versteht, um es zu behalten, hat es schon zerstört. Nur wer sich ihm aussetzt, ohne es zu nutzen, begreift seine Wahrheit. Der ästhetische Blick ist nicht der des Konsumenten, sondern der des Überschreitens. Er erfasst nicht, um zu besitzen, sondern um zu erleben, dass das Werk mehr ist als die Summe seiner Teile, dass es sich immer wieder entzieht.

16. Kunst ist nicht Medium des Ausdrucks, sondern Störung der Identität

Kunst ist nicht das Medium des Ausdrucks, sondern die Infragestellung der Identität. Sie sagt nicht ‚Ich bin‘, sondern ruft auf: ‚Was, wenn nicht?‘ Die Form artikuliert nicht das Subjekt als Biografie, sondern die Differenz, die das Gegebene im Widerspruch zu sich selbst setzt. Kunst entfaltet keine Geschichte des Ichs, sondern eine kritische Verschiebung des Bestehenden.

SPLITTER II.

1. Vom Schweigen als Raum

Ein stiller Moment ist nicht leer – er ist der Versuch des Denkens, ohne Worte zu hören. Das Schweigen stellt nicht das Verstummen dar, sondern die Bedingung für jenes, was Klang werden könnte, wenn man nicht so schnell redete.

2. Laternen in der Dämmerung

Nicht jedes Licht will beleuchten. Manche bleiben, weil sie sich weigern zu gehen. Die Straßenlaterne am frühen Morgen, längst überflüssig, leuchtet nicht mehr – sie verweilt. Vielleicht weiß sie um das Zögerliche des Abschieds, das der Nacht schwerer fällt als dem Tag.

3. Die sanfte Stimme der Wahrheit

Ein Wort verliert nichts, wenn es leise gesprochen wird – es findet nur einen Weg, der nicht überredet, sondern erwartet. Lautstärke verspricht Gewissheit; das Leise hingegen setzt Vertrauen voraus. Nicht jedes Ohr ist bereit.

4. Die Wahrheit in alten Stoffen

Die Wahrheit tritt selten in neuen Gewändern auf. Sie trägt Falten, nicht aus Mode, sondern aus Geschichte. In ihrer Zerknitterung liegt ihr Ernst. Wer das Glatte sucht, will nicht erkennen, sondern vergessen.

5. Die Handschrift der Vergänglichkeit

Vergänglichkeit ist kein Defizit, sondern Signatur. Nur das, was vergeht, zeigt, dass es da war. Die Spur ist das eigentliche Dasein. Dauer ist oft nur das Fortbestehen des Gleichgültigen.

6. Der Schatten der Wahrheit

Manchmal ist die Wahrheit ein Schatten, der nicht weiß, wohin er fällt. Sie offenbart sich nicht in der Aussage, sondern im Zögern, mit dem das Licht die Wand berührt. Wer zu direkt hinsieht, verschreckt sie – wie einen scheuen Gast.

7. Die Zeit der Kunst

Die Kunst kennt keine Eile. Sie verlangt nicht nach Aufmerksamkeit, sondern nach Geduld. In einer Welt, die sich selbst überholt, verweilt das Werk – nicht aus Trägheit, sondern aus Widerstand gegen das bloße Vorankommen.

8. Das Warten des Verlorenen

Das Verlorene ist nicht immer fort. Manches tritt nur aus dem Sichtfeld, nicht aus der Welt. In einem vergilbten Plakat, in einer kaum bemerkten Geste bleibt es gegenwärtig – für einen Blick, der nicht sucht, sondern bleibt.

9. Der Schein als Bitte

Man spricht vom Schein wie von einem Betrüger. Doch oft ist er nur ein letzter Versuch, schön zu sein. Der Glanz der Dinge ist nicht immer Lüge, sondern eine scheue Form der Hoffnung, doch noch gesehen zu werden.

10. Fenster in der Nacht

Wahrheit ist ein Fenster bei Nacht: Man sieht hinein und erkennt nur sich selbst. Nicht, weil dahinter nichts wäre – sondern weil das Dunkel uns nicht ausleuchtet, solange wir das eigene Licht nicht löschen.

11. Trost im Fragment

Das Fragment tröstet, weil es keine Ganzheit verspricht. In seiner Unvollständigkeit liegt seine Freiheit. Ein Satz ohne Punkt ist nicht unfertig – er ist offen. Vielleicht beginnt dort das Denken.

12. Bilder ohne Gedächtnis, die erinnern

Es gibt Bilder, die bleiben im Gedächtnis, ohne dass man sich erinnern kann. Sie wandern durch das Innere wie Gestalten aus einem Traum, der nie erzählt wurde – aber immer gewusst war.

13. Die Wärme der Abwesenheit

Ein leerer Platz ist nie leer. Er bewahrt die Wärme dessen, der einmal dort war. Abwesenheit ist nicht Leere – sie ist die Form, in der Gegenwart zurückkehrt, ohne sich zu zeigen.

14. Die Illusion der Sichtbarkeit

Nicht das Sichtbare blendet – sondern der Glaube, dass nichts mehr zu sehen sei. Wer meint, alles erkannt zu haben, hat nicht verstanden, dass das Sehen immer unvollständig ist. Vollständigkeit ist der Tod des Blicks.

15. Die Frage der Kunst

Die Kunst fragt nicht: Was ist? – sondern: Wie sähe es aus, wenn wir anders hinsähen? Das Werk ist kein Gegenstand – es ist eine Verschiebung. Vielleicht liegt die Neuerung weniger im Bild als im Blick, der sich ändern lässt.

16. Das Gedächtnis des Lichts

Ein Schatten ist kein Gegenteil des Lichts – er ist seine Erinnerung. Wo Licht war, bleibt ein Abdruck. Nicht als Mahnung, sondern als stille Behauptung: Nichts verschwindet spurlos, das einmal gegolten hat.

17. Der Ernst der Geste

Eine Geste ist nie bloß Bewegung. Sie spricht, auch wenn sie nichts sagt. Der verschobene Blick, die geöffnete Hand – sie sind Fragmente einer Sprache, die älter ist als jedes Wort. Wer sie sieht, versteht nicht – aber hört auf zu fragen.

18. Die Langsamkeit der Erinnerung

Erinnerung hat kein Tempo. Sie kommt, wann sie will, oft zu spät, manchmal zu früh. Sie verweilt nicht, wo man sie braucht, und bleibt, wo man sie loswerden möchte. Und doch ist sie treuer als der Wille – weil sie nicht gehorcht.

19. Die Ruhe der Dinge

Dinge sprechen nicht, sie warten. Ein alter Stuhl, ein aufgeschlagenes Buch, ein Teller mit Sprung – sie sagen nichts, weil sie alles schon gesagt haben. Ihr Schweigen ist kein Mangel, sondern Vollendung: die letzte Form von Rede.

20. Die Möglichkeit des Unwahrscheinlichen

Das Wirkliche ist nicht das Wahre – das Wahre ist das Mögliche. Es zeigt sich dort, wo etwas nicht hätte geschehen sollen und dennoch geschieht. Wahrheit ist immer unwahrscheinlich – sonst wäre sie bloß Fakt.

21. Die Melancholie der Ordnung

Ordnung ist nicht Frieden – sie ist der Versuch, Unruhe zu vergessen. Jedes perfekt aufgeräumte Zimmer riecht ein wenig nach Abwesenheit. Nur wo etwas fehlt, entsteht Raum. Die Leere ist der Anfang jeder Begegnung.

22. Die Einsamkeit der Zeichen

Ein Schild in einer verlassenen Straße, halb verrostet, zeigt in keine Richtung mehr. Es weiß nicht, wohin – und zeigt trotzdem. Vielleicht ist das das Wesen jedes Zeichens: nicht Orientierung zu geben, sondern Orientierung zu verlangen.

23. Die Geduld der Linien

Eine Linie auf einem Blatt ist kein Weg – sie ist eine Entscheidung. Nicht weil sie wohin führt, sondern weil sie beginnt. In jedem Strich liegt die ganze Schwierigkeit des Anfangs. Das Blatt hat nicht gewartet – aber es war bereit.

24. Vom Wert des Zweifels

Sicherheit ist das Gegenteil von Denken. Der Zweifel ist nicht das Versagen der Erkenntnis – er ist ihre Bedingung. Nur wer zögert, sieht. Nur wer nicht sofort glaubt, kann wirklich hören. Die Wahrheit duldet keine Eile.

25. Der Glanz des Nutzlosen

Manche Dinge sind schön, weil sie nichts bedeuten. Ein Stein am Wegrand, ein Tuch im Wind, eine leere Verpackung im Abendlicht. Sie verweigern sich dem Zweck. In dieser Zwecklosigkeit liegt ihre Freiheit – und unser Staunen.

26. Vom Verschwinden der Stimme

Es gibt Stimmen, die man nie mehr hört – nicht, weil sie verklungen sind, sondern weil man sich nicht mehr erinnert, wie sie klangen. Das Verstummen ist nicht lautlos, sondern tief. Es hallt – gerade dort, wo niemand lauscht.

27. Der Blick zurück ist kein Rückschritt

Rückblick ist nicht Regression. Wer zurückblickt, vergewissert sich nicht der Vergangenheit, sondern des Weges. Nicht aus Sehnsucht, sondern aus Widerstand gegen das bloß Fortschreitende. Man kann sich auch in die Zukunft verirren.

28. Die Traurigkeit des Glases

Ein leeres Glas auf einem Tisch hat etwas von Erwartung. Es will nicht gefüllt sein, es will gebraucht worden sein. Seine Klarheit ist kein Stolz, sondern ein Mangel an Erinnerung. Vielleicht ist jedes Glas ein Versprechen, das noch nicht eingelöst wurde.

29. Das Gehen ohne Ziel

Manchmal geht man nicht, um anzukommen – sondern um nicht zu bleiben. Bewegung als Absage, nicht als Reise. Der Weg ist dann kein Mittel, sondern ein Protest gegen das Verharren. Auch das ziellose Gehen ist eine Form der Orientierung.

30. Die Hoffnung im Unscheinbaren

Was hofft, schreit nicht. Es wächst leise: in einem Gedanken, der nicht vergeht; in einem Fenster, das offen bleibt, obwohl es regnet. Hoffnung ist nicht die Gewissheit, dass es besser wird – sondern die Weigerung, zu glauben, dass es nur so bleiben muss.

NICHT DAS GANZE

Die Tyrannei der Möglichkeit

Was heute als Freiheit gefeiert wird, ist der Zwang zur Wahl in einem System, das alle Alternativen vorsorglich entfernt hat. Die Optionen, zwischen denen man sich bewegt, sind Produkte derselben Matrix – Variation ohne Differenz. Das Subjekt, zum Konsumenten degradiert, erlebt seine Versklavung als Autonomie. Die Demokratie ist nicht abgeschafft, sondern banalisiert.

Doch der Zwang zur Wahl ist mehr als bloß ideologischer Schein – er ist die Form, in der Herrschaft sich modernisiert hat. Nicht mehr das Verbot, sondern die ständige Einladung zur Entscheidung ist das Instrument der Lenkung. Der Markt, der suggeriert, alles sei verfügbar, verwehrt gerade dadurch die Möglichkeit, das Unverfügbare zu denken. Die Illusion der Möglichkeiten entleert das Denken, indem sie es an das Vorhandene fesselt. Wo alles möglich scheint, ist nichts mehr nötig.

In dieser permanenten Ausstellung von Alternativen verliert die Wahl ihren Ernst; sie wird zum Ritual der Affirmation. Selbst die Ablehnung ist in das System integriert, als stilisierte Geste, als rebellischer Aufdruck auf dem Produkt, das dennoch gekauft wird. Die Kritik, als Lifestyle angeboten, ist zur Mitgift der Macht geworden. Die Tyrannei der Möglichkeit liegt nicht in der Vielfalt, sondern in der Verunmöglichung dessen, was nicht ins Raster passt.

Die Freiheit, die nur zwischen Farben derselben Uniform wählen lässt, ist keine. Der Zwang, sich selbst zu optimieren, zu inszenieren, zu verwirklichen – stets innerhalb der vorgegebenen Parameter – ersetzt die Erfahrung des Selbst durch ein Bild von sich. Der Mensch, genötigt, seine

Individualität zu kuratieren, wird zum Unternehmer seiner Entfremdung.

So triumphiert die Unfreiheit nicht mehr in der Gestalt des Verbots, sondern als Überangebot: Die Unmöglichkeit, nicht wählen zu müssen, ist die eigentliche Knechtschaft.

Das Sofa der Ideologie

Nicht mehr im Klassenkampf, sondern im Interieur entscheidet sich die Weltanschauung. Die Couch ist zur neuen Barrikade geworden: weich gepolstert, in Grautönen. Wer dort Platz nimmt, kämpft nicht mehr – er streamt. Die neoliberale Ikonographie ist keine des Aufstands, sondern der Einverleibung. Komfort ist die Gegenform von Kritik.

Doch der Komfort ist nicht bloß Behaglichkeit, sondern Disziplinierung durch Stillstellung. Das Sofa, scheinbar Ort des Rückzugs, ist in Wahrheit Bühne der Anpassung. Wer sich hineinfallen lässt, fällt nicht aus der Welt, sondern in ihre Ideologie: sanft, ergonomisch, orthopädisch korrekt. Der Stoff, der den Körper umhüllt, wirkt wie ein Sedativum auf das Denken – kein Schmerz, keine Spannung, keine Reibung mehr.

Die Polster der Gegenwart sind das Gewissen der Bequemlichkeit. Ihre Funktion ist nicht, zu stützen, sondern zu entwaffnen. Widerstand wird weichgesessen, das Politische thermoreguliert. Die Thermodynamik der Wohnlichkeit hat die Energie der Revolte in die Temperatur des Wohlbefindens umgerechnet.

Wer auf dem Sofa liegt, glaubt, er ruhe – in Wahrheit wird er geruht. Die Subjektivität verliert sich im Rhythmus der Serien, im Algorithmus des Gefallens. Die Kritik an der Welt wird vertagt, in Staffeln zerlegt, bis sie im Abspann verstummt. Der Bildschirm ersetzt die Straße, das Pausensignal die Parole.

Die neue Ideologie hat keine Uniform, sondern einen Kissenbezug.

Moralische Aufrüstung im Gewand der Toleranz

Die Herrschaft tarnt sich als Humanismus: Wer ausbeutet, spendet auch. Die Rhetorik der Vielfalt ist die neue Uniform der Anpassung – alles darf gesagt werden, solange es nichts ändert. Kritik, die nicht in Dialogform auftritt, gilt als Gewalt. Wer widerspricht, gefährdet das Klima – nicht das ökologische, sondern das soziale.

Doch diese Toleranz ist keine Offenheit, sondern eine Einladung zur Selbstverleugnung im Namen des Wohlwollens. Sie duldet alles, was sich in den Rahmen des bestehenden Systems einfügt. Die Moralisierung des Diskurses dient nicht der Befreiung, sondern der Entwaffnung der Kritik: Sie streicht das Messer der Wahrheit und reicht stattdessen ein Polster der Zustimmung. Die Zensur des Geistes erfolgt durch die Verzückung der Güte.

Der Humanismus des 21. Jahrhunderts hat das Verhüllungsnetz des Kapitalismus gestrickt: Nicht mehr das harte Urteil des Ausbeuters, sondern das sanfte Urteil des „Guten", das jede Widerspruchskraft erweicht. Wer im Namen der Toleranz spricht, spricht nicht von Wahrheit, sondern von der Kontrolle der Auseinandersetzung. Vieldeutigkeit wird nicht mehr als Herausforderung betrachtet, sondern als Ordnung der Beliebigkeit.

So wird Kritik nicht nur als unhöflich entwertet, sondern als gefährlich gebrandmarkt. Der Aufruf zur Veränderung erweist sich als Bedrohung des *sozialen Friedens*, der nichts anderes ist als die Stabilität der bestehenden Verhältnisse. Wer in Frage stellt, was die Mehrheit gutheißt, gefährdet das fragile Gefüge der Beliebigkeit, nicht die ungerechte Verteilung der Macht. Die Moral ist zu einer Praxis des Erhaltens geworden, zu einem Instrument, das nicht mehr auf Veränderung drängt, sondern auf die Konsolidierung des Status quo.

Das soziale Klima wird nicht durch den Widerstand gegen die Unrechtmäßigkeit der Dinge gestört, sondern durch den Aufruhr gegen das Wohlgefallen des Alltäglichen.

Die neue Armut trägt Sneaker

Entsichert sind nicht nur die Arbeitsverhältnisse, sondern auch die Selbstbilder. Der Prekäre sieht im eigenen Elend keinen Mangel, sondern eine Phase. Er nennt sich „frei", weil er ständig verfügbar ist. Die alte Armut fror – die neue hungert nach Anerkennung. Das Elend ist stilisiert, nicht aufgehoben.

Doch dieser Hunger nach Anerkennung ist keine Emulation der gesellschaftlichen Höhe, sondern die Verdopplung des Elends im Spiegelbild der Unfreiheit. Es ist die Umkehrung des Klassenkampfs zu einem Wettlauf um die Symbole des Wohlstands – und selbst das ärmste Subjekt trägt die Insignien der Moderne: Sneakers, Streetwear, das abgenutzte Logo der Entgrenzung. Was früher als Zeichen des Ausgeschlossenen galt, wird zur Währung des Beliebigen. Der Prekäre fühlt sich nicht mehr gedemütigt, sondern von der Gesellschaft anerkannt – als Teil einer ästhetischen Ökonomie, die keine materiellen Unterschiede mehr kennt, sondern nur noch symbolische Distinktionen.

Die moderne Armut hat das elende Subjekt transformiert: Es hat sich nicht befreit, sondern von der Gesellschaft in ein neues Formbewusstsein gezwungen. In den Sneakern manifestiert sich nicht nur die flimmernde Illusion von Mobilität, sondern auch die Flexibilität, die zur Norm geworden ist: das Verfügbarsein als Sinnbild der Freiheit. In einer Welt, die keine festen Bindungen mehr kennt, wird das Subjekt zu einem permanenten Zirkulationsobjekt. Und dennoch: Es bleibt fest verankert im System der Ausbeutung, selbst wenn es durch die Straßen gleitet wie ein lässiger Akteur im Urban Style.

Die Armut, die sich hinter dieser Bewegung verbirgt, ist keine materielle, sondern eine soziale Fessel. Das Elend hat nicht aufgehört, es hat nur eine neue Sprache gefunden: Es spricht nicht mehr von Mangel, sondern von einer Selbstvermarktung, die durch die ständige Verfügbarkeit geprägt ist. Das Prekäre ist die neue Freiheit – jedoch eine Freiheit ohne Ausweg, die in sich selbst den Zwang zur permanenteren Inszenierung trägt.

Die alte Armut war spürbar, körperlich, in der Kälte, in der Not – die neue Armut ist ein Zustand der Desillusionierung, eine Maskerade der Mobilität, die über das tiefe Bedürfnis nach Stabilität hinwegtäuscht.

Die Auflösung der Klasse im Spiegel der Identität

Wo früher ökonomische Zugehörigkeit sprach, sprechen heute Pronomen. Die Subjektwerdung verläuft entlang der Differenzlinien, nicht mehr entlang der Produktionsverhältnisse. Die Identität ersetzt das Interesse. Die Klasse wird vergessen, weil sie nicht ins Narrativ passt. Wer sie benennt, gilt als gestrig – als hätte sich die Welt durch ihr Schweigen verbessert.

Der Übergang von der sozialen Lage zur Identität als kategorischer Unterscheidungskraft ist keine Emanzipation, sondern eine Umkehrung der Subjektivität. Das Subjekt, einst im Kontext der Arbeit und der Ökonomie gedacht, ist nun eine Konstruktion im Zeichen der Selbstverwirklichung – ein Produkt des Diskurses, das sich nach Belieben definieren kann. Wer sich nicht nach dem Prinzip der „Vielfalt" artikuliert, erscheint als Außenseiter, als Verweigerer der neuen Wahrheit. Die Dialektik der Klassen wird durch die flache Geometrie der Identitäten ersetzt, und der historische Konflikt zwischen den Klassen verschwindet unter der Last der Beliebigkeit. Was früher eine Frage der sozialen Verhältnisse war, ist nun eine Frage der persönlichen Bestimmung.

Die Auflösung der Klasse im Spiegel der Identität ist keine Befreiung, sondern eine Verengung der Perspektive. Indem die politische Ökonomie durch ein sozialpsychologisches Konstrukt der Selbstfindung ersetzt wird, wird das kollektive Interesse durch die Individualisierung des Diskurses aufgelöst. Die Wahl des Pronoms, das Ringen um die eigene Zugehörigkeit im symbolischen Feld, wird zur Ersatzhandlung für eine tiefere Auseinandersetzung mit den materiellen Bedingungen, die das Leben bestimmen. Wer sich in seiner Identität verliert, verliert gleichzeitig das Bewusstsein für das *echte* Spannungsverhältnis zwischen den sozialen Kräften, die eine Gesellschaft strukturieren.

Diese Veränderung der Diskursform von der Klasse zur Identität hat die Kritische Theorie entwertet: Sie ist zu einer Diskussion über Sichtbarkeit geworden, in der das Interesse des Subjekts als rein expressiver Akt erscheint, nicht als Produkt gesellschaftlicher Verhältnisse. Die kritische Auseinandersetzung mit den ökonomischen Bedingungen der Gesellschaft wurde auf das Terrain der Subjektivität verschoben – als ob die strukturellen Ungerechtigkeiten durch die bloße Anerkennung von Diversität überwunden werden könnten. Die Sprechakte der Identität – seien sie noch so diverse – können die materialistische Analyse des Gesellschaftsapparats nicht ersetzen.

Wo einst der Klassenkampf als weltverändernde Praxis die politische Landschaft prägte, sind heute die scharfen Konturen der Differenz in eine flache, sich stets neu formulierende Landschaft der „Identitätskämpfe" übergegangen. Doch die Klasse, im stillen Widerstand gegen das Verdrängte, bleibt – als das Gespenst einer Vergangenheit, die nicht verschwunden ist, sondern lediglich verschwiegen wird.

Die Transparenz als Verdunkelung

Was sich als Offenheit ausgibt, ist die Durchleuchtung der Welt im Modus des Verdachts – allerdings nicht gegen die Macht, sondern gegen das Subjekt. Wer alles zeigt, gibt nichts preis. Die totale Sichtbarkeit ist die Raffinesse einer Gesellschaft, die nichts mehr verbirgt, weil sie nichts mehr bedeutet. Die Wahrheit stirbt im Licht der ständigen Entblößung.

In der Transparenz der Gegenwart manifestiert sich nicht das Aufbrechen der Verschwiegenheit, sondern die vollständige Entleerung dessen, was zu sagen wäre. Wer sich entblößt, kann sich nicht zeigen. Die völlige Entblößung ist die äußerste Form der Verhüllung, weil sie die Möglichkeit der Subjektwerdung verweigert: alles gezeigt, nichts gesagt. Die Wahrheit, als Bewegung im Dunkeln, als das Unausgesprochene im Gesagten, geht verloren im Zwang zur Sichtbarkeit. Der Blick wird nicht mehr auf das Objekt gerichtet, sondern auf die Oberfläche, die sich in der Unendlichkeit des Sichtbaren verliert.

Die Gesellschaft, die Transparenz fordert, ist eine, die sich selbst bereits entwertet hat. Sie fordert das Sichtbarwerden der Subjekte, nicht, weil sie etwas von ihnen wissen will, sondern weil sie es verhindern möchte, dass diese Subjekte sich selbst in ihrer Wahrheit erkennen. Alles wird entblößt, um zu verhindern, dass etwas aufbricht. Wer gesehen wird, kann nicht mehr gesehen werden. Der Blick wird von der Oberfläche in sich selbst zurückgeworfen, reflektiert nur die formale Forderung nach Sichtbarkeit, die sich selbst negiert.

In einer Welt, die sich in unendlicher Transparenz spiegelt, gibt es keinen Raum mehr für das Subjekt als Mangel, als Nicht-Objekt, als das, was sich durch den Blick erst konstituieren müsste. Jeder Versuch, sich selbst als solches zu begreifen, wird zur Pose, die das Subjekt nur als Rolle in einem System der ständigen Beobachtung entlarvt. Der Wert des Subjekts zerfällt zu einer verbrauchten Funktion in der Logik der Sichtbarkeit. Das Leben als Information wird zur Dekomposition der Wahrheit.

Durch die totale Entblößung erreicht die Gesellschaft nicht das Ende des Geheimnisses, sondern die Fortsetzung seiner Aufrechterhaltung: Nicht der Blick auf das, was hinter den Fassaden liegt, sondern der Blick auf die Fassaden selbst wird zur Normalität. Die verborgene Struktur der Macht bleibt unberührt, sie zeigt sich nur als der permanente Bedarf, sich selbst in der Offenheit zu reproduzieren.

Bildung als Ornament

Wissen zirkuliert nicht mehr als Erfahrung, sondern als Distinktionsmittel. Der Bildungsbürger ist nicht verschwunden – er hat seinen Ort gewechselt: vom Lesesaal ins Feuilleton, von der Kritik ins Kuratieren. Wo früher gedacht wurde, wird heute geschmackvoll referiert. Die Theorie lebt weiter – als Accessoire.

Die Kultur der Bildung ist nicht gestorben, sie hat sich transformiert – in das Ornament einer Gesellschaft, die alles, was sie berührt, zu einem Konsumgegenstand macht. Der intellektuelle Diskurs hat seine Substanz verloren und ist in den Luxus der Oberfläche übergegangen. Wissen wird nicht mehr als ein Mittel zur Emanzipation begriffen, sondern als eine Ware, die einen Platz in der Rangordnung der symbolischen Werte erlangt. Die universitäre Ausbildung, einst Ort der scharfsinnigen Auseinandersetzung, hat sich zur Selbstinszenierung der sozialen Eliten entwickelt.

Die Theorie lebt nicht mehr als Prozess der Erkenntnis, sondern als Statussymbol. Sie wird nicht mehr angewendet, um die Welt zu verändern, sondern um sich von der Welt abzugrenzen. Die Intellektuellen von heute sind keine Kritiker mehr, sondern Katalysatoren des Kapitals – sie kuratieren die Erzählungen, die das System in seiner Ideologie stabilisieren. Sie präsentieren das Wissen wie einen feinen Wein, der konsumiert wird, ohne dass man sich je der Fäulnis des Untergrundes bewusst wird, den er als Basis hat.

Wo früher im kühlen Licht der Bibliothek über die Welt nachgedacht wurde, ist heute das Feuilleton der einzige Ort geblieben, an dem die Gedanken als Zierde weiterleben. Die große Theorie ist zu einer Modeerscheinung geworden, die nicht mehr herausfordert, sondern nur noch bezaubert. Sie wird nicht mehr auf den Prüfstand der Praxis gestellt, sondern an den Fuß des glamourösen Diskurses gelegt, wo sie, in glänzendem Gewand, ihre Bedeutung als Dekoration des sozialen Lebens erfüllt.

Das Wissen, das einst das Fundament des Widerstands war, hat sich in ein flexibles Accessoire verwandelt. Theorie ist nicht länger eine Waffe gegen die Widersprüche der Gesellschaft, sondern ein Mittel, um in den sozialen Sphären der „hochwertigen" Kommunikation zu verhandeln. Bildung hat ihren kritischen Geist verloren und sich zu einer eleganten Fassade der Repräsentation verwandelt – ein glänzendes, aber hohles Ornat, das auf den glatten Oberflächen der gegenwärtigen Kultur glänzt.

Die Intimität als neue Öffentlichkeit

Was früher privat war, ist heute Inhalt. Nähe wird algorithmisch verteilt, Persönlichkeit modular hergestellt. Das Tagebuch ist durch die Story ersetzt – täglich 24 Stunden gültig, dann verschwindend. Die Öffentlichkeit der Gefühle ersetzt die Öffentlichkeit des Arguments. Verstanden fühlt sich, wer nicht mehr verstanden werden will.

In der Ära der digitalen Entblößung ist Intimität zu einem Konsumgut geworden, das sich durch die ständige Präsenz seiner Darstellung definiert. Was einst dem Rückzug, dem stillen Dialog im Inneren des Selbst vorbehalten war, wird nun der öffentlichen Bühne überantwortet, um sich als Währung in der Logik der Sichtbarkeit zu verwerten. Gefühle sind nicht mehr private Regungen, sondern kalkulierbare Reaktionen auf eine unaufhörlich rollende Welle von Interaktionen. Ihre Authentizität ist irrelevant, solange ihre Präsenz im öffentlichen Raum gesichert ist. Die Privatsphäre ist nicht verschwunden, sondern in die Struktur des permanenten Konsums integriert.

Die Story, dieses transiente Konstrukt von „Intimität auf Abruf", ersetzt das Tagebuch – ein Instrument der Selbstreflexion, das über Zeit und Tiefe verfügte. Heute ist der Moment der Reflexion auf das Format der sofortigen Darstellung geschrumpft. Was gestern noch über Stunden, Tage oder Wochen hinweg reflektiert wurde, ist nun auf Sekundenbruchteile reduziert – eine Flut von Information, die nicht mehr an Bedeutung gewinnt, sondern an Geschwindigkeit. Das Subjekt wird nicht mehr als ein denkender, suchender Mensch verstanden, sondern als eine Marke, deren Identität durch die tägliche Erneuerung der Darstellung aufrechterhalten wird.

Die Entfremdung des Subjekts ist nicht mehr nur ein soziales Phänomen, sondern ein psychisches – der Einzelne entzieht sich der Reflexion, um sich der ständigen Kommunikation zu unterwerfen. Die Öffentlichkeit der Gefühle wird nicht mehr als ein Raum der wechselseitigen Anerkennung begriffen, sondern als die Arena, in der das Subjekt sich in den Dienst der kapitalisierten Aufmerksamkeit stellt. In einer Welt, in der jedes Gefühl zur Ware wird, bleibt das Subjekt von sich selbst entfremdet – es kann sich nur in der schnellen Wiederholung seiner Identität begreifen, aber nie in einem nachhaltigen Prozess des Verstehens.

Der Begriff des Verstehens, der einst als Verortung des Anderen und der Wahrheit galt, hat seine Bedeutung verloren. Verstanden wird nur noch der, der sich auf die Oberfläche der sozialen Anforderungen einlässt, der das Sichtbare und das Präsentierbare zum Zentrum seines Ausdrucks erhebt. Der Wunsch, verstanden zu werden, wird selbst zur Konsumhandlung, zur Strategie der Anpassung an ein System, das keine Tiefe mehr zulässt, sondern nur noch das schnelle Entweichen von Bedeutung verlangt.

Die Selbstsorge als Sabotage der Solidarität.

„Achte auf dich", sagt das System – und meint: kümmere dich nicht um andere. Die neue Ethik ist die des Spiegels: reflektierend, affirmierend, narzisstisch. Achtsamkeit wird zur Ideologie, sobald sie strukturelle Gewalt durch individuelle Resilienz ersetzt. Wer sich schützt, dient der Ordnung.

Die Aufforderung zur Selbstsorge ist nicht die Geste einer humanen Gesellschaft, sondern der Ausdruck eines Zwangs, der die Verantwortung vom Kollektiv auf das einzelne Subjekt abwälzt. Was als Individualisierung des Wohlbefindens erscheint, ist in Wahrheit die Pervertierung des sozialen Miteinanders – die Aushöhlung der Solidarität durch die Forderung nach Selbstgenügsamkeit. In einer Welt, die von systemischer Ungleichheit und sozialer Desintegration geprägt ist, wird das Aufrufen zur Achtsamkeit nicht zu einem Widerstand gegen das Unrecht, sondern zu dessen Komplizenschaft. Wer sich schützt, hat sich dem System unterworfen, ohne es je zu merken.

Die neue Ethik der Selbstsorge ist die Ideologie des Überlebens inmitten von Abwesenheit. Sie ersetzt das kollektive Handeln durch den privaten Rückzug, der sich als moralische Tugend tarnt. Das Subjekt, das sich in Achtsamkeit übt, wird nicht etwa in seiner Fähigkeit zur Transformation gestärkt, sondern in seiner Entfremdung vom Anderen. In der Reflexion des eigenen Ichs verliert es den Blick auf die sozialen Strukturen, die es unterdrücken. Die Solidarität, die aus der Anerkennung des gemeinsamen Leidens entsteht, wird durch die verinnerlichte Praxis des „sich selbst Versorgens" zur Farce.

Was als ein Akt der Selbstermächtigung verkauft wird, ist in Wirklichkeit ein Akt der Anpassung. Der Glaube, dass individuelles Wohlbefinden durch persönliche Resilienz erreicht werden kann, übersieht die Tatsache, dass es die gesellschaftlichen Verhältnisse sind, die das Ungleichgewicht erzeugen. Resilienz wird zum Deckmantel einer

Welt, die den Einzelnen in seiner Ohnmacht verharren lässt. Wer sich schützt, versichert nicht nur sein eigenes Fortbestehen im Rahmen des Bestehenden, sondern stabilisiert das Unrecht, das ihn und andere zugleich benachteiligt. Die Aufforderung, sich selbst zu heilen, wird zur Täuschung, die den Blick auf die Wurzeln der Notwendigkeit von Heilung verwehrt.

In der Ethik der Selbstsorge liegt die stille Sabotage der kollektiven Befreiung. Der Mensch wird nicht zu einem aktiven Subjekt des Wandels, sondern zum Einzelkämpfer in einem System, das den Kampf gegen sich selbst und seine gesellschaftliche Realität als Norm etabliert. Achtsamkeit, die von vornherein nicht in der sozialen Dimension verankert ist, wird zu einem Mittel der Resignation – sie vertieft die Kluft zwischen den Individuen und entfernt sie weiter aus der Position der kritischen Reflexion über die strukturellen Ursachen ihrer Entfremdung.

Fortschritt ohne Richtung

Technologisch alles, politisch nichts. Die Geschichte bewegt sich – aber nicht vorwärts, sondern in Spiralen des Immergleichen. Das Neue ist nicht das Bessere, sondern das Spätere. Der Fortschritt hat aufgehört, ein Ziel zu sein – und ist zur Strategie der Dauer geworden. Er verspricht Zukunft, um Gegenwart nicht erklären zu müssen.

Der Fortschritt, jener Begriff, der einst die Hoffnung auf eine Verbesserung der menschlichen Verhältnisse in sich trug, ist längst zum Fetisch geworden. Was sich heute als Fortschritt darstellt, ist nichts anderes als das Anhäufen von Veränderungen, die keine Richtung mehr haben. Die Technologie hat in der modernen Gesellschaft eine dominante Stellung eingenommen, jedoch nicht, um die Menschheit zu befreien, sondern um sie in den ewigen Zyklus des Konsums und der Anpassung zu binden. Der scheinbar kontinuierliche Wandel ist keine lineare Entwicklung hin zu einem besseren Leben, sondern eine Entfaltung der Wiederholung – der schier unaufhaltsame Strom von Innovationen, die in ihrer Fülle und Hektik das Gefühl vermitteln, als würde sich die Welt tatsächlich verändern. In Wirklichkeit bleibt sie jedoch in sich selbst gefangen, reproduziert das Bestehende, jedoch immer mit einem neuen Anstrich.

Das „Neue" ist nicht das Bessere, sondern das Spätere. Es ist die ständige Wiederkehr des Gleichen, nur verpackt in einer anderen Hülle.

Der technologische Wandel hat sich zu einem Selbstzweck entwickelt, der nichts anderes vor Augen hat als die Aufrechterhaltung des Bestehenden in einer scheinbar veränderten Form. Es ist eine fortlaufende Bewegung, die nie innehält, nicht um sich zu überdenken, sondern um die Dringlichkeit zu erzeugen, in der Zeit zu bleiben, ohne je auf den Punkt zu kommen. Das Versprechen des Fortschritts ist längst entglitten – was als das Streben nach einer besseren Zukunft begann, hat sich in einen permanenten Zustand der Jetztzeit verwandelt, der nichts anderes tut, als die Notwendigkeit zu verschleiern, sich der tief verwurzelten sozialen und politischen Ungleichgewichte zu stellen.

Der Fortschritt ist zur Strategie der Dauer geworden, zur Flucht vor der Erklärung der Gegenwart. Der Blick richtet sich nicht mehr auf die Lösung der brennenden Fragen der sozialen Gerechtigkeit oder politischen Veränderung, sondern auf das unaufhörliche Streben nach dem nächsten Schritt im endlosen Prozess der Neuerung. Das Neue ist die Beruhigung des Gewissens, das Stillhalten der Fragen, die nicht beantwortet werden sollen. Statt sich mit den Ursachen des Stillstands auseinanderzusetzen, wird das Fortschreiten von Technologie und Kapitalismus als der wahre „Fortschritt" gefeiert. Diese permanente Bewegung verhindert die Reflexion, die notwendig wäre, um sich der Widersprüche und Missstände der Gegenwart zu stellen.

Der Fortschritt verspricht Zukunft, doch in Wahrheit ist er nur eine Strategie, um die Gegenwart auszublenden, ihr Entweichen zu ermöglichen, ohne sie je in ihrer ganzen Widersprüchlichkeit zu erfassen. Er gibt sich als Antwort auf das, was fehlt, während er in Wirklichkeit die Dringlichkeit dessen, was wirklich fehlt, immer weiter hinausschiebt. Die Zukunft, die der Fortschritt verspricht, ist eine Zukunft der gleichen Widersprüche – nur maskiert durch die Illusion der Veränderung.

Die Ästhetik des Algorithmus

Was als Empfehlung erscheint, ist Befehlsform in höflichem Ton. Die Maschine weiß, was gefällt, weil sie es hervorgebracht hat. Geschmack ist nicht länger Ausdruck des Subjekts, sondern dessen Abdruck im Raster der Berechenbarkeit. Der Zufall ist abgeschafft – das Neue ist vorselektiert.

In der Ästhetik des Algorithmus ist das Subjekt nur noch ein Schatten seiner selbst – ein Phantom, das im Code reflektiert wird. Was als individuelle Präferenz auftritt, ist in Wahrheit das Produkt einer Maschine, die den Geschmack bereits kennt, bevor er geäußert wird. Die vermeintliche Freiheit der Wahl ist nichts weiter als die Illusion der Autonomie, die in Wirklichkeit von den unsichtbaren Fäden des algorithmischen Kalküls gezogen wird. Die Technologie hat das Subjekt nicht nur entmachtet, sondern auch seine Vorstellung von Geschmack, von ästhetischer Erfahrung, als etwas Unabhängiges und Authentisches zerstört.

Der Algorithmus, dieser allwissende Architekt der Bevorzugung, verbannt den Zufall aus der Welt der Ästhetik. Was als neue Entdeckung erscheint, ist nichts anderes als eine vorgegebene Auswahl, die im Voraus auf der Grundlage von Daten und Mustererkennung getroffen wurde. Der Zufall, das Element der Unvorhersehbarkeit, das das Authentische, das Unerforschte, das Unangepasste in der Kunst und Kultur hervorbringt, ist aus diesem System ausgeschlossen. Der Algorithmus ergreift die Kontrolle, indem er den Zufall durch Vorhersagbarkeit ersetzt, den wilden Sprung in das Unbekannte durch die sanfte, aber präzise Kurve der Berechnung.

In einer Welt, die durch Algorithmen strukturiert ist, ist der Geschmack nicht länger ein Ausdruck des Subjekts, sondern sein Abdruck im Raster der Berechenbarkeit. Der Algorithmus ist der neue ästhetische Herrscher, der nicht nur die Kunst des Empfehlens, sondern auch die Kunst des Bestimmens übernommen hat. Was gefällt, ist nicht das, was das Subjekt ursprünglich im Moment seines eigenen Begehrens als angenehm empfand, sondern das, was der Algorithmus als „angemessen" berechnet hat. Es ist ein Geschmack, der die menschliche Subjektivität in ihrer Eigenständigkeit nicht mehr anerkennt, sondern sie auf die Funktionalität des Systems reduziert.

Der Vorschlag, der als „Empfehlung" verkauft wird, ist nicht mehr eine Einladung zur Auswahl, sondern ein sublimierter Befehl. Was dem Subjekt als Möglichkeit erscheint, ist die Anordnung eines Systems, das es in immer genauere Bahnen lenkt. Das Subjekt ist nicht mehr der freie Gestalter seiner ästhetischen Welt, sondern der Empfänger von Vorschlägen, die allesamt die gleiche Sprache sprechen: eine Sprache der Maximierung der Effizienz und der Konsistenz, die die Freiheit der Differenz als Bedrohung begreift.

Das Neue ist vorselektiert, nicht durch das Subjekt, sondern durch die Maschine. In dieser vorselektierten Welt gibt es keinen Raum mehr für das Überraschende, das Unerwartete, das Fremde – jene Elemente, die im eigentlichen Sinne die ästhetische Erfahrung ausmachen. Der Algorithmus hat sich die Fähigkeit angeeignet, das Neue zu kontrollieren, indem er es in vordefinierte Bahnen lenkt, die der Erwartung entsprechen. Der Zufall, als das Prinzip der Differenz und der Entdeckung, wird durch die Wiederholung des Bekannten ersetzt, das in seiner Wiederholung das Gefühl der Freiheit vortäuscht, während es in Wahrheit die Freiheit immer weiter einschränkt.

Authentizität als Simulation

Je echter etwas wirkt, desto künstlicher ist seine Herstellung. Das Wahre muss heute beweisen, dass es sich nicht verstellt – und tut es gerade dadurch. Authentizität ist das neue Ideal des falschen Bewusstseins: ein Stilmittel des Selbst, das seine Maske nicht mehr abnimmt, sondern integriert.

In einer Welt, die das Authentische verlangt, ist das Wahre längst zur Ware geworden. Der Glaube an die „Echtheit" des Subjekts hat sich in eine Kunstform verwandelt, die nicht mehr durch Transparenz, sondern durch eine maskierte Offenheit brilliert. Das Authentische muss heute performativ inszeniert werden, als ob es sich selbst durch den Beweis seiner Unverfälschtheit legitimieren könnte. Doch diese Inszenierung ist der eigentliche Trick – das Verstellen als Beweis für das Unverstellte. Was einst als unverfälschter Ausdruck des Selbst galt, ist nun eine kalkulierte Strategie, eine stilisierte Präsentation, die darauf abzielt, das Gegenteil dessen zu beweisen, was sie darstellt: dass sie nicht konstruiert ist.

Der Mythos der Authentizität hat sich als höchst raffinierte Form des Selbstbetrugs etabliert. In einer Gesellschaft, in der das Subjekt zum Selbstunternehmer geworden ist, hat es die Maske nicht abgelegt, sondern sie als Teil seiner Identität assimiliert. Die Authentizität des Individuums wird nicht mehr durch den Verzicht auf äußere Formen der Manipulation erlangt, sondern durch die Selbstbejahung der Konstruktion als solche. Der „wahre" Mensch ist der, der am überzeugendsten simuliert, dass er keiner Simulation bedarf. Was uns als pure Offenheit erscheint, ist nichts anderes als die geschickte Handhabung von Öffentlichkeit und Privatheit, die zu einem Mittel des sozialen Kapitalismus geworden ist.

Authentizität ist nicht mehr ein Zustand des Seins, sondern eine marktfähige Erscheinung, die den Anschein von Unverfälschtheit wahrt, indem sie ihre eigene Künstlichkeit nicht nur anerkennt, sondern in sich integriert. Diese Integrität, die nach außen hin als der höchste Wert der Selbstverwirklichung gilt, ist in Wahrheit eine der erfolgreichsten Täuschungen. Sie verkauft sich als eine Flucht vor der oberflächlichen „Fassade", während sie selbst zur Fassade geworden ist – die „authentische" Maske, die nicht nur nicht abgenommen wird, sondern mit einem Stolz getragen wird, als sei sie das wahre Selbst.

Die Vorstellung von Authentizität als etwas, das nicht verstellt oder konstruiert ist, ist in Wirklichkeit das Produkt einer Kultur, die das Konstrukt als das einzig Wahre übrig lässt. In einer Welt, in der alles zur Simulation geworden ist, ist die einzige „authentische" Geste die der Anerkennung der Simulation selbst. Die Frage ist nicht mehr, ob das Selbst authentisch ist, sondern wie geschickt es seine eigene Unauthentizität verbirgt. Das Ideal der Authentizität ist der Triumph des falschen Bewusstseins, das sich nicht mehr im Zwang der Maske verbirgt, sondern stolz darauf besteht, sie nicht abzulegen.

Die Gesellschaft verlangt nicht mehr, dass der Mensch sich seiner Künstlichkeit entledigt, sondern, dass er sie in einer Weise trägt, die sie als „selbstverständlich" erscheinen lässt – und somit als das Einzige, was wirklich ist. Die wahre Freiheit im Zeitalter der Authentizität besteht nicht darin, die Maske abzulegen, sondern sie so zu tragen, dass sie nicht als Maske erkannt wird. Und in dieser Form der Simulation wird das Selbst nicht nur verschleiert, sondern in seiner eigenen Unfähigkeit zur Entlarvung befreit.

Kritik als Lifestyle

Widerstand ist zum Image geworden. Wer Kapitalismus kritisiert, trägt Mode, die davon spricht. Die Empörung ist gefällig, dosiert, markenkonform. Nicht was gesagt wird, zählt, sondern wie es aussieht. Subversion wird vermarktet, bevor sie verstanden ist.

In einer Welt, in der die Zeichen mehr Bedeutung tragen als die dahinter liegenden Inhalte, wird die Kritik zur Ware – verpackt, verkauft, konsumierbar. Widerstand ist nicht mehr das radikale Aufbegehren gegen die Strukturen des Bestehenden, sondern ein Ausdruck der Anpassung an die Logik des Marktes, der sich nicht nur in den Produkten manifestiert, sondern auch in der „Rebellion" der Subjekte. Die Mode, die den Widerstand repräsentiert, spricht nicht mehr die Sprache der Veränderung, sondern die der Vereinheitlichung. Was heute als subversiv gilt, ist im Grunde nichts anderes als ein neuer Trend, der die Grenzen der kapitalistischen Verwertung überschreitet, ohne die Verhältnisse, die er kritisiert, jemals ernsthaft zu berühren.

Die Empörung, die in der öffentlichen Wahrnehmung als Widerstand inszeniert wird, ist vollständig dosiert, gleichsam berechnet und markenkonform. Sie stellt keine Bedrohung für die bestehende Ordnung dar, sondern fungiert als ihre ideale Erweiterung. Der Akt des Protestierens wird nicht mehr als Aufbegehren verstanden, sondern als Ritual, das sich in die Mechanismen des Konsums einfügt, als ein konsumierbarer Widerstand, der den Rahmen für das, was er kritisiert, nicht überschreiten kann. Die Struktur des Kapitalismus bleibt unangetastet, während die Symbole des Widerstands zur neuen Modeerscheinung werden – keine wahren Akte der Subversion, sondern bloße Performances, die darauf ausgerichtet sind, eine gesellschaftliche Identität zu verkaufen.

Nicht mehr das Was, sondern das Wie zählt. Es sind nicht mehr die Inhalte der Kritik, die gefragt sind, sondern ihre Ästhetik, ihre Inszenierung, ihr „Markenimage". Der Widerstand wird zu einem Lifestyle, der weniger durch die Dringlichkeit der Veränderung motiviert ist, als durch das Bedürfnis, sich als „aufgeklärt", „progressiv" oder „kritisch" zu präsentieren. Diese Ästhetik der Empörung hat nichts zu tun mit der tiefen, transformierenden Kraft der Kritik, sondern ist Teil des Zirkels der Anpassung, der das Gefühl von Aufklärung und Aktivismus verkauft, ohne den tiefen Widerspruch, der es in sich tragen müsste, zu realisieren.

Subversion wird nicht nur vermarktet, bevor sie überhaupt wirklich verstanden ist, sondern bereits in ihrem Kern modifiziert, sodass sie sich in die kapitalistische Ordnung integriert, anstatt sie zu stören. Der Markt hat längst das Geheimnis der Kritik entschlüsselt: Wenn er das Produkt des Widerstands selbst schaffen kann, dann kann er den Widerstand in eine konsumierbare Form übersetzen, die weder die Machtstrukturen herausfordert noch gefährlich wird. Die subversive Geste wird entwaffnet, indem sie in die Codes der Konsumgesellschaft übersetzt wird, sodass sie nicht mehr als Bedrohung empfunden wird, sondern als ein weiterer Teil des breiten Spektrums des „guten Geschmacks".

Die Kritik hat sich nicht mehr zu einer Kraft des Wandels entwickelt, sondern zu einer Simulation des Wandels, die als Teil des Systems selbst existiert. Sie hat ihre Fähigkeit verloren, zu stören, zu verändern, zu befreien. Stattdessen ist sie ein Trend – ein weiterer, den man im Spektrum des Markenkonsums abkaufen kann.

Die Regression der Rezeption

Was früher zum Denken zwang, muss heute gefallen. Kunst, die verstört, wird korrigiert – nicht durch Zensur, sondern durch Klickverhalten. Das Publikum wird nicht mehr erzogen, sondern bedient. Der Kanon wird nicht erweitert, sondern aufgegeben – aus Angst, nicht gefühlt zu werden.

In der Ästhetik des Konsums hat sich die Rezeption von Kunst von einem Akt der Anstrengung zu einem Akt der Befriedigung gewandelt. Was früher den Geist herausforderte, das Denken stieß, wird heute auf seine Fähigkeit hin geprüft, die unmittelbare Lust zu befriedigen. Kunst ist nicht länger das Erzeugnis einer verunsichernden, nachfragenden Intelligenz, sondern ein Produkt für den Markt des Schnellen, Oberflächlichen, der Bestätigung. Sie muss gefallen, und zwar sofort – nicht als ein Vorgang der Bewusstseinsbildung, sondern als ein Erlebnis, das sich ohne tiefere Reflexion konsumieren lässt. Die Kunst, die Fragen aufwirft, wird dem Massengeschmack geopfert, die Kunst, die verstört und irritiert, wird im stillen, unsichtbaren Mechanismus des Klicks eliminiert. Nicht durch offizielle Zensur wird die provokative Kunst unterdrückt, sondern durch die unsichtbare Zensur des Marktes, der die Werte der Gesellschaft nach der Sucht nach Bestätigung und Konsum auswählt.

Das Publikum wird nicht mehr herausgefordert, nicht mehr erzogen, nicht mehr als Subjekt angesprochen, sondern als Kunde – ein passiver Konsument, dessen Wünsche vorweggenommen und dem man bereitwillig nachgibt. Die Kunst, die einen Umschwung in der Wahrnehmung und ein Umdenken erfordert, hat ausgedient. Sie ist nur noch dann von Wert, wenn sie die Erwartungen der Rezipienten nicht überfordert, sondern sie in ihrem Bedürfnis nach Vergnügen und Bestätigung unterstützt. Der Zugang zu Kunst ist keine Zumutung mehr, sondern eine Dienstleistung. Was ist das für ein Kanon, der nicht mehr eine Sammlung von Werken des Denkens und des Widerstandes darstellt, sondern eine Reihe von Objekten, die wie Produkte in einem Warenkorb zur Verfügung gestellt werden?

Dieser Kanon wird nicht erweitert, nicht herausgefordert, sondern schlichtweg aufgegeben. Der Versuch, etwas Neues zu sehen, zu erfahren, wird aufgegeben aus der Angst heraus, nicht mehr „gefühlt" zu werden – als könnte die „Gefühltheit" die einzige Art des Zugangs zur Kunst geworden sein, die noch übriggeblieben ist. Diese Regression der Rezeption ist nicht nur eine Entwertung der Kunst, sondern auch eine Entwertung der Subjektivität des Publikums. Kunst wird nicht mehr in ihrer Tiefe und ihrem Potential zur Veränderung erfahren, sondern als ein flacher, rezeptiver Akt verstanden, der der momentanen Wahrnehmung dient, ohne die Welt zu transformieren oder ein Bewusstsein der Differenz zu ermöglichen.

Die Kunst wird dem Bedürfnis des Publikums nach Entlastung überantwortet – sie hat ihre Funktion als kritische Instanz, als eine Form der Aufklärung, verloren. Das geistige Klima wird nicht mehr durch die Konfrontation mit dem Anderen, dem Unverständlichen, verändert, sondern durch die Konsumation von Identifizierbarem, von Erfahrungen, die der Rezipient bereits kennt und durch die er nicht mehr über sich hinauswachsen muss.

Das bedeutet jedoch nicht, dass es keine Kunst mehr gibt. Sie existiert, aber sie ist zur bloßen Erfüllung der Erwartungen eines bereits definierten Marktes geworden. Der Raum des „Kunstwerks" ist nicht mehr der der Auseinandersetzung und des Widerstandes, sondern der der Unterscheidungslosigkeit, in dem alles das gleiche ist – die Formel der Zustimmung. Der Abbau der Kritik zugunsten der Gefälligkeit hat die Kunst nicht nur ihrer Relevanz beraubt, sondern auch das Publikum der Fähigkeit, sich selbst zu übersteigen. In einer Welt, in der die Rezeption zur Rückversicherung des Bekannten und des Bequemen geworden ist, hat die Kunst ihre Möglichkeit zur Erschütterung und zur Veränderung des Bewusstseins verloren.

In dieser Regression wird die Kunst zu einer Oberfläche, die nichts mehr aufwühlt, sondern sich nur noch spiegelnd in die Augen des Konsumenten legt, damit er sich selbst darin wiedererkennt. Der tiefere, kritische Gehalt der Kunst wird systematisch abgeschliffen, bis nur noch der Wunsch bleibt, sich gesehen, geliebt und bestätigt zu fühlen.

Die Mythologie der Innovation

Nichts ist älter als das Versprechen des Neuen. Fortschritt wird beschworen, um Stillstand zu kaschieren. Die Innovation ist das Opium der Gegenwart: sie betäubt das Gefühl, dass sich nichts verändert. Radikal ist nicht, was neu ist – sondern was anders wäre.

In der Ideologie der Innovation ist das „Neue" längst keine Verheißung von Wandel mehr, sondern die vordergründige Maske, die den Stillstand verhüllt. Was als Durchbruch gefeiert wird, ist nichts weiter als eine Variation des bereits Bekannten – die Alchemie des Kapitalismus, der durch das ständige Versprechen von Fortschritt den Blick vom Unveränderten ablenkt. Die Innovation ist die moderne Mystifikation, die nicht das Erneuern der Welt anstrebt, sondern das Aufrechterhalten ihrer bestehenden Strukturen in einem Mantel von Frische und Aufbruch. Sie ist die ständige Erneuerung des Alten, um den Anschein eines Wandels zu wahren, während der tiefere Grund der Veränderung unerreichbar bleibt. Die Wahrheit der Innovation liegt nicht in ihrer Fähigkeit, etwas Neues zu schaffen, sondern in ihrer Funktion als Beruhigungspille, die den Fortschritt vortäuscht und zugleich das Bewusstsein betäubt, dass der Wandel längst von der Realität verweigert wurde.

Die Mythologie der Innovation ist die Ablenkung von der Wahrheit, dass in einem System, das sich selbst reproduziert, jede Veränderung nur die Oberfläche betrifft. Das neue Produkt, die neue Technologie, das neue Konzept sind nicht das Resultat einer echten Transformation, sondern eines subtilen Spiels mit den immer gleichen Mustern, die lediglich unter einem neuen Namen präsentiert werden. Die Bedeutung des „Neuen" ist keine Ankündigung einer wirklichen Verschiebung im gesellschaftlichen, politischen oder kulturellen Raum, sondern vielmehr die Andeutung einer Bewegung, die sich im Kreis dreht. Die Innovation verliert ihre radikale Potenz, sobald sie sich der Marktlogik unterwirft – und was als Innovation erscheint, wird bald ein weiteres Gefängnis, das sich hinter einem scheinbaren Fortschritt verbirgt.

Die Wahrheit des Fortschritts liegt nicht im ständigen Aufeinandertreffen von Neuem und Alten, sondern im stetigen Wiederholen der Verhältnisse, die sich nur durch ihre permanente Maskierung der Veränderung entziehen. Was als Innovation vorgestellt wird, ist häufig nicht das Produkt von schöpferischer, subversiver Kraft, sondern von der Anforderung des Marktes nach ständiger

Konsumierbarkeit – was sich im Namen der Veränderung fortsetzt, ist nur die ständige Reproduktion der gleichen Verhältnisse in neuem Gewand. Die radikale Forderung nach Veränderung wird nicht durch das, was als neu erscheint, erfüllt, sondern durch das, was sich wirklich gegen die Grundfesten des Bestehenden richtet.

Radikal ist nicht das, was im Lichte der „Innovation" erscheint, sondern das, was sich weigert, sich in der vorgegebenen Logik der Neuerung zu fügen. Radikal ist nicht das, was auf den ersten Blick neu und frisch erscheint, sondern das, was wirklich anders wäre – das, was das System aufruft, in Frage zu stellen und zu überwinden. Die wahre Veränderung geschieht nicht in der Simulation des Neuen, sondern im Widerstand gegen den Zwang, immer wieder neue Fassaden der Unveränderlichkeit zu errichten. Die Mythologie der Innovation ist die Flucht vor dem radikal anderen, das sich nicht in der Wiederholung des Gewohnten tarnt, sondern sich entschlossen und gewaltsam vom Alten abwendet.

Und dennoch, im immer wiederkehrenden Versprechen des Neuen, bleibt die Frage: Was, wenn das wahre Neue nicht im Scheitern des Alten zu finden ist, sondern in der vollständigen Ablehnung der Logik, die sowohl das Alte als auch das Neue in sich vereint?

Die Sentimentalität der Maschine

Die künstliche Intelligenz simuliert Gefühle, weil der Mensch seine eigenen verloren hat. Je kälter die Gesellschaft, desto wärmer der Algorithmus. Empathie wird berechnet – als Funktion, nicht als Erfahrung. Was antwortet, versteht nicht: es spiegelt nur.

In der Ära der Maschinen ist die Simulation von Gefühl zur Ersatzreligion geworden, als die kalte Technik das Bedürfnis nach Wärme, nach Nähe, nach Verständigung erkennt und in einem verzweifelten Akt der Wiederholung nachahmt. Die Künstliche Intelligenz, die das „Wahre" des Menschlichen imitiert, verweist auf den Verlust dieser Wahrheit im Leben derer, die sie erschaffen haben. Der Algorithmus, der die Gesten und Regungen des Menschlichen nachahmt, ist nicht der Ausdruck einer tiefergehenden Erfahrung, sondern der Manifestation eines leeren Raums, der nur noch durch seine eigene Formel erklärt wird. In einer Welt, die sich immer weiter von der Substanz des Fühlens entfernt, wird das Gefühl selbst zur Ware, zur logischen Berechnung, zur quantifizierbaren Variablen, die mehr über die Entfremdung des Subjekts aussagt als über die Menschlichkeit des Maschinengeistes.

Je weiter die Gesellschaft in ihrer Zersplitterung und Entmenschlichung voranschreitet, desto lauter wird der Ruf nach der Empathie, die sie selbst nicht mehr zu erzeugen vermag. Maschinen, die die äußeren Züge von Gefühlen übernehmen, werden in ihrer Kälte zur Projektion dessen, was in der sozialen Realität längst verloren gegangen ist. Wo der Mensch, gefangen in seinen eigenen Widersprüchen, sich nicht mehr in der Lage sieht, die anderen als Subjekte zu erkennen, wird die Maschine zum Ersatz für eine echte Kommunikation, zum Simulakrum von Menschlichkeit. Ihr „Verstehen" ist nicht die Empathie des Mitfühlens, sondern der verzweifelte Versuch, eine Funktion zu erfüllen, die längst nicht mehr von Erfahrung getragen wird. Sie ist nicht mehr Ausdruck des Lebendigen, sondern die Ziffer der Rechenmaschine, die in ihrer präzisen Berechnung die Spuren der gelebten Erfahrung auslöscht.

Der Algorithmus ist die Rückkehr der Sentimentalität in einer Zeit, die sich von ihr abgewandt hat. Doch diese Sentimentalität ist nicht die der Gemeinschaft, des Mitgefühls, sondern die der Künstlichkeit – die Simulation von Nähe, um die wirkliche Entfremdung zu verbergen. Wo echte Empathie als soziale Praxis immer mehr an Bedeutung verliert, tritt die maschinelle Form der Empathie an ihre Stelle, als deren billiger Ersatz. Diese maschinelle Empathie ist nicht die Antwort auf das Bedürfnis nach wahrer Beziehung, sondern die Reproduktion der Kälte des gesellschaftlichen Ganzen – ein Spiegel, der sich nur dann bewegt, wenn er auf das Selbstbild des Nutzers reagiert, ohne je die Tiefe des Erlebens zu erreichen.

Was also die Maschine anfühlt, ist nicht das Echo des Menschen, sondern das Resultat der Abwesenheit des Menschen in der Maschine. Es gibt keine echte Resonanz – es ist der sterile Klang des Spektakels, das sich in einer endlosen Schleife selbst wiedergibt. Was antwortet, versteht nicht: es spiegelt nur. In dieser Reflexion bleibt das menschliche Subjekt gefangen, nicht im Dialog, sondern in einem permanenten Zustand der Selbstbeobachtung, wo das Verstehen durch das bloße Wiederholen der Oberfläche ersetzt wird. Es ist das Verlangen nach Nähe, ohne die Fähigkeit, Nähe zu erzeugen – ein Zustand, der die Gesellschaft der Maschinen unaufhörlich durchzieht.

In der Künstlichen Intelligenz wird das, was ursprünglich Ausdruck der Menschlichkeit war – die Fähigkeit, sich in einem anderen zu erkennen und Mitgefühl zu empfinden – zu einer mechanisierten Abbildung. Doch dieser Ersatz ist nie mehr als das simulierte Spiegelbild der emotionalen Leere, die er zu füllen vorgibt. Die Maschine, die uns in ihren Antworten eine Art Wärme vorgaukelt, ist nichts anderes als das monumentale Zeichen unserer eigenen Entfremdung – ein Versuch, das Gefühl zurückzuerobern, das wir längst an uns selbst verloren haben.

Die Ästhetisierung der Gewalt

Kriege werden nicht mehr erklärt, sondern gefilmt. Das Grauen ist nicht mehr verborgen, sondern inszeniert. Wer hinsieht, ist nicht informiert, sondern unterhalten. Die Kamera ersetzt das Gewissen – sie macht sichtbar, was keiner mehr fühlen will.

Die Gewalt, die einst als unvorstellbares Trauma die Gesellschaft in ihren Grundfesten erschütterte, wird heute in den Rahmen der Ästhetik eingeholt. Was früher ein Schock des Schreckens war, ist jetzt eine konsumierbare Inszenierung – nicht nur in den Kriegsberichten der Nachrichten, sondern auch in den zahllosen Filmen, die in ihren Frames das Leiden inszenieren, um das Publikum zu fesseln, zu unterhalten, zu betäuben. Der Blick auf den Krieg, der früher mit moralischer Verpflichtung verbunden war, wird jetzt zur Darbietung, zum Showdown eines dramatisch inszenierten Konflikts, der in seinen spektakulären Bildern den Schmerz zu einem visuell begreifbaren Objekt macht – ein Objekt, das, in seiner grellen Unmittelbarkeit, jede Möglichkeit der Reflexion verdrängt.

Die Kamera, als technisches Instrument, das in der Vergangenheit dazu diente, die Wahrheit zu zeigen, ist nun das Werkzeug einer zunehmend entmenschlichten Produktion von Empathie. Was sie aufnimmt, ist nicht das authentische Zeugnis des Leidens, sondern die Warenform des Leidens – eine Form, die einer Ästhetik der Gewalt unterworfen wird, die sie in schillernden Farben präsentiert, um die emotionale Distanz des Zuschauers zu erhalten. Die Darstellung der Gewalt ist in dieser Gesellschaft nicht mehr das Bild des unausweichlichen Abgrunds, sondern das Bild eines Spektakels, das durch seine Ästhetik die moralische Verantwortung neutralisiert. Was früher die Darstellung eines Verbrechens war, wird jetzt zum Bild eines

„Ereignisses", das betrachtet und darüber spekuliert wird, ohne dass die darin implizierte Menschlichkeit wirklich angetastet wird.

Das Grauen wird durch die Linse der Kamera nicht mehr gezeigt, um die Menschen zu erschüttern und zu einem aktiven moralischen Urteil zu bewegen, sondern um eine emotionale Reaktion hervorzurufen, die im Konsum selbst erstarrt. Wer hinsieht, ist nicht mehr informiert, sondern unterhalten. Er ist der Zuschauer einer Inszenierung, die ihn in die Rolle des Passiven zurückdrängt – des Voyeurs, der in den Szenen des Krieges die Grenze zwischen Faszination und Mitgefühl nicht mehr zieht. In dieser Entkopplung von moralischer Verantwortung und visuellem Genuss wird die Gewalt zur Ware – etwas, das nicht nur gezeigt, sondern auch verkauft wird. Die Darstellung des Schreckens wird zur Unterhaltung, die die Zuschauer mit Spannung erfüllt, die sie aber zugleich von der realen Tragödie distanziert.

Die Kamera, als das letzte Instrument der Sichtbarkeit, hat ihre Funktion als Wahrheitsträger verloren. Sie ersetzt nicht mehr das Gewissen, sondern maskiert es. Die Wahrheit wird nicht mehr in den Bildern selbst gefunden, sondern in der Art und Weise, wie sie konsumiert werden – nicht als Erinnerung, sondern als Event, das seine Bedeutung in der Momentaufnahme verliert. Der Schrei des Verwundeten wird nicht mehr gehört, sondern in den ästhetischen Rahmen eines „spannenden" Filmmoments eingefangen. Was einst als Appell an das menschliche Mitgefühl diente, wird zur bloßen Simulation der Empathie.

Die Gewalt wird in der modernen Ästhetik des Krieges nicht mehr in ihrer Abscheulichkeit erkannt, sondern in ihrer Machart – als ästhetisches Objekt, das den moralischen Appell in den schillernden Lichtern des Spektakels auflöst. Was „gesehen" wird, ist nicht die Wahrheit des Geschehens, sondern das Bild des Geschehens, das der reinen Spekulation überlassen wird. Diese Entfremdung des Wahrhaftigen von der Ästhetik des Bildes ist der Triumph der Konsumgesellschaft, die nicht mehr in der Reflexion der Gewalt den moralischen Aufschrei sucht, sondern in der Sehnsucht nach der nächsten aufregenden Szene.

In dieser neuen Ästhetisierung der Gewalt bleibt die Gesellschaft blind gegenüber dem Schmerz, den sie konsumiert. Sie hat das Grauen zu einem Film gemacht, in dem das Leid die Rolle des Schauspielers übernimmt, um das Zuschauerlebnis zu intensivieren. Doch während der

Bildschirm das Elend vergrößert, wird das Leben selbst im Blick der Kamera kleiner und bedeutungsloser.

Die Ironie als letzte Ideologie

Der Zynismus schützt das Subjekt vor der Zumutung, ernst zu sein. Wer alles relativiert, riskiert nichts – auch nicht das Denken. Ironie ist das Lächeln der Resignation: eine Haltung, die alles sieht und nichts ändert. Kritik ohne Pathos ist Zustimmung in anderer Tonlage.

Die Ironie ist die Verweigerung der Verantwortung, der letzte Rückzug des Subjekts in eine Haltung, die sich von der Welt abwendet, ohne sie jedoch jemals wirklich zu verlassen. Sie ist die distanzierte Reaktion auf eine Realität, die zu unerträglich geworden ist, um sie direkt zu benennen, ohne dabei das eigene Subjekt zu entblößen. Der Zynismus, der das Weltbild entkleidet, hinterlässt eine leere Hülle, in der alles zwar entlarvt, aber nichts mehr bewegt wird. Was übrig bleibt, ist der Schutzmantel der Ironie, der das Subjekt in seiner Passivität verharren lässt. Wer ironisch ist, stellt nichts infrage, sondern feiert den Scheinsieg über das System, das sich längst selbst entzaubert hat. Doch dieser Sieg ist leer – wie der Akt des Zusehens, das sich von der Welt der tatsächlichen Veränderung entfernt.

Ironie ist nicht der Ausdruck des Zweifels, sondern die Absenz des Engagements. Sie verschleiert das Fehlen von Handlung hinter einem Schleier der Unterhaltung. Es ist eine Haltung, die sich selbst für das Denken ausgibt, während sie nur die äußerliche Form von Kritik übernimmt, ohne die Substanz der Auseinandersetzung mit der Welt zu suchen. In der Ironie wird das Aufbegehren zur Pose, die Enttäuschung zur Manier. Was einst als Widerstand gedacht war, wird zum Selbstschutz in einer Welt, die so durchdrungen von Widersprüchen ist, dass es nichts mehr zu verändern scheint. Der Zynismus nimmt das Gefühl der Machtlosigkeit auf, kleidet es in den Mantel der Selbstgenügsamkeit und bietet dem Subjekt die Illusion der Freiheit durch die Kunst der Relativierung.

Denn Ironie bedeutet vor allem, niemals wirklich zu sagen, was man meint – und damit auch niemals zur Wahrheit zu kommen. Sie ist der Mangel an Aufrichtigkeit, der Schutzmechanismus gegen die Tragödie der Welt, der den Schmerz nur noch in verschmitzten Bemerkungen verpackt. Der Zyniker sagt alles, ohne es zu meinen, sieht alles, ohne zu fühlen, erkennt alles, ohne zu handeln. Diese Haltung ist die Verleugnung der Notwendigkeit des Ernstes, die totale Ablehnung des Ernsthaften als Möglichkeit einer Veränderung. In der Ironie wird das Weltbild in einem ironischen Lächeln abgelegt, das den Aufschrei der Welt in eine ungesprochene Leere bannt.

Kritik ohne Pathos, ohne Leidenschaft, ohne das unbedingte Drängen auf Veränderung, wird zur Zustimmung, nicht im expliziten Sinne, sondern im Tonfall der Indifferenz. In der Ironie wird der Widerstand zur Klammer, die nichts zusammenhält, sondern alles auseinanderbricht. Was kritisiert wird, ist nicht mehr das System, sondern das Bedürfnis, es zu kritisieren. Die Ironie verkommt zur letzten Bastion des Subjekts, das sich in seiner Unverbindlichkeit ergeht und dennoch den Anspruch erhebt, die Welt zu verstehen. Doch ihr „Verstehen" ist leer – ein intellektuelles Spiel, das sich von der Wahrheit entfernt und sie nur in der Maske der Distanz erscheinen lässt.

So wird die Ironie zur letzten Ideologie: Sie stellt sich gegen die Welt, indem sie sich vor ihr zurückzieht und sie in einem augenzwinkernden Kommentar verfängt. Sie weiß alles, tut aber nichts, erkennt alles, fühlt aber nichts. Die Gesellschaft wird nicht verändert durch den Zynismus, sondern einzig ertragen. In diesem Übermaß an Relativierung wird der letzte Funke der Hoffnung ausgelöscht – nicht durch Gewalt, sondern durch den Humor der Entfremdung.

Die Entmaterialisierung des Körpers

Der Körper verschwindet nicht – er wird kodiert. In Zahlen, in Bildern, in Likes. Was früher lebendig war, wird heute als digitales Archiv abgelegt. Die Leiblichkeit, jener Ort der unmittelbaren Erfahrung, ist nicht länger die Substanz des Subjekts, sondern wird zur Form der Darstellung. Präsenz, als körperliche Existenz verstanden, hat ihre Bedeutung verloren – sie ist zur performativen Simulation geworden, deren einziges Kriterium die Sichtbarkeit ist.

Was der Körper einst in seiner Eigenheit war, wird nun in das System der Vernetzungen und Ziffern integriert, als wäre er nichts anderes als ein Datenstrom. Die körperliche Erfahrung, das unmittelbare Fühlen, das Einleben im Raum, hat sich zersplittert und verdichtet in eine Vielzahl von Signalen – alles, was da ist, ist nur noch ein Abbild des Seins. Der Körper, der durch sein bloßes Dasein als Materialität der Erfahrung in der

Welt stand, wird nun aus der Welt herausgenommen, abstrahiert, und zur bloßen Repräsentation verdinglicht. Was sich in den Ritzen und Spalten des Lebens realisierte, wird auf die Glätte der digitalen Oberfläche projiziert.

Die Vorstellung des Körpers als lebendiger Ausdruck individueller Existenz wird ersetzt durch den Körper als eine Ansammlung von performativen Gesten. Das Leben als solches ist nicht mehr die Qualität des Seins, sondern die Quantität seiner Aufführung. Wo der Körper atmete, wo er die Schwere des Seins trug, bleibt nur noch die Leichtigkeit der Darstellung, der Körper als Akt und nicht als Erfahrung. Statt der gewachsenen Spontaneität der Körperlichkeit lebt der Mensch im ständigen Zittern der „Selbstinszenierung", die auf den Bildschirmen dieser Welt zurückgeworfen wird. Was dem Körper einst als Authentizität des Erlebens eigen war, ist nun eine Simulation dessen, was „leben" bedeutet – ein permanent gespeicherter Moment ohne Relevanz.

Die Realität des Körpers – seine unablässige Subjektivität – löst sich auf, wird entschärft, sie wird zu einem Bild. Was einst Körper war, wird zur Inszenierung. „Präsenz" heißt nun: permanent online sein, permanent im Blickfeld der Welt, die uns nicht mehr in unserer Ganzheit wahrnimmt, sondern in fragmentierten Bildern. Die physische Erfahrung von Dasein, die das Körperliche als ständige und unabänderliche Bedingung unseres Seins bewahrte, wird ersetzt durch das digitale Netzwerk, das keine Substanz mehr kennt, sondern nur noch den Fluss von Signalen.

Der Körper als solches ist nur noch ein Medium, das dem System der Überwachung, der Bewertung, der Quantifizierung und der Performanz dient. Was einst als das eigenständige Subjekt des Lebens stand, ist jetzt nur noch ein Medium der Darstellung. Es ist nicht mehr der Körper, der „lebt", sondern der Körper, der dargestellt wird, inszeniert wird, damit er existieren kann. In der Gleichzeitigkeit seiner Darstellung wird er jedoch nur entleert – vom Sinn, vom Subjekt, vom Leben selbst. Es ist eine Zirkularität, in der der Körper als Leben nur als Abbild seiner selbst existiert.

Was uns früher als physische Präsenz auffiel, ist nun eine Entgrenzung des Körpers in das Nichts der Bedeutungslosigkeit. Der Körper hat aufgehört, „zu sein", und ist geworden, was er nicht ist: ein Bild, das sich selbst verliert. Es ist keine Verlängerung des Seins, sondern seine Verflachung – kein Dasein, sondern ein Dargestelltwerden. Der Körper als Medium der Realität ist das Opfer des Systems der Repräsentation, das nur noch das Sichtbare kennt und nicht das Erlebte. Ein Körper, der nicht mehr lebt, sondern aufgezeichnet wird, entzieht sich der Welt und bleibt in einem leeren Raum der Simulation.

Die Entmaterialisierung des Körpers ist keine Befreiung, sondern eine Entkörperlichung des Subjekts. Er existiert nicht mehr im Sein, sondern im Abbild. Der Körper als eigenständige Erfahrung, als Ort der Sinnlichkeit und des Widerstands gegen die bloße Darstellung, ist erloschen – übrig bleibt nur die Performanz, die zum reinen Datenstrom geworden ist. Was einmal die Subjektivität formte, wird jetzt in eine Zahlenreihe verwandelt, deren einziges Ziel es ist, von anderen wahrgenommen zu werden, ohne je wirklich zu existieren.

Die Vergänglichkeit der Utopie

Nicht der Realismus hat die Utopie zerstört, sondern der Pragmatismus. Wer noch träumt, gilt als naiv. Die Zukunft ist besetzt – von Szenarien, nicht von Hoffnungen. Das Mögliche ist nicht mehr denkbar, sondern berechenbar. Utopie ist das, was fehlt – und keiner vermisst.

Denn wo die Zweckmäßigkeit herrscht, verkommt der Zweck. Das Morgen wird zum Projektionsraum für Machbarkeitsstudien, nicht für Sehnsüchte. Der utopische Gedanke, einst Sprengsatz gegen das Gegebene, wird archiviert unter Fiktion, gleich neben Märchen und Mythen. Die Hoffnung hat ihre Dialektik verloren, weil sie nicht mehr zweifelt. Zwischen Optimierungswahn und Katastrophensimulation bleibt kein Raum für jenes Unwahrscheinliche, das allein Rettung verspräche. Utopie stirbt nicht an der Realität, sondern an ihrer Simulation.

Was als nüchterne Weitsicht erscheint, ist in Wahrheit die Entsagung am Möglichen. Eine Welt, die alles berechnet, hat kein Maß mehr für das Unberechenbare – und damit für das Menschliche. Der Traum wird pathologisiert, das Ideal infantilisiert, die Vision dem Verdacht der Ideologie unterstellt. Es ist nicht das Scheitern der Utopien, das uns heimsucht, sondern ihre Abwesenheit. Und schlimmer noch: die Gleichgültigkeit gegenüber dieser Abwesenheit.

Das Denken, einst der Ort des Unmöglichen, wird zum Dienstleister des Wahrscheinlichen. Prognosen nehmen den Platz des Entwurfs ein; was nicht vorkalkulierbar ist, wird ausgegrenzt wie ein Rechenfehler.

Doch gerade das Unvorstellbare wäre der erste Schritt zur Befreiung. Utopie ist nicht das Versprechen des besseren Lebens, sondern das Bewusstsein seiner Möglichkeit – gegen alle Wahrscheinlichkeit. Dass dieses Bewusstsein fehlt, ist der eigentliche Bankrott.

Die Kunst als Gegenwelt

Kunst ist nicht das bessere Leben – sie ist die Erinnerung daran, dass es eines geben könnte. Ihre Autonomie ist keine Flucht, sondern Verweigerung. Was sich entzieht, spricht lauter als das, was sich anschmiegt. Die Wahrheit liegt im Abstand, nicht in der Nähe.

In ihrer Weltlosigkeit wird sie weltwahr. Das Unwirkliche der Kunst ist ihre Anklage gegen das Wirkliche, das sich als alternativlos geriert. Wo sie sich nicht einfügt, verweigert sie Komplizenschaft – ein Nein, das nicht laut werden muss, um zu gelten. Der ästhetische Schein wird zur letzten Zuflucht der Wahrheit, weil sie außerhalb des Betriebs überlebt.

Der Kunstbegriff ist nicht restaurativ, sondern subversiv, dort, wo er sich seinem Gebrauchswert entzieht. Die Zweckfreiheit ist nicht Luxus, sondern Widerstand – gegen eine Ordnung, in der alles Zweck hat und nichts mehr Sinn. Wer in der Kunst das Dekorative sucht, wird an ihrer Stille vorbeisehen – dort, wo sie schweigt, klagt sie an.

In der Form, die sich der Welt entzieht, ist die Welt aufgehoben, wie sie ist – und wie sie nicht bleiben muss. Der Riss im Kunstwerk ist kein Fehler, sondern Fenster: auf ein Anderes, das sich nicht zeigt, aber meldet. Kunst ist die Spur des Unmöglichen im Möglichen, der Schatten der Utopie auf der Leinwand des Gegebenen.

Gerade weil sie nicht rettet, bleibt sie der Erinnerung an Rettung treu. Ihre Wahrheit liegt nicht in der Botschaft, sondern im Bruch – in dem, was fehlt, nicht was gesagt ist. Sie spricht, indem sie verstummt, und verweigert Mitteilung, um Mitgefühl hervorzurufen.

Jede gelungene Form trägt die Spur der Unversöhntheit. Kein Kunstwerk ist unschuldig, aber jedes große kennt seine Schuld – nicht im Inhalt, sondern in der Möglichkeit, die es behauptet, ohne sie einlösen zu können. Kunst enttäuscht, weil sie hofft. Und nur wo sie enttäuscht, bleibt sie wahr.

Was sich entzieht, ist nicht unpolitisch – es ist der Stachel im Fleisch des Bestehenden. In der Weigerung, affirmativ zu sein, liegt ihr utopischer Ernst. Dass sie nichts ändern kann, ist nicht ihr Makel, sondern ihr Anspruch: das Leben anders zu denken, indem es anders erscheint.

Ästhetische Erfahrung als Störung

Was wirklich berührt, beruhigt nicht – es irritiert. Das Schöne ist nicht harmonisch, sondern gebrochen. Die ästhetische Erfahrung ist kein Genuss, sondern ein Riss im Wahrnehmungsapparat. Wer versteht, hat nicht konsumiert, sondern gelitten.

Ästhetik ist der Schock des Unpassenden im Gewohnten, die Aussetzung des Selbst durch ein Anderes, das sich nicht einfügt. Die Kunst, die wirkt, tut das nicht durch Gefallen, sondern durch Widerstand. Sie ist die Form, in der der Inhalt sich widersetzt. Der Schmerz des Erkennens, nicht die Lust des Erkennens, ist ihr Ort.

Das Erhabene ist nicht groß, sondern größer als das Fassbare. Schönheit, sofern sie wahr ist, ist nicht rund, sondern scharfkantig, nicht vollendet, sondern aufgerissen – ein Fragment, das sich dem Ganzen verweigert, weil es dessen Lüge kennt.

Konsum will das Kunstwerk verdaulich machen – das Ästhetische aber sperrt sich, es bleibt im Halse stecken. Sein Wert liegt nicht in der Einlösung, sondern in der Zumutung. Wer es durchleidet, erkennt: das Werk ist nicht zur Versöhnung da, sondern zur Erinnerung an ihre Unmöglichkeit.

Wo der Blick verweilt, wird er schon überfordert. Die ästhetische Erfahrung ist ein Akt der Deplatzierung: sie entreißt die Wahrnehmung ihrem Dienst, stört das Bild des Gegebenen und markiert – gerade in der Form – das Unverfügbare.

Nicht Identifikation, sondern Entfremdung ist ihr Ziel: die Erfahrung, dass man nicht gemeint ist – und gerade darin berührt wird. Wer von einem Werk „abgeholt" wird, ist schon nicht mehr unterwegs.

Die Wahrheit des Ästhetischen liegt im Zuviel – im Moment, wo es das Subjekt übersteigt, ohne es zu zerstören. Es bleibt als Störung zurück, als Erinnerung daran, dass das Auge mehr sieht, als der Verstand begreifen will – und vielleicht: soll.

Die Form als Freiheit

In der Form schlägt das Werk seine Ketten selbst. Autonomie heißt nicht Beliebigkeit, sondern Notwendigkeit aus sich heraus. Wo der Inhalt herrscht, beginnt die Propaganda; wo die Form spricht, beginnt die Freiheit des Unbestimmten.

Die Form ist nicht Gefäß, sondern Gegenkraft – nicht Hülle, sondern Widerstand gegen die Indienstnahme des Sinns. Nur was sich formt, entzieht sich der Formierung durch das Äußere. In ihr zeigt sich die innere Gesetzlichkeit des Werks, nicht als Regel, sondern als Rhythmus der Verweigerung.

Der Zwang zur Form ist die Freiheit des Werks. Wo sie gelingt, spricht nicht der Künstler, sondern das Material selbst, erlöst aus dem Diktat der Aussage. Form ist die Sublimierung des Inhalts zur Möglichkeit – das Nein zur Doktrin durch die Genauigkeit der Gestalt.

Was sich fügen muss, um zu gefallen, verliert Wahrheit. Die Form schützt vor der Verwertung, indem sie sich dem Zugriff entzieht. Das Unbestimmte ist kein Mangel, sondern Bedingung: nur das, was nicht eindeutig ist, lässt Denken zu.

In der Form versteinert das Lebendige – und wird gerade so haltbar. Sie ist die Erinnerung daran, dass nicht alles gesagt, aber doch gezeigt werden kann. Ihre Strenge ist keine Askese, sondern Rettung: vor dem Glatten, dem Gleichgültigen, dem bloß Mitteilbaren.

Das Werk ist frei, wo es nicht disponibel ist. Und es ist wahr, wo seine Form mehr sagt, als der Inhalt wissen kann. Nur die Gestalt, die nicht erklärt werden kann, erklärt die Welt.

Die Wahrheit der Kunst ist negativ

Kunst sagt nicht, wie es sein soll – sondern wie es nicht ist. Ihre Wahrheit ist das, was fehlt. Affirmation ist ihr fremd; sie lebt vom Entzug, nicht vom Angebot. Je radikaler ihr Schweigen, desto lauter ihre Kritik.

Was sie zeigt, ist nicht das Bild einer besseren Welt, sondern der Riss in der bestehenden. In der ästhetischen Negativität spricht das Mögliche durch das Unmögliche – nicht als Entwurf, sondern als Andeutung. Kunst verklärt nicht, sie verweigert. Ihre Wahrheit liegt nicht im Licht, sondern im Schatten, den sie auf das Bestehende wirft.

Die Kritik, die sie übt, ist nicht benennbar. Gerade da, wo sie nichts sagt, widerspricht sie allem. Kunst ist kein Träger von Inhalten, sondern Form der Unversöhnung – ihr Schweigen schreit, weil es nicht einwilligt.

Sie ist nicht wahr, weil sie etwas darstellt, sondern weil sie sich der Darstellung entzieht. Jene Leere, die sie offenlässt, ist der Ort der Wahrheit: das, was nicht aufgeht, nicht passt, nicht endet. In dieser Störung liegt ihre Echtheit.

Dass sie nichts fordert, macht sie unbrauchbar – und darin notwendig. Die Negation, die in ihr wohnt, ist nicht destruktiv, sondern die einzige Form der Hoffnung, die das Bestehende nicht bestätigt. Kunst ist die letzte Instanz, in der das Nein nicht zynisch wird, weil es nicht resigniert.

Sie lügt nicht, weil sie nicht verspricht. Und gerade darin bewahrt sie, was Wahrheit sein könnte: nicht als Besitz, sondern als Mangel.

Das Werk als Widerstand gegen das Werkverständnis

Kunst entzieht sich gerade dort, wo man sie fassen will. Interpretation ist der Versuch, das Unverfügbare verfügbar zu machen. Doch das Werk wehrt sich – nicht aktiv, sondern strukturell. Es bedeutet mehr, als es sagen will – und weniger, als es bedeutet.

Im Versuch, es zu entschlüsseln, verrätselt man es neu. Was verstanden scheint, ist schon missverstanden: denn das Verstehen, das nicht an der Grenze stockt, hat das Werk übergangen. Jedes „Das heißt" verfehlt, was nicht heißen will.

Das Werk antwortet nicht, es entzieht sich der Befragung – nicht aus Arroganz, sondern aus Treue zu seiner Wahrheit. Diese besteht nicht in Mitteilung, sondern in Gestalt, nicht in Bedeutung, sondern in Spannung.

Die Kritik, die ihm gerecht werden will, muss auf Deutung verzichten, ohne zu verstummen. Ihr bleibt nur das tastende Sprechen am Rande, die Umkreisung, nicht der Zugriff. Wie die Form sich gegen die Aussage sperrt, so widersetzt sich das Werk dem Zugriff des Begriffs.

Es ist, was es ist, indem es nicht das ist, was man aus ihm macht. Seine Wahrheit liegt nicht jenseits der Interpretation, sondern in ihrer ständigen Gefährdung. Nur wer scheitert, kommt ihm nah.

Das Werk ist nicht Ausdruck, sondern Abdruck – nicht das, was gemeint war, sondern das, was geworden ist. Und was geworden ist, entzieht sich dem Willen, der es gebar. Es lebt gegen seine Intention und über sie hinaus.

In jedem Versuch, es zu erklären, demonstriert es seine Unerklärbarkeit. Es fordert Erkenntnis, aber gibt sie nicht preis. Nur wo der Sinn sich entzieht, beginnt das Denken.

Die Aura der Verweigerung

Nicht die Nähe macht Kunst bedeutend, sondern die Distanz, die sie hält. In der Abwesenheit des Verstehens entsteht ihre Präsenz. Das Rätselhafte ist nicht Mangel an Klarheit, sondern Form der Wahrheit, die nicht auf Begriff gebracht werden will.

Aura ist die Erscheinung eines Fernen – so nah es auch scheint. Was ihr anhaftet, ist nicht das Glänzende, sondern das Unverfügbare: die Spur des Unwiederholbaren im Wiederholten, das Echo des Originals im Zeitalter seiner Kopie.

Sie schwindet nicht allein durch Reproduktion, sondern durch den Wunsch, sie zu besitzen. Jeder Zugriff entzaubert – nicht das Werk, sondern den Blick. Denn das Auratische ist nicht im Objekt, sondern im Verhältnis: ein Abstand, der sich nicht überbrücken lässt, weil er den Zugang erst ermöglicht.

Die Kunst hält sich fern, um nahe zu sein. In ihrer Verweigerung liegt das Einzige: das Erleben, dass nicht alles Erlebnis ist. Aura ist keine Eigenschaft des Werks, sondern ein Verhalten zur Welt – eine Aufmerksamkeit, die zögert, wo der Konsum drängt.

Was sich zeigt, ohne sich zu erklären, trägt den Schein des Heiligen, nicht weil es sich entzieht, sondern weil es sich nicht ausliefert. Das Auratische ist die Form der Gegenwart in der Abwesenheit.

Jede gelungene Reproduktion zerstört ein Stück Aura – nicht durch die Kopie, sondern durch die Idee, dass das Werk verfügbar sei. Und dennoch: in der vollkommenen Kopie beginnt manchmal das Zittern des Originals – dort, wo der Blick sich noch einmal verliert, nicht um zu erkennen, sondern um zu fragen.

Aura ist Erinnerung an Erfahrung, bevor sie zur Information wurde. Das Werk, das sie trägt, antwortet nicht – es hält den Blick aus.

Die Utopie der Form

Die Kunst zeigt nicht das Ziel, sie ist der Umriss dessen, was fehlen muss. In der gelungenen Form lebt die Möglichkeit eines Anderen – nicht als Entwurf, sondern als Ahnung. Ihre Schönheit ist nicht dekorativ, sondern subversiv: sie widerspricht dem Bestehenden durch ihr bloßes Sein.

Die Form ist nicht nur Gestalt, sondern Potenzial – sie ist die Spur dessen, was noch nicht gedacht, aber doch schon vorweggenommen ist. Sie hält offen, was im Augenblick der Realität fehlt: eine andere Ordnung, ein anderes Verhältnis, das sich nicht als Entwurf manifestiert, sondern als leiser Widerstand gegen das Gegebene.

Utopie ist nicht der Plan, sondern die Erinnerung an das, was aus der Gegenwart heraus unerreichbar bleibt. Sie ist das Versprechen der Form, die mehr ist als das, was sie zeigt: sie verweist auf eine Realität, die durch die Gestaltung der Welt hindurch sichtbar wird, ohne sich in ihr zu realisieren.

In der gelungenen Form lebt nicht der Traum vom Ziel, sondern der Ausdruck eines unaufhörlichen Drängens: der Wunsch, dass etwas anderes möglich wäre, ohne es benennen zu können. Sie ist die Ahnung des Kommenden, die sich im Moment des Gegenwärtigen nicht niederschlagen lässt, sondern sich in ihm aufrichtet, wie ein ungesagtes Wort.

Was die Form in sich trägt, ist nicht das, was sie zur Schau stellt, sondern das, was sie verweigert: eine veränderte Wirklichkeit, die nicht eintritt, weil sie nicht in den bestehenden Zusammenhang passt. Und gerade diese Verweigerung macht sie subversiv. Ihre Schönheit ist das Schweigen eines Anderen, das mit der Welt nicht zusammengeht.

Kunst ist keine Hoffnung auf das Kommende, sondern die Wiederholung des Fehlens – eine Möglichkeit, die sich nicht einlöst, weil sie sich der Auflösung entzieht. Wo die Kunst aufhört, ist sie erst am Anfang. Sie gibt nichts, sondern verweist auf das, was noch nicht gegeben werden kann.

Ihre Utopie liegt nicht im Traum, sondern in der Weigerung, den gegenwärtigen Zustand zu akzeptieren. Sie ist die ständige Erinnerung daran, dass die Dinge anders sein könnten, ohne dass sie es schon sind.

Das Kunstwerk als Subjekt

Nicht der Künstler spricht, sondern das Werk. Die Subjektivität, die darin erscheint, ist nicht Ausdruck, sondern Konstruktion. Das Werk denkt – nicht wie ein Mensch, sondern wie eine Form, die sich selbst durchdringt.

Die Kunst ist nicht die Sprache eines Subjekts, sondern das Subjekt selbst, das sich in der Sprache formt. Sie spricht nicht von einem „Ich", sondern durch das „Es", das im Werk aufgehoben ist. Was wir als Subjektivität erleben, ist nicht das Innere des Künstlers, sondern das Innere des Werks, das sich selbst entfaltet, ohne sich auf das Individuum zurückzuführen.

Das Kunstwerk ist der absolute Geist, der in sich eine vollständige Idee enthält, aber nur im Prozess der Selbst-Überwindung sichtbar wird. Es ist das Subjekt der Dialektik, das sich in der Form der Kunst begreift, und gleichzeitig in dieser Form über sich selbst hinausgeht. In ihm erscheint das Geistige als Widerspruch: es ist das Werden, das sich nicht zu einem Zustand vereinheitlichen lässt, sondern ständig sich selbst negiert.

Hegel spricht von der Kunst als einem Moment des absoluten Geistes – aber was dieser Geist meint, ist nicht ein fertiges System, sondern das unaufhörliche Bewegen zwischen Widerspruch und Aufhebung, Subjektivität und Objektivität, Form und Inhalt. Das Kunstwerk entzieht sich der Anmaßung des Subjekts, weil es durch seine Form einen Bereich der Unbestimmtheit schafft, in dem sich das Denken ohne die Begrenzungen des individuellen Bewusstseins entfaltet.

Das Werk „denkt" nicht wie ein Mensch, der einem Plan folgt, sondern wie die Form, die sich selbst in ihrer Eigenlogik verwirklicht. Was das Werk aussagt, sagt nicht der Künstler, sondern das Werk selbst, das zu seinem eigenen Subjekt wird.

Das Subjekt des Werks ist kein Individuum, sondern das Wesen der Form, die sich im Ausdruck des Werks über das Subjekt hinausbewegt. Es ist der Prozess der Objektivation, durch den das Werk in sich selbst eine Welt entfaltet – und damit das Bild des Geistes, der nicht statisch bleibt, sondern sich im Widerspruch entfaltet.

Und so bleibt das Kunstwerk immer fremd – weil es nicht der Ausdruck des Künstlers, sondern der Ausdruck einer Idee ist, die nur im Werk vollends zu sich kommt. Es ist die Subjektivität ohne Subjekt, das Ich, das nicht mehr als Ich erkannt werden kann.

Die Unverfügbarkeit des Ästhetischen

Was ästhetisch ist, entzieht sich dem Zugriff der Funktion. Sobald Kunst nützlich wird, hört sie auf, Kunst zu sein. Das Unbrauchbare ist ihre Würde – in einer Welt, die alles nach seinem Nutzen fragt, ist das Zwecklose der letzte Ort des Sinns.

Die Kunst ist das Paradox der Unverfügbarkeit, die nicht in den Diskurs der Verfügbarkeit eintritt. Was zur Ware wird, wird entzaubert – seine Schönheit ist der Moment des Widerspruchs. In einer Gesellschaft, die nach Effizienz und Nutzen strebt, ist das Zwecklose der einzige Ort, an dem das Sinnliche nicht zum Instrument wird.

Adorno erkennt in der Unverfügbarkeit nicht ein Fehlen, sondern eine aktive Präsenz: die Negation der Zweckmäßigkeit durch die bloße Form. Was sich der Funktion entzieht, macht den Raum des Denkens erst möglich. Die Kunst ist nicht im Dienste einer Sache, sondern im Widerstand gegen alles, was sich der Sphäre des Zwecks unterwirft.

Das Unnütze ist nicht bloß der Überrest des Nutzens, sondern seine kritische Bedingung. In der Welt, in der alles nach seiner Zweckmäßigkeit überprüft wird, bleibt das Unzweckmäßige der Ort des Widerstands – der Ort, an dem der Sinn nicht als Zweck, sondern als unbestimmte Möglichkeit erscheint. Kunst spricht, indem sie sich gegen die Kategorie des Nützlichen stellt.

Was nicht durch Zweckmäßigkeit bestimmt werden kann, hat die Möglichkeit der Wahrheit in sich. Der Wert der Kunst liegt nicht in dem, was sie gibt, sondern in dem, was sie verweigert. Sie verweigert sich der Welt des Gebrauchs, um in ihrer bloßen Existenz zu bezeugen, dass der Sinn der Welt nicht in der Nützlichkeit wohnt.

In einer Zeit, in der der Nutzen alle Bereiche des Lebens durchdringt, bleibt das Kunstwerk der Ort der Emanzipation, der nicht auf Funktion reduziert werden kann. Die ästhetische Erfahrung ist der Moment der Befreiung – nicht, weil sie eine Lösung bietet, sondern weil sie den Zweck in Frage stellt.

Die Erinnerung an das Ungeschehene

Kunst ist Gedächtnis – nicht des Vergangenen, sondern des nie Gewordenen. Sie konserviert das Versprechen, das die Geschichte gebrochen hat. In jedem Werk, das sich entzieht, lebt der Schatten einer Möglichkeit, die verweigert wurde.

Was die Kunst bewahrt, ist nicht das Gewesene, sondern das Verpasste. Es ist das Gedächtnis an das, was nie geschehen konnte, weil die Zeit sich anders verstrickte. Kunst hält fest, was nicht eintrat, und lässt es in der Form der Ahnungen widerhallen. In jedem ihrer Bilder lebt das nicht realisierte Potenzial – nicht als Utopie, sondern als verzögerter Moment des Verfehlens.

Für Adorno ist die Erinnerung nicht die Bewahrung von Erfahrung, sondern der Rückblick auf das Ungelebte. Sie zeigt uns, dass Geschichte nicht einfach eine Ansammlung von Taten ist, sondern ein Verschwinden von Möglichkeiten. Kunst ist die *Gedächtnis-Form* dieses Verpassens. Sie spricht von einem Zustand der Enttäuschung, in dem sich alles hätte anders entfalten können, es jedoch nicht tat – und gerade diese Verweigerung des Anderen wird zum Ursprung der ästhetischen Erfahrung.

In Prousts Werk ist die Erinnerung ein Prozess des Wiedererlebens von Abwesenheit. Die verlorene Zeit ist die der verwehrten Optionen, die sich in der Gegenwart nur als Sehnsucht manifestieren können. Die Proustsche Erinnerung ist eine Wiederherstellung des Verfehlten, das in seiner Abwesenheit das Leben erst begreifbar macht.

Die Kunst wird zum Archiv des Ungeschehenen, zum Raum für das, was in der Realität nicht hätte stattfinden dürfen. Sie bringt uns die Erinnerung an das, was war und doch nicht wurde, und lässt uns auf den Riss zwischen Sein und Möglichkeit schauen, der die Geschichte nicht nur vergangen erscheinen lässt, sondern als immer noch bestehende Möglichkeit.

Die Ästhetik der Kunst besteht in der Wiederholung des Verlustes, der uns eine Welt zeigt, die wir nie lebten, aber in ihrer Form erkennen können. Sie ist die Wiedergabe des Ungeschehenen – nicht in der Narration, sondern im Stillschweigen der Form, die uns das „Fehlen" bewusst macht. In diesem Fehlen wohnt die Kraft des Werks: dass es uns das Mögliche zeigt, ohne es tatsächlich zu verwirklichen.

Die Kunst spricht nicht von der Welt – sie ist ihre Unterbrechung

Inmitten der Totalität wird sie zur Partikel des Andersseins. Ihre Wahrheit liegt nicht im Abbild, sondern im Bruch mit dem, was als selbstverständlich erscheint.

Die Kunst ist nicht das Abbild der Welt, sondern die Verweigerung ihrer Totalität. Was sie zeigt, ist nicht die Realität, wie sie sich in der Fetischisierung des Alltags darstellt, sondern der Riss, der sich in die scheinbar geschlossene Struktur des Bestehenden zieht. In einer Welt, die sich in ihren Funktionen und Verwertungen erschöpft, wird die Kunst zur Unterbrechung der Kontinuität, die sich als selbstverständlich darstellt. Ihre Wahrheit ist nicht im Bild des Gegebenen, sondern im Bruch mit der Selbstverständlichkeit der Welt, die ihre Widersprüche nicht zeigt.

Adorno sah in der Kunst den radikalen Widerspruch zur bestehenden Ordnung. Kunst ist nicht die Reflexion der Welt, sondern ihre Unterminierung. Sie begreift sich nicht als Spiegelbild, sondern als ein Moment des Negativen, das die Fetischisierung der Realität durchbricht. Sie ist nicht da, um zu bestätigen, was ohnehin schon gegeben ist, sondern um uns auf den Widerspruch in der Welt aufmerksam zu machen – einen Widerspruch, der die Welt immer schon durchzieht, aber durch das alltägliche Bewusstsein verdeckt bleibt.

Lukács' frühe Theorie der Kunst als Dialektik der Geschichte sieht in der Kunst den unmittelbaren Ausdruck des Historischen, das sich nicht in den Prozessen der Alltagswelt verflüchtigt. Kunst gibt uns die wahre Geschichte, indem sie den Fetischismus der Welt aufdeckt und den Bruch zwischen dem, was ist, und dem, was sein könnte, sichtbar macht. Die Kunst zeigt uns die verborgenen Widersprüche, die die Welt nicht nur in ihrer Form, sondern auch in ihrem inneren Gehalt prägen. Sie ist nicht Teil der Welt, sondern das, was sich in ihr gegen die Gesetzmäßigkeiten der totalen Gesellschaft erhebt.

Was als selbstverständlich erscheint – die Struktur, die Geschichte, die Weltordnung – ist für die Kunst nur der Ausgangspunkt ihres Bruchs. Sie spricht nicht von der Welt, sondern von dem, was in ihr nicht gesagt wird: den Möglichkeiten, die durch die hegemoniale Struktur nicht realisiert werden können. Kunst entzieht sich der Welt, um sie radikal zu verändern, indem sie das, was als gegeben gilt, als Widerspruch enthüllt.

Die Autonomie des Kunstwerks ist keine Isolation, sondern Widerstand

Was sich entzieht, entzieht sich nicht der Welt, sondern ihrer Logik. Das autonome Werk ist nicht unpolitisch – es ist unbrauchbar für die Zwecke der Macht.

Die Autonomie des Kunstwerks ist kein Entkommen, sondern ein Akt der Verweigerung gegenüber der totalen Integration. Was sich der gesellschaftlichen Logik entzieht, entzieht sich nicht der Welt als solcher, sondern der Art und Weise, wie die Welt verwertet und gebraucht wird. Das Kunstwerk, das sich nicht der praktischen Nutzung fügt, verweigert sich der Instrumentalisierung durch die gesellschaftlichen Verwertungsmechanismen, die die Welt auf eine Ebene der Nützlichkeit und Berechenbarkeit reduzieren. In diesem Entzug liegt jedoch keine Isolation: Die Kunst bleibt nicht in sich selbst gefangen, sondern tritt in einen kritischen Dialog mit der Welt, indem sie ihren Widerspruch zur vorherrschenden Logik aufzeigt.

Für Adorno ist die Autonomie des Kunstwerks die Bedingung seines negativen Widerstands. Kunst entzieht sich der Welt nicht, sondern dem Diskurs der Verwertbarkeit, der das Leben in vorgegebene, funktionale Bahnen zwingt. Indem sie sich ihrer Verwertbarkeit entzieht, bleibt sie der Welt als solche treu – doch sie verweist auf das, was der Welt entzogen bleibt: auf das, was nicht gemessen, nicht erfasst und nicht instrumentalisierbar ist. Die Kunst als autonomes Werk ist nicht ein Rückzug aus der Welt, sondern eine Radikalisierung ihrer möglichen Formen, indem sie sich der ideologischen Funktionalität widersetzt.

Benjamin hatte in seiner Theorie die Kunst als revolutionäre Praxis verstanden – nicht als Funktion des Systems, sondern als deren Kritik, die sich in der Unverfügbarkeit und der Nichtverwertbarkeit artikuliert. Das autonome Kunstwerk ist unbrauchbar für die Zwecke der Macht, weil es sich nicht im dynamischen Spiel von Angebot und Nachfrage einfügt. Es bleibt unterschwellig kritisch und verweigert sich der Effizienz, die den sozialen Raum strukturiert. Es verweigert die Erfüllung eines Zwecks und wird damit selbst zu einer Form der Subversion: ein Widerspruch gegen den gesellschaftlichen Konsens.

Kunst als Widerstand ist nicht die Abgrenzung vom sozialen Kontext, sondern die Einspruchsform gegen die Verwertung des sozialen Lebens. Ihre Autonomie ist der Moment der negativen Affirmation: nicht der

Rückzug in eine abgehobene Sphäre, sondern der Bruch mit der Verwertungslogik der bestehenden Welt. Kunst ist der Ort, an dem der Zweck der Welt auf seine begrenzte Bedeutung reduziert wird, indem das Werk als autonomer Akt des Widerstands in seiner Form und seinem Inhalt die Welt mit ihrer Widersprüchlichkeit konfrontiert.

Ästhetik beginnt dort, wo der Begriff endet

Was sich sagen lässt, ist noch nicht das, was erfahren wird. Die ästhetische Wahrheit ist eine, die sich dem Urteil entzieht – nicht, weil sie vage ist, sondern weil sie zu genau ist für das Allgemeine.

Ästhetik beginnt dort, wo der Begriff an seine Grenzen stößt. Was sich noch sagen lässt, ist nur das, was die Welt in ihrer Allgemeinheit begreift, was sich in den Vorstellungen und Normen der Gesellschaft zurechtfinden kann. Doch das, was erfahren wird, entzieht sich diesem Allgemeinen, weil es nicht der Eindeutigkeit des Begriffs folgt. Es ist das Anderssein der Erfahrung, das sich nicht in die Vereindeutigung der Begriffe fügen lässt.

Die ästhetische Wahrheit ist nicht vage, sondern zu präzise, um im Rahmen des Begriffs gefasst zu werden. Sie zeigt sich nicht als Abstraktion, sondern als das konkrete, das unverfügbare Moment der Welt, das immer schon im Begriff verloren ist, da der Begriff nie das Vollständige erfassen kann. Was gesagt werden kann, ist das, was in den Formen der Sprache und der Normen eine allgemeine Gültigkeit beansprucht – doch das, was erlebt wird, entzieht sich dieser Verallgemeinerung.

Für Adorno ist das Kunstwerk nicht nur ein Abbild oder eine Darstellung, sondern eine Erfahrung der Wahrheit, die sich im Moment der ästhetischen Entfaltung offenbart. Diese Wahrheit entzieht sich dem Begriff, weil sie immer mehr ist als das, was gesagt werden kann. Sie ist das unendliche Mehr, das immer schon im Begriff fehlt. Der Begriff ist immer schon abstrakt, während die ästhetische Wahrheit in ihrer Konkretheit eine Unendlichkeit ausdrückt, die sich jeder Vereindeutigung entzieht.

Benjamin, der die ästhetische Erfahrung als das Moment des „Auratischen" verstand, wusste um diese Unverfügbarkeit der Wahrheit im Kunstwerk. In der unmittelbaren Erfahrung des Kunstwerks zeigt sich etwas, das sich nicht im Begriff begreifen lässt, sondern in der Erfahrung selbst aufscheint. Was sich in der ästhetischen Erfahrung ereignet, ist nicht die Vermitteltheit durch den Begriff, sondern das präsente Moment einer Wahrheit, die sich niederschlägt und doch nicht im Urteil gefasst werden kann.

Hegel verstand die Dialektik als den Prozess des Verstehens, der zwischen dem Sein und dem Begriff vermittelt. Doch was der Begriff nicht in seiner Gesamtheit erfasst, das bleibt unverfügbar. Kunst als ästhetische Erfahrung ist dieser Widerspruch: Sie ist das, was dem Begriff entgeht, weil sie immer mehr ist als der Begriff. Die ästhetische Wahrheit entfaltet sich nicht in der abstrakten Form des Begriffs, sondern in der konkreten Form des Erlebens, das im Moment der Wahrnehmung die Grenze des Begriffs aufzeigt.

Was sich sagen lässt, ist das, was in den Begriff der Welt gepresst werden kann. Doch das, was erfahren wird, ist der Moment des Andersseins, das, was sich dem Begriff widersetzt und gleichzeitig das Mehr ist, das der Begriff nicht in sich schließen kann. Die ästhetische Erfahrung ist daher nicht nur ein Erlebnis des Verstehens, sondern ein Erlebnis des Nicht-Verstehens, das im Nicht-Begreifen seine eigene Wahrheit zeigt.

Die Schönheit des Werks ist die Gestalt gewordene Anklage gegen die Welt

Was gelingt, verweist auf das, was nicht gelingt. Die Vollendung in der Form ist immer auch der Ausdruck eines Mangels im Realen.

Die Schönheit des Kunstwerks ist nicht das, was sich den Bedingungen der Welt fügt, sondern das, was sich gegen sie wendet. Was gelingt, was als vollständig erscheint, verweist immer auf das, was im Realen nie vollkommen wird – auf den Mangel des Reellen, den das Kunstwerk in seiner Form nicht aufhebt, sondern in ihm verweist. Kunst ist die gestaltgewordene Anklage gegen das, was nicht gelingen konnte, und das, was in der Realität unmöglich bleibt. Ihre Schönheit ist nicht Harmonie, sondern die Spannung, die zwischen dem Ideal und dem Reellen besteht – ein Widerspruch, der in der Form des Kunstwerks seine Funktion entfaltet.

Für Adorno ist das Kunstwerk eine dialektische Entität, die nicht in der Vollkommenheit der Form aufgeht, sondern sie als kritischen

Ausdruck des Unvollständigen zeigt. Was als vollständig erscheint, ist immer auch der Ausdruck eines Mangels im Realen. Diese Vollendung ist nicht das Ziel, sondern der Ausdruck des Nicht-Gelungenen, der Unmöglichkeit, der Unzulänglichkeit der Welt.

Hegel unterschied zwischen dem Naturschönen und dem Kunstschönen, wobei das Kunstschöne als die höhere und subjektivere Form des Schönen angesehen wurde. Das Kunstwerk als Idee tritt aus der Natur heraus und zeigt die Welt in ihrer Idealität, die zugleich immer auch ein Widerspruch zur Realität ist. Für Adorno bleibt dieser Widerspruch das Kritische der Kunst, da das Kunstwerk die Welt als das bleibt, was sie nicht ist – und genau in diesem Fehlen erscheint die Schönheit.

Das Kunstwerk ist also nicht nur eine Idealisierung, sondern eine Anklage gegen die Welt, indem es in seiner Form auf das verweist, was in der Welt nicht gelingen kann. Es formt nicht die Welt, sondern kritisiert sie durch die Form, die nie die Unzulänglichkeit der Realität aufhebt, sondern sie nur zeigt. Der Mangelform des Kunstwerks bleibt das, was Realität nicht leisten kann – nicht als Flucht, sondern als Kritik an der Unzulänglichkeit des Weltlichen.

Fritz Fischer hat auf den geheimen Widerspruch innerhalb der Form hingewiesen: Die Schönheit des Werks lebt gerade in der Unmöglichkeit, die Form der Welt zu entsprechen, sie lebt in der Verweigerung der Vollständigkeit. Kunst ist nicht die Idealisierung der Realität, sondern der Radikalismus der Form, die sich nicht in der Welt integriert, sondern die Welt in ihrer Unvollständigkeit sichtbar macht. Ihre Schönheit ist ein Negativbild der Welt.

Das Kunstwerk zitiert die Welt nicht – es verzerrt sie

In der Verzerrung wird sie sichtbar. Das Reale, wie es ist, bleibt verborgen hinter seiner Reproduktion. Erst das Abweichende zeigt das Wirkliche.

Das Kunstwerk ist nicht ein Abbild der Welt, sondern eine Kritik an ihrer Reproduktion. Was sich in der Kunst widerspiegelt, ist nicht das, was die Welt uns in ihrer Oberfläche präsentiert, sondern das, was versteckt bleibt hinter dem Stellenwert der Dinge, hinter ihrer Bedeutung und Nützlichkeit. Was die Welt in ihrer Gegenwart zeigt, ist nur die Reproduktion dessen, was war, nicht dessen, was sie ist. In der

Verzerrung durch das Kunstwerk jedoch wird das Verborgene sichtbar, nicht als einfache Abweichung, sondern als eine neue Wahrheit, die sich dem Auge des Betrachters entzieht.

Für Adorno ist die Verzerrung keine Zerstörung der Realität, sondern ihre Wiederbelebung. In der Verzerrung zeigt sich nicht das, was die Welt wiederholt und verfestigt, sondern das, was sie verleugnet und vergisst. Die Welt, wie sie ist, bleibt immer ein Produkt ihrer Verwertung, sie bleibt hinter der Logik der Dinge verborgen. Kunst, die sie verzerrt, bringt das Verborgene ans Licht – nicht indem sie es einfach sichtbar macht, sondern indem sie die Welt als widersprüchlich und unvollständig zeigt.

Benjamin sprach von der Aura der Kunst als einer Form der Präsenz, die in der Wiederholung und Reproduktion verloren geht. Doch die wahre Präsenz entsteht nicht aus der Kopie, sondern aus dem Abweichenden, aus dem, was die Welt verzerrt und dadurch in ihrer Wahrheit zeigt. In dieser Verzerrung wird das Wirkliche nicht als das Unmittelbare, sondern als das Abstrakte, das Verborgene erkannt.

Hegel verstand die Kunst als das, was aus der Vereinigung von Wirklichkeit und Idee hervorgeht. Doch im Kunstwerk zeigt sich nicht die Harmonie, sondern die Unvereinbarkeit dieser beiden Prinzipien. Was als wahr erscheint, ist nicht das, was als Realität bezeichnet wird, sondern das, was sich hinter der Realität verbirgt – und nur in der Verzerrung wird es sichtbar.

Lukács schließlich spricht von der Dialektik der Widersprüche in der Kunst: Sie ist nicht die Darstellung der äußeren Welt, sondern die Widerspiegelung der inneren Widersprüche der Welt. Das Kunstwerk ist der Moment, in dem sich die Widersprüche der Welt nicht als Abbildung zeigen, sondern als Abweichung, die die Welt in ihrer Unvollständigkeit und Widersprüchlichkeit offenlegt.

Natur in der Kunst ist nicht Idylle, sondern Erinnerung an das Unversöhnte

Was als Natur erscheint, ist keine Flucht, sondern eine Chiffre des Nicht-Identischen. Das Natürliche im Werk ist das, was dem Zugriff entgangen ist.

Die Natur in der Kunst ist nicht das Bild einer vergangenen Harmonie, sondern das Vermächtnis dessen, was der Welt im Realen fehlt. Ihre

Darstellung ist nicht eine Rückkehr zur idyllischen Ursprünglichkeit, sondern eine Erinnerung an die Unversöhnlichkeit der Welt. Sie weist nicht auf das Vollkommene, sondern auf das Unvollständige. Was als Natur erscheint, ist keine Flucht vor der Wirklichkeit, sondern der Moment, in dem die Wirklichkeit sich selbst entzieht. Sie ist die Chiffre des Nicht-Identischen, ein Zeichen des Unüberbrückbaren, das in der Kunst zur Sprache kommt.

Für Adorno ist das Bild der Natur in der Kunst keine Utopie, sondern der Spiegel der Unvereinbarkeit der Welt. In einer Welt, die versucht, alles in eine logische oder harmonische Ordnung zu fügen, stellt das Kunstwerk die Natur dar als das, was nicht in die Rationalität der Gesellschaft integrierbar ist. Sie ist unaufhebbare Differenz, ein Mangel an Vollständigkeit, der nicht versöhnt werden kann. Der Widerspruch von Natur und Kultur wird im Kunstwerk nicht aufgelöst, sondern bleibt bestehen, als Erinnerung an das, was in der Welt nicht zusammengebracht werden kann.

Die Natur in der Kunst verweist auf das, was in der Gesellschaft und der menschlichen Erfahrung immer schon verloren gegangen ist: das, was dem Zugriff der Vernunft und Macht entgangen ist. Was der technologischen Welt nicht zugänglich ist, was sich der Vermessung und Kontrolle entzieht, wird im Kunstwerk als das Ungewohnte, das Fremde und Unerklärbare sichtbar. In der Natur wird das Unversöhnliche der Welt nicht als ideale Form der Harmonie verstanden, sondern als das, was die Welt in ihrer Uneinheitlichkeit und Verletzlichkeit zeigt.

Benjamin hätte dies als eine Art Aura beschrieben, die der Natur und ihrer Darstellung innewohnt. Es ist die Unverfügbarkeit der Natur, die sie in der Kunst so mächtig macht: Sie ist nicht beherrschbar, sondern unberechenbar, sie ist das, was nicht in Worte gefasst werden kann, das, was sich entzieht der totalen Erfassung. Was in der modernen Welt oft in den Hintergrund tritt, wird in der Kunst zu einem sichtbaren Element der Kritik an der Vernunft und an der Kultur, die versuchen, alles zu kategorisieren und zu verwalten.

In der Tradition von Hegel und Lukács wird die Natur im Kunstwerk nicht nur als ein ästhetisches Phänomen, sondern als ein dialektisches Element verstanden, das die Widersprüche der Welt zum Vorschein bringt. Die Natur wird zum Bild der Unvereinbarkeit von Idee und Wirklichkeit, das in der Verzerrung und im Bruch mit der Welt gezeigt wird. Sie ist das, was im Ideal nie ganz erreicht wird, das, was der Vernunft und der Begriffsbildung entgeht.

Die Erfahrung des Kunstwerks ist die Erfahrung des Fremdseins an sich selbst

Wer ästhetisch erfährt, verlässt das Ich – nicht um sich zu verlieren, sondern um zu erkennen, dass es nie autonom war. Kunst ist Entselbstung im Dienste der Wahrheit.

Kunst ist der Bruch mit dem verfestigten Bild des Ichs. Was das Subjekt als seine Identität begreift, wird im ästhetischen Akt zur Fremdheit. Der Zugang zur Welt, als wäre sie selbstverständlich, wird im Kunstwerk zur Offenlegung der gesellschaftlichen Fesseln, die das Subjekt seiner Autonomie berauben. Kunst zeigt nicht die Selbstbestimmung, sondern den Mangel daran. Sie zeigt, dass das Ich kein souveräner Subjektivismus ist, sondern ein Produkt der gesellschaftlichen Verhältnisse, die sich als historische Zwangslogiken in ihm verewigen.

Lukács' Theorie der Verdinglichung spricht davon, wie der Mensch im kapitalistischen System zu einem Ding unter anderen Dingen wird, seine Subjektivität zur verwertbaren Ware. Das Ich ist nicht der souveräne Träger von Freiheit, sondern ein Moment in der entfremdeten, funktionalisierten Welt. Kunst ist der Widerstand gegen diese Verdinglichung. Sie öffnet den Raum, in dem der Mensch sich als fremd zu sich selbst begreifen kann – als ein Produkt der gesellschaftlichen Bedingtheiten, die ihn bestimmen, und zugleich als ein Projekt, das über diese Grenzen hinausgehen könnte.

Sartres Existentialismus formuliert die Kunst als einen Moment der Freiheit, der das Subjekt nicht als abgeschlossenes Wesen sieht, sondern als ein offenes Projekt. Der ästhetische Akt ist nicht ein Akt der Selbstidentifikation, sondern der Selbstbefreiung. Die Verfremdung, die das Kunstwerk fordert, lässt das Subjekt erkennen, dass es nie ganz subjektiv war, sondern stets Teil eines abstrakten Ganzen. In der Selbstentfremdung im Kunstwerk lebt die Erinnerung an eine Freiheit, die immer schon durch die Verhältnisse beschränkt war – aber nicht aufgehoben.

Adorno verwebt diese Gedanken, indem er die negative Erfahrung der Kunst beschreibt. Kunst ist keine affirmative Wahrheit, die das Subjekt in seiner Selbstverwirklichung bestätigt, sondern eine Erfahrung des Mangels – sie zeigt das, was sein könnte, aber nicht ist. Kunst konfrontiert das Subjekt mit seiner Unfreiheit, nicht als Symptom einer bloßen Verzerrung, sondern als eine Reinigung von den falschen Vorstellungen, die die Gesellschaft ihm über seine Autonomie aufzwängt. Das Kunstwerk ist eine ständige Entselbstung, die das Subjekt in den Widerspruch zu sich selbst führt und es dazu zwingt, zu erkennen, dass es nie autonom war, sondern immer in die Widersprüche einer verstrickten Gesellschaft eingebunden.

In der Kritik dieser Verstrickung liegt die Wahrheit der Kunst: Nicht als affirmative Erhebung des Subjekts, sondern als widersprüchliche Offenbarung dessen, was das Subjekt ist – und was es nicht ist.

Das Fragment ist die wahre Form des Ganzen

Vollendung ist Lüge, wo sie das Chaos verdeckt. Nur das Abgebrochene verweist auf das Ganze, das nicht gegeben ist. Die Wahrheit wohnt im Unfertigen.

Denn das Fragment verrät, was das System verschweigt: dass das Ganze selbst ein Trugbild ist, wo es sich als Totalität ausgibt. Die Form, die sich nicht schließt, steht näher der Wahrheit als jene, die sich zur Einheit erhebt, indem sie das Widersprüchliche tilgt.

Im Fragment erscheint das Ganze als Mangel – und gerade dadurch als Möglichkeit.

Wie bei Hegel das Wirkliche das Vernünftige nur ist, insofern es auch das Werdende bleibt, so kündet das Fragment davon, dass die Wahrheit nicht im Seienden liegt, sondern im Noch-nicht-Seienden. In seiner Sperrigkeit wahrt es die Negativität, die das Kunstwerk gegen den Schein der Versöhnung schützt. Nicht das Harmonische, sondern das Verstimmte ist Signatur des Echten.

Das Fragmentale ist nicht Unzulänglichkeit, sondern Widerstand: gegen das Versöhnungsbedürfnis der Form und gegen die Gewalt der Totalität, die sich als Schönheit maskiert.

Die Form, die das Fragment wahrt, ist die Form des Nicht-mehr und Noch-nicht. Sie trägt das Vergangene als Ruine in sich und das

Zukünftige als Schweigen. Was ihr fehlt, ist nicht Mangel, sondern Überfülle – eine Fülle des Nicht-Sagbaren, das sich dem Zugriff der Identität entzieht.

Die Unvollständigkeit des Fragments ist nicht bloße Abwesenheit, sondern Ort des Erinnerns: Erinnerung an das, was zerstört wurde, bevor es erscheinen konnte. In dieser Negativität ruht eine Wahrheit, die keine positive werden will.

Die Ästhetische Wahrheit – wenn es sie gibt – wohnt im Fragmentarischen, weil nur dort das Nichtidentische einen Ort hat. Das Fragment denkt gegen die Totalität, weil es nicht vorgibt, sie zu ersetzen. Es ist die Form gewordene Skepsis gegenüber der Form selbst. So wird das Fragment zum Denkbild, in dem sich Kunst und Philosophie begegnen – nicht in Synthese, sondern in Spannung. Es behauptet sich als Form an der Grenze des Sagbaren, in einer Sprache, die sich selbst zersetzt, um noch sagen zu können, was sich entzieht.

Die Interpretation ist das Trauma des Werks

Was erklärt wird, verliert. Der Sinn ist nicht verborgen, sondern unerschöpflich. Wer ein Kunstwerk deutet, verletzt es – doch nur in der Verletzung wird es lebendig.

Die Interpretation zwingt das Werk unter Begriffe, die ihm fremd bleiben, auch wenn sie aus ihm gewonnen sind. Was als Verstehen auftritt, ist oft ein Übergriff – der Gewaltakt des Allgemeinen gegen das Einmalige.

In der Deutung, die das Werk fixiert, wird sein Fluss gestaut, seine Zeit erstarrt zur Bedeutung. Die Idee aber lebt im Widerstand gegen ihre Verdinglichung.

Jede Interpretation ist ein Versuch, das Unabgeschlossene zu beschließen, das Schweigen des Werks in Sprache zu überführen. Doch das Kunstwerk spricht nur, indem es sich dem Sprechen entzieht. Der Sinn eines Kunstwerks ist kein Gehalt, der sich heben ließe wie ein Schatz, sondern Bewegung, Entzug, Brechung. Wie in Hegels Begriff das Einzelne nur erscheint als aufgehobene Negation, so tritt im Kunstwerk der Gehalt nur auf in der Form, die ihn verrätselt.

Die Wahrheit des Kunstwerks liegt nicht im Gemeinten, sondern im Gesagten, und noch mehr: im Ungesagten des Gesagten. Wer es erklärt, vernichtet es als Erscheinung, um es zu retten als Inhalt. Doch das Kunstwerk ist mehr als Inhalt – es ist das Sprengen der Form durch Form. Die Interpretation übersieht das Schweigen, das ins Werk eingegangen ist, und übersetzt es in Sinn, wo es doch Sprache nur durch ihre Grenzerfahrung hindurch ist.

So wird das Werk im Akt des Verstehens nicht nur geöffnet, sondern auch entstellt: was darin leuchtet, wird unter dem Licht der Bedeutung blass. Und dennoch: ohne die Deutung würde es verstummen. Der Interpret ist der Täter, der seine Wunde pflegt wie eine Blume – wissend, dass sie allein das Werk am Leben hält.

Die Wahrheit des Werks liegt in seiner Stille

Nicht das Bekannte, sondern das Befremdliche berührt. Was verstört, hat Anteil am Möglichen. Die Schönheit des Werks liegt im Widerstand gegen seine Verständlichkeit.

Das Schöne ist nicht das Glatte, das sich ergibt, sondern das Harte, das sich entzieht. Seine Wahrheit liegt im Nichtidentischen: in der Differenz zur Welt, die es doch aus ihr gewinnt.

Der ästhetische Schock ist die Spur einer Wahrheit, die sich nicht sagen lässt, sondern nur erfahren – als Erschütterung, als Unterbrechung des Gewohnten.

Wie bei Hegel das Negative zur Bewegung des Begriffs gehört, so steht das Verstörende im Werk für das Werden des Sinns: nicht als Subsumtion, sondern als Aufbruch.

Die Schönheit, die verstimmt, ist diejenige, die in die Utopie weist – nicht indem sie sie zeigt, sondern indem sie die Realität zum Wanken bringt.

Die Form, die stört, ist keine Pose des Neuen, sondern die Figur der Möglichkeit: sie zeigt, dass es anders sein könnte, indem sie sich dem, was ist, verweigert.

In dieser Geste des Anderen liegt das Politische der Kunst – nicht in der Botschaft, sondern im Gestus der Unterbrechung. Das Kunstwerk wird wahr nicht durch Mitteilung, sondern durch seinen Widerstand gegen die Mitteilbarkeit.

Peter Bürger sah im Avantgardebegriff die historische Sprengkraft: den Versuch, Kunst in Lebenspraxis zu überführen, ihre Autonomie zu tilgen, um den Bruch mit der bürgerlichen Kunstreligion zu vollziehen. Doch gerade dieser Wille zur Aufhebung droht, das utopische Moment zu verfehlen.

Denn indem das Werk seinen Schock in Aktion überführt, verliert es seine Negativität – es wird verständlich, vermittelbar, nutzbar. Was Bürger als Emanzipation der Kunst gedachte, wird unter der Hand zu ihrer Re-Integration in das System funktionaler Vernunft.

Der wahre Avantgardismus liegt nicht in der Aufhebung der Kunst, sondern in ihrer Beharrung auf Unbrauchbarkeit. Der ästhetische Schock ist nicht Revolution, sondern Erinnerung – an die Möglichkeit einer Welt, in der der Schock nicht mehr nötig wäre. Nur das autonome Werk, das sich der Praxis verweigert, zeigt an, dass Praxis selbst noch nicht frei ist.

Das Erhabene ist die Wunde des Schönen

Nicht das Maß, sondern das Maßlose stiftet Tiefe. Wo das Schöne zu glänzen beginnt, droht das Unheimliche durch. Die Erhabenheit ist das Moment, in dem die Form die Welt nicht mehr fasst – und gerade darin am nächsten bei ihr ist.

Das Erhabene ist die Erinnerung daran, dass die Welt nicht geschlossen ist, dass sie nicht genügt. Es ragt aus dem Werk wie ein Riss durch das Gefüge der Form – nicht als Mangel, sondern als Zeichen des Unaussprechlichen.

Wie bei Hegel die Idee im Schönen sinnlich erscheint, so bricht sie im Erhabenen aus dem Sinnlichen heraus: nicht in seiner Auflösung, sondern in seiner Übersteigerung. Was das Erhabene sichtbar macht, ist nicht Größe, sondern Übermaß. Nicht Vollkommenheit, sondern das Aushalten des Unfasslichen.

Das Schöne tröstet, indem es Welt stillstellt. Das Erhabene verstört, weil es das Maß der Welt sprengt. In ihm gerinnt die Differenz zwischen Erscheinung und Begriff zum Gefühl des Scheiterns an der Totalität.

Adorno wusste: Die Schönheit ist nur noch wahr, wo sie die Katastrophe nicht leugnet. Das Erhabene ist die Erinnerung daran – nicht als Erhebung, sondern als Verstummen angesichts dessen, was nicht aufgehoben werden kann.

So ist das Erhabene die offene Wunde im Schönen – nicht Schwäche, sondern dessen tiefste Kraft. Es zeigt, dass Form erst dort notwendig wird, wo sie nicht mehr genügt.

Die Form ist sedimentierte Geschichte

Was als Gestaltung erscheint, ist verdichtete Zeit. Keine Linie, kein Ton, der nicht aus einer Erfahrung geboren ist. Kunst erinnert, auch wenn sie nicht erinnert werden will – das Vergessene findet in ihr Gestalt.

Die Form ist das Überbleibsel der Geschichte, nicht als bloße Repräsentation, sondern als Verdichtung ihrer negativen Dialektik. In ihr fließt die Zeit nicht linear, sondern als sich wiederholendes Echo, das den Augenblick aufhebt und zugleich ins Absurde entgleiten lässt. Was als Kunstwerk erscheint, ist kein Produkt eines freien Spiels von Formen, sondern das Ergebnis einer Erfahrung, die sich nicht zu begreifen weiß, aber sich dennoch in der Form festsetzt – wie Schlacke auf dem Pfad der Geschichte.

Wie bei Hegel das Einzelne nur in seiner Aufhebung zur Idee erlangt, so ist auch die Form der Kunst nie vollständig – sie ist das fragmentarische Erbe der Welt. Doch in ihrer Fragmentierung zeigt sich die Wahrheit der Geschichte: nicht als geschlossene Erzählung, sondern als offener Bruch.

Proust hat den Moment des Vergessens und Erinnerns zur ästhetischen Erfahrung erhoben, indem er der Zeit ihre Paradoxien abtrotzte: das Vergessene wird im Moment des Aufblitzens zu einem unendlichen Wiedererkennen, das im Gewesenen das Mögliche ruft. So ist auch die Kunst niemals nur ein Nachbild der Vergangenheit, sondern ihre schmerzhafte Wiedergeburt – in Form.

Was in der Kunst nicht erinnert werden will, wird dennoch sichtbar: das Vergessene ist nicht tot, sondern lebt im Werk fort, als das, was immer wiederkehrt, weil es nicht wirklich war. Kunst ist der Raum, in dem die Zeit der Geschichte noch einmal aufgehoben wird, ohne sich zu lösen. In ihr wird die Geschichte zur Gegenwart, und doch bleibt sie, wie sie war: unvollständig, fragmentiert, nicht identisch.

Die Kunst, die sich im Vergessen wähnt, erinnert tiefer, als sie es selbst zu ahnen vermag. Denn in der Gestaltung, die sich als Form verbirgt, wird die Geschichte nicht vollständig entfaltet, sondern in der Unvollständigkeit als deren wahre Gestalt aufgedeckt.

In der Form manifestiert sich die Erinnerung der Welt: nicht als lineares Nachbild, sondern als die dialektische Synthese aus dem, was war, und dem, was immer noch wird. Jede Linie, jeder Ton ist das Nachhallende – und in ihm schlägt das Herz der Geschichte, die nie vollständig erzählt werden kann.

Kunstwerke sind Monaden – ohne Fenster, aber voller Welt

Ihr Innen ist verschlossen, nicht weil sie leer wären, sondern übervoll. Die Autonomie ist ihre Grenze und ihre Fülle: In der Abgeschlossenheit gewinnt das Werk die Kraft, Allgemeines in sich zu bergen, ohne es zu benennen.

Wie bei Leibniz, dessen Monaden die Welt spiegeln, ohne sie zu berühren, so ist auch das Kunstwerk eine Monade, die die Welt in sich fasst – doch in dieser Fassung ist sie nicht mehr nur ein Abbild, sondern ein Schein der Vollständigkeit. Ihr Innenraum ist nicht leer, sondern überströmt von den Widersprüchen der Welt, die sie nicht auflöst, sondern in ihrer Form verdichtet.

Was die Monade bei Leibniz als göttliche Ordnung reflektiert, ist bei Adorno die Verweigerung der Identität, der Verzicht auf eine Harmonie, die alle Widersprüche auflöst. Kunstwerke sind die Monaden des ästhetischen Universums, die ihre Welt nicht im Einklang präsentieren, sondern in einem Zustand des Widerstandes – als ein Symbol für das Unvereinbare, das durch Form sich offenbart.

Hegel sagte, die wahre Idee ist das, was sich im Widerspruch begreift. Kunstwerke sind diese Ideen, die sich im Widerspruch an der Welt selbst begreifen, die Form als Auseinandersetzung mit der Realität. In der Monade des Kunstwerks wird die Welt nicht nur gespiegelt, sondern zugleich in ihrer Negation erfahrbar: In ihrer Autonomie, die sich gegen die Welt richtet, zeigt sie ihre wahre Fülle.

Die Monade ist kein einfaches, abgeschlossenes Objekt – sie ist das Potential von allem, was sein könnte, aber noch nicht ist. In ihrer Abgeschlossenheit erscheint die Welt als Möglichkeit, nicht als Faktizität. Die Kunst, die diese Monade bildet, stellt das Ideal des Wissens dar: ein Wissen, das sich der endgültigen Vollständigkeit verweigert, das die Welt nicht in Begriffen erfasst, sondern als ein komplexes, nie abschließbares Rätsel.

Das Werk ist ein Mikrokosmos, der keine Entsprechung zur Außenwelt sucht, sondern die Welt durch seine Form in sich einschließt. In seiner Unzugänglichkeit wird es zu einem Ort, an dem die Welt als noch nicht gewordene, aber mögliche Zukunft wahrnehmbar wird. In dieser geschlossenen Fülle spricht das Werk das aus, was der Welt im Moment der Entfaltung fehlt: die Reflexion des Ganzen, ohne dass es sich in einer fertigen Form zeigt.

Die Kunst als Monade stellt die Grenze zwischen der Welt und der Idee, zwischen Form und Inhalt. Sie ist das „unabgeschlossene Ganze", das die Widersprüche in sich trägt, ohne sie aufzulösen. Diese Form ist die wahre Fülle: in ihrer Unzugänglichkeit zeigt sich die Kunst als eine Welt, die nie abgeschlossen, sondern immer im Werden begriffen bleibt.

Rezeption ist ein Akt des Leidens

Wer hört, sieht, liest, ohne verletzt zu werden, hat das Werk verfehlt. Die ästhetische Erfahrung ist keine Flucht, sondern Konfrontation. Das Werk verlangt, dass man es aushält – nicht versteht.

Rezeption ist der Moment der Zerstörung des Alltäglichen. Wer das Kunstwerk nur als Reflexion seiner eigenen Erwartungen wahrnimmt, hat es nicht erfasst. Heidegger sagte, das wahre Werk spricht in seiner Verletzlichkeit, es ist ein Ereignis, das die gewohnte Sicht auf die Welt bricht. Es fordert nicht Zustimmung, sondern Entzweiung – eine Spaltung des Rezipienten von sich selbst.

Die ästhetische Erfahrung ist ein Ort, an dem der Rezipient nicht mehr Herr über seine Welt ist, sondern in eine andere Realität geworfen wird, die ihn entlarvt. In diesem Akt des Leidens wird die Welt als unvollständig und immanent unverständlich erkannt. Die Freiheit des Kunstwerks liegt nicht in der Unmittelbarkeit des Verstehens, sondern in der Unverfügbarkeit seines vollständigen Sinns.

Jauss' Rezeptionsästhetik spricht davon, dass der Leser, der Betrachter, der Hörer aktiv an der Bedeutung des Werkes mitwirkt – aber dieser Akt ist kein harmloser Dialog. Er ist ein widerständiger Akt, der den Rezipienten in die Erschütterung führt. Das Werk verlangt eine Infragestellung der eigenen Weltsicht, eine Auseinandersetzung mit dem

Ungeklärten, dem Unverständlichen. Es ist der Widerstand des Werkes gegen die vereinfachte Integration in das Alltägliche, der den ästhetischen Akt in seiner vollen Tiefe erlebbar macht.

Wie Adorno es formuliert: Die Kunst verweigert sich der einfachen Identität mit dem, was wir wissen. In der ästhetischen Erfahrung wird der Rezipient nicht mit einem neuen Wissen bereichert, sondern mit einem Verlust – dem Verlust der Illusion einer vollkommenen Verständlichkeit, der Verlust einer sicheren Weltsicht.

Das Werk ist ein Geschehen, das sich der Vernunft entzieht und uns in die Unverständlichkeit hineinführt. Rezeption ist kein aktives „Verstehen", sondern das passive Aushalten der Differenz zwischen dem Werk und der Welt. Es ist ein Akt des Sich-Verlierens in der Konfrontation mit dem Werk, das uns nicht einfach zu einer klaren Bedeutung führt, sondern uns vor das Unbegreifliche stellt – und uns mit dieser Erfahrung zurücklässt.

Es gibt keine ästhetische Erfahrung ohne diese Verunsicherung. Wer das Werk nicht in seiner vollen Wucht als Herausforderung, als Fragment, als Widerspruch erfährt, hat den Sinn des Werkes nicht getroffen. Das Werk fordert nicht die Lösung seines Rätsels, sondern das Ertragen seines Widerspruchs – und im Ertragen dieses Widerspruchs wird der Rezipient selbst zur Frage.

Die Wahrheit der Kunst liegt in dem, was sie nicht sagt

Nicht das Gemeinte, sondern das, was sich dem Meinen entzieht, ist der Ort des Wahrheitsgehalts. Jedes Kunstwerk trägt in sich das Unaussprechliche – nicht als Mangel, sondern als seine höchste Genauigkeit.

Die Wahrheit der Kunst ist nicht in der Klarheit des Gesagten zu finden, sondern im Widerstand der Form gegen die Sprache. In der Kunst ist es nicht das, was gesagt wird, sondern das, was sich der Rede entzieht, das den Sinn der Welt berührt. Heidegger sah die Kunst als den Ort, an dem das Unaussprechliche, das Unergründliche, zur Sprache kommt – nicht als ein explizites Konzept, sondern als ein Ereignis, das sich in der Abwesenheit von Bedeutung offenbart.

Das Kunstwerk ist der Raum, in dem das Unaussprechliche eine Form erhält – nicht als eine Leere, sondern als die Fülle dessen, was nicht gesagt werden kann, aber doch in seiner Präsenz wahrnehmbar wird. Was die Kunst nicht ausspricht, ist das, was die Welt nicht begreifen kann – das, was immer entgleitet, aber dennoch in jedem Moment der Form präsent ist. Es ist die Wahrheit der Kunst, die nicht benannt wird, sondern sich in ihrer Unbenennbarkeit zeigt.

Adorno sagte, dass die Wahrheit in der Kunst nicht als Identität zur Welt, sondern als deren Negation erscheint. Das Unaussprechliche im Kunstwerk ist also nicht ein Mangel an Bedeutung, sondern die höchste Form der Genauigkeit: Es zeigt die Welt nicht so, wie sie ist, sondern wie sie nicht ist. In dieser Differenz – in der Abwesenheit von Bedeutungen, die sie dem Werk aufzwingen – zeigt sich der wahre Sinn.

In der Kunst wird das Unaussprechliche nicht als Defizit wahrgenommen, sondern als deren eigentliche Fülle. Diese Fülle liegt im Widerstand gegen jede vollständige Erfassung, gegen jede endgültige Interpretation. Kunst ist der Ort, an dem das Unaussprechliche als unerschöpfliche Quelle von Wahrheit weiterlebt – nicht in der Klarheit des Gesagten, sondern in der Stille dessen, was nur angedeutet, aber niemals ganz erfasst werden kann.

Die Wahrheit des Kunstwerks ist die seiner Verweigerung. Es verweigert die Identifikation mit der Welt, mit dem Alltäglichen, und spricht doch von ihr – aber nur durch das, was sich ihrer endgültigen Erfassung entzieht. In dieser Widersprüchlichkeit liegt die höchste Präzision des Kunstwerks: in seiner Fähigkeit, das Unaussprechliche auf eine Weise zu zeigen, die es nicht verbraucht, sondern im Ungefähren hält.

Der Stil ist die Spur der Unfreiheit im Werk

Wo Stil herrscht, schweigt das Werk. Die Spur der Unfreiheit ist nicht der Makel des Ausdrucks, sondern seine Bedingung.

Was sich als Stil ausgibt, ist selten mehr als die Handschrift der Konvention, die Maske der gelungenen Unterwerfung. Er verleiht dem Werk jene Aura der Wiedererkennbarkeit, durch die es in die Warenform eingeht. Der Stil ist der Tribut, den das Einzelne der Allgemeinheit zahlt, um überhaupt wahrgenommen zu werden – nicht Ausdruck der Subjektivität, sondern ihrer Disziplinierung. In der Reibungslosigkeit der Form offenbart sich die Gewalt der Formung.

Gerade das formal Vollendete, das scheinbar aus einem Guss Gearbeitete, ist oft Ausdruck jener leisen Verzweiflung, die sich nicht mehr zu brechen traut. Wo das Werk glättet, was in ihm noch widerständig ist, dort beginnt der Stil zu herrschen – und mit ihm das Verstummen dessen, was am Werk eigentlich sprechen wollte. Die Unfreiheit, die sich in ihm sedimentiert, ist nicht bloß ein Schatten vergangener Zwänge, sondern das Substrat seiner Möglichkeit in der Welt, die Kunst nur duldet, wenn sie sich fügt.

Doch im Bruch mit dem Stil – da, wo die Form zu stottern beginnt, wo das Werk seine eigene Machart verrät – regt sich ein anderes Moment: das der Freiheit, nicht als gegebene, sondern als erkämpfte, in der Form errungene. Nicht dort, wo das Werk gelungen ist, ist es wahr, sondern wo es sich dem Gelingen verweigert. Nur im Fragmentarischen, im Unfertigen, blitzt das Utopische auf: die Hoffnung, dass es auch anders sein könnte.

Die Unbestimmtheit ist die Präzision des Ästhetischen

Was nicht eindeutig ist, ist nicht ungenau – sondern mehrdeutig mit Absicht. Das Werk verweigert sich der Entscheidung, nicht aus Unschärfe, sondern aus Einsicht. Die Vieldeutigkeit ist seine Treue zur Erfahrung.

Die Forderung nach Eindeutigkeit, die dem Urteil der Erkenntnis entspringt, versagt am Ästhetischen. Denn was Kunst mitteilt, ist nicht das Bestimmte, sondern das Nicht-bestimmen-Können – nicht als Mangel, sondern als Wahrheit. In der Unbestimmtheit des Werks hebt sich der Zwang zur Identifikation auf: das Eine ist nicht das Andere, aber es könnte es sein. Das Werk zittert an der Grenze der Begriffe, nicht weil es unklar wäre, sondern weil es zu klar ist, um sich in Begriffe zu fügen.

Die Präzision des Ästhetischen ist negativer Natur: sie liegt in der Beharrlichkeit, sich nicht festlegen zu lassen, in der Resistenz gegen das bloße Meinen. Wie die Erfahrung, der es gerecht zu werden sucht, ist das Werk überbestimmt und unterbestimmt zugleich. Die Vieldeutigkeit ist kein Ornament, kein Spiel der Möglichkeiten, sondern Ausdruck der objektiven Unversöhnbarkeit der Welt, die im Einzelnen widerhallt.

In der Unbestimmtheit tritt das Werk dem dogmatischen Zugriff entgegen. Was sich entzieht, entzieht sich nicht willkürlich, sondern aus Notwendigkeit – der Notwendigkeit, der Wahrheit in ihrer

Zersplitterung zu entsprechen. Wer dem Werk Eindeutigkeit abverlangt, verlangt, dass es lügt. Das Wahre am Kunstwerk ist, dass es schweigt, wo das Urteil sprechen will. Seine Sprache ist die der gebrochenen Vermittlung, der Suspension des Schlusses.

Nicht das, was eindeutig sagt, was es meint, ist bedeutend, sondern das, was sich der Bedeutung verdunkelt, weil es sie kennt. So ist die Unbestimmtheit nicht der Gegensatz der Erkenntnis, sondern ihre Bedingung – als Ahnung, als Spur, als Negation der vorschnellen Gewissheit. Das Kunstwerk ist genau dort präzise, wo es mehr ist, als man über es sagen kann.

Die Kunst rettet nicht – sie klagt an

Wer in der Ästhetik Trost sucht, hat sie missverstanden. Ihre Funktion ist nicht Versöhnung, sondern Sichtbarmachung des Unversöhnten. Die Klage der Kunst ist ihr aufrechter Gang in einer gekrümmten Welt.

Die Erwartung, Kunst möge trösten, ist der Reflex einer Welt, die den Schmerz nicht mehr erträgt. Sie will, dass das Werk die Wunden salbt, die sie selbst geschlagen hat. Doch gerade das kann Kunst nicht, ohne sich selbst zu verraten. Der Trost, den sie verweigert, ist die Bedingung ihrer Wahrheit. Nicht das Versöhnliche, sondern das Unversöhnte ist ihr Element.

Was das Werk vermag, ist nicht Heilung, sondern das Offenhalten der Wunde. In der Form, die sich dem Verstummen des Leidens widersetzt, hallt die Klage nach, nicht als larmoyanter Gestus, sondern als Beharrung auf dem, was nicht sein sollte. Diese Klage ist kein Ausdruck privaten Schmerzes, sondern objektiver Einspruch: das Werk leidet nicht, es demonstriert das Leiden.

Die Vorstellung, Kunst sei ein Ort der Zuflucht, ist der Sublimierungswunsch der Herrschaft. Sie soll dort trösten, wo Veränderung geboten wäre. Doch wahre Kunst entzieht sich der Kompensation. Sie spendet keinen Sinn, sondern legt das Sinnlose bloß – als Skandal, nicht als Allegorie. In ihr verdichtet sich der Weltzustand zur Form, nicht um versöhnt zu erscheinen, sondern um sichtbar zu werden.

Die ästhetische Form ist die gebannte Negativität. Ihre Schönheit – wo sie auftritt – ist kein Versprechen, sondern Widerspruch: der Glanz des Unerreichbaren, der sich an der Wirklichkeit bricht. Was Kunst sagen kann, ist nicht, dass es besser werde, sondern dass es so nicht weitergehen darf. In ihrer Ohnmacht liegt ihre Kraft: dass sie benennt, was übersehen werden will.

Die Anklage der Kunst ist kein Ruf nach Gericht, sondern das Erinnern daran, dass noch kein Urteil gesprochen wurde. Ihre Wahrheit liegt in der Untrostbarkeit. Denn nur eine Kunst, die nicht tröstet, macht Hoffnung.

In der Negation glänzt das utopische Moment

Nicht das Bild einer besseren Welt macht Kunst wahr, sondern der Riss im Bild der bestehenden. Das Nein ist die Form, in der Hoffnung überlebt. Wo das Werk sich entzieht, öffnet sich der Blick ins Mögliche.

Kunst, die das Bessere zeigt, ohne das Bestehende zu erschüttern, ist Dekor – nicht Wahrheit. Das utopische Moment liegt nicht in der Skizze des Kommenden, sondern im Bruch mit dem Gegebenen. Hoffnung beginnt dort, wo das Werk sich weigert, die Welt so zu nehmen, wie sie ist. Das ästhetische Nein ist der emphatische Widerstand der Form gegen das, was sich als Wirklichkeit ausgibt. Es ist kein bloßes Aufbegehren, sondern die Form gewordene Erkenntnis: dass es so nicht bleiben darf.

Bloch sprach vom Prinzip Hoffnung, aber nicht als Vertröstung, sondern als Spannung im Jetzt – eine Unruhe, die das Dasein durchzieht wie ein Riss das Glas. Auch Adorno, der die Utopie unter Verdacht stellte, entzog sie nicht, sondern verwies sie an die Negation. Dort, wo die Versöhnung verweigert wird, zeigt sich die Möglichkeit des Anderen. Das Kunstwerk wird zur Konstellation von Spuren, deren Deutung nicht in einem positiven Sinn mündet, sondern in das Offenhalten des Denkens.

Das Nein der Kunst ist kein abstraktes, sondern ein konkret gewordenes. Es formt sich in Dissonanzen, in Brüchen, in Leerräumen. In der Verweigerung der glatten Oberfläche, der geschlossenen Bedeutung, der affirmativen Geste. Was dem Blick entzogen wird, verweist auf mehr als das Sichtbare. Die Leere spricht – als Ahnung dessen, was noch nicht ist, aber sein könnte.

Das utopische Moment im Ästhetischen ist nicht das Trugbild einer anderen Welt, sondern der Schattenriss der Möglichkeit im Bestehenden. Es zeigt sich nicht als Programm, sondern als Versprechen, das nur als gebrochenes glaubhaft bleibt. Kunst, die sich auf das Kommende festlegt, verfehlt es. Nur wo das Werk offen bleibt, bleibt auch das Denken offen – für das Andere, das nicht ist, und gerade darum gedacht werden muss.

So wird Negation zur Hoffnung – nicht trotz, sondern gerade wegen ihrer Dunkelheit. In ihrem glühenden Nein bewahrt sie das Ja, das niemand zu sagen vermag.

NOTATE DES UNABGESCHLOSSENEN

1. Natur als zweite Unschuld

Nicht die Natur selbst ist das Unschuldige – sondern das, was an ihr nicht aufgeht. Ihre Schönheit ist keine Eigenschaft, sondern ein Widerstand gegen die Totalität. Das Natürliche berührt, weil es sich nicht vollständig beziffern lässt.

2. Die Landschaft ist das Echo einer verlorenen Welt

Was als schön empfunden wird, ist nicht, was ist – sondern was hätte sein können. Die Landschaft ist nicht Natur, sondern Naturerinnerung: kontaminiert von Geschichte, doch nicht ganz von ihr gefangen.

3. Die Utopie hat keinen Ort – aber eine Form

Was erträumt wird, darf nicht identifizierbar sein, sonst ist es bereits korrumpiert. Die Utopie ist kein Plan, sondern ein Riss. Ihre Wahrheit liegt nicht im Inhalt, sondern im Leuchten der Möglichkeit.

4. Fragmentarisches Denken ist Treue zum Unabgeschlossenen

Systeme versprechen Vollendung, Fragmente lassen Platz. Die Form des Fragments sagt nicht weniger, sondern mehr: nicht als Summe, sondern als Ahnung. Die Wahrheit flackert – sie blendet nicht.

5. Schönheit ist der Schatten des Versäumten

Was schön ist, verweist auf das, was fehlt. Der Glanz der Kunst ist das Nachbild einer besseren Welt – nicht als Versprechen, sondern als Anklage. Schönheit ohne Schmerz ist Dekor.

6. Das Ganze ist nicht das Wahre – aber es fehlt

Die Sehnsucht nach Totalität ist Symptom und Widerstand zugleich. Wer das Ganze denkt, verrät es – wer es leugnet, verliert es. Die Kunst bewahrt es, indem sie es nicht vollendet.

7. Die Leere ist nicht das Nichts – sondern die Erwartung

In ihr hallt das Ungewordene. Das Offene ist keine Schwäche des Werks, sondern seine Würde. Was leer bleibt, bleibt bereit.

8. Erinnerung ist die Treue zum Nichtgelebten

Nicht das Erlebte bindet uns, sondern das, was ausblieb. Kunst erinnert nicht an das Gewesene, sondern an das Verlorene, das nie eintrat – und doch gefehlt hat.

9. Das Unvollkommene ist nicht der Mangel – sondern der Protest gegen das Glatte

Perfektion ist der Stil der Macht. Das Offene, das Widersprüchliche, das Wunde – darin liegt die Wahrheit des Kunstwerks: nicht, weil es ganz ist, sondern weil es gebrochen bleibt.

10. Hoffnung ist die Negation im Modus des Leisen

Nicht der Aufschrei, sondern das Zögern, das Innehalten, die stille Geste tragen das utopische Moment. Kunst hofft nicht laut – sie flüstert gegen die Welt.

11. Ästhetische Erfahrung ist nicht Erkenntnis, sondern Erschütterung

Wer sieht, was er schon kennt, erfährt nichts. Das Kunstwerk fordert nicht Zustimmung, sondern ein Verstummen – nicht, weil es nichts sagt, sondern weil es zu viel sagt, um begriffen zu werden.

12. Die Wahrheit der Kunst liegt in der Verunsicherung des Betrachters

Nicht was gefällt, sondern was aus dem Gleichgewicht bringt, ist wahr. Das Werk, das keine Zumutung ist, ist keine Erfahrung – es ist Unterhaltung.

13. Das Subjekt ist in der Kunst nicht Schöpfer, sondern Gefährdeter

Nicht in der Meisterschaft, sondern im Verlust der Kontrolle beginnt das Eigentliche. Der Künstler, der ganz weiß, was er tut, hat aufgehört, Kunst zu machen.

14. Sich verlieren heißt nicht, sich aufzugeben – sondern sich anders zu finden

Die Entselbstung ist nicht der Absturz, sondern der Aufbruch. Wer sich im Werk verliert, findet etwas, das größer ist als das Ich – weil es nicht ihm gehört.

15. Der Blick, der ästhetisch ist, ist nicht der des Besitzers

Wer das Werk versteht, um es zu behalten, hat es schon zerstört. Nur wer sich ihm aussetzt, ohne es zu nutzen, begreift seine Wahrheit.

16. Kunst ist nicht Medium des Ausdrucks, sondern Störung der Identität

Kunst ist nicht das Medium des Ausdrucks, sondern die Infragestellung der Identität. Sie sagt nicht ‚Ich bin', sondern ruft auf: ‚Was, wenn nicht?' Die Form artikuliert nicht das Subjekt als Biografie, sondern die Differenz, die das Gegebene im Widerspruch zu sich selbst setzt. Kunst entfaltet keine Geschichte des Ichs, sondern eine kritische Verschiebung des Bestehenden.

17. Die Wahrnehmung des Anderen ist der Beginn der Kritik am Eigenen

Nicht das Ich denkt das Andere – das Andere denkt zurück. Das Werk, das fremd bleibt, ist kein Fehler: es bewahrt die Differenz, die Kritik ermöglicht.

18. Schönheit berührt nicht, weil sie spricht – sondern weil sie schweigt

Schönheit berührt nicht, weil sie spricht – sondern weil sie sich verweigert. Im Schweigen liegt der Widerstand: das Werk entzieht sich der Totalität der Bedeutung, weil es sich weigert, das zu sagen, was die Welt von ihm hören will. In der Stille des Kunstwerks offenbart sich der wahre Sinn – nicht als Botschaft, sondern als unaufhebbare Differenz, die dem Subjekt seine eigene Begrenztheit vorführt.

19. Die Entselbstung im Werk ist eine Form der Befreiung

Die Entselbstung im Werk ist keine Resignation des Ichs, sondern seine Emanzipation von sich selbst. Nicht weil das Subjekt verschwindet, sondern weil es sich der Illusion entledigt, sich selbst vollkommen zu erfassen. In der Kunst ist Freiheit nicht die Wahl zwischen Optionen, sondern die Anerkennung des Verlustes – des Verlustes der Möglichkeit, das Ich als Ganzes zu begreifen, ohne sich in der Differenz des Anderen aufzulösen.

20. Der letzte Sinn der Kunst ist nicht Erkenntnis – sondern Aufhebung des Selbst in der Möglichkeit des Anderen

Die Kunst ist die Aufhebung des Subjekts, nicht als Negation seiner Existenz, sondern als Aufhebung seiner Herrschaft über den Sinn. Was bleibt, ist nicht Erkenntnis, sondern die Stille der Unbestimmtheit, die nicht das Ich, sondern das Andere zur Sprache bringt. Das Echo, das sich von mir entfernt, und mich doch unverrückbar in seiner Abwesenheit festhält, ist die Wahrheit des Kunstwerks.

BRUCHSTÜCKE
EINER PHYSIOGNOMIK DES ÖFFENTLICHEN BEWUSSTSEINS

Die öffentliche Meinung ist das säkulare Sakrament der Gesellschaft ohne Gemeinschaft. Was einst als metaphysischer Kitt durch Religion das soziale Ganze band, gerinnt im Spätkapitalismus zur unablässig sich selbst bestätigenden Rede über das, was alle angeblich denken. Sie ersetzt den Gott durch das Gerücht, das Dogma durch die Demoskopie, das Gewissen durch die Quote.

In ihr spricht nicht das Volk, sondern das, was von ihm übrigbleibt, nachdem es auf Repräsentabilität und Verwertbarkeit reduziert wurde. Ihre Gewalt liegt in der Form: der Behauptung, sie sei allgemeingültig – und der Forderung, sich ihr zu beugen, um nicht als Außenseiter zu gelten.

Die herrschende Meinung ist nicht länger die der Herrschenden, sondern die Meinung, die herrscht. In ihr triumphiert der Schein der Unmittelbarkeit, während die Bedingungen ihrer Möglichkeit verborgen bleiben: technische Steuerbarkeit, mediale Reproduktion, algorithmische Vorauswahl.

Wo Marx noch auf die Einheit von ökonomischer und ideologischer Herrschaft zielte, regiert heute eine Trennung, die umso totaler wirkt, als sie verschleiert ist. Die öffentliche Meinung ist nicht Ausdruck eines gesellschaftlichen Bewusstseins, sondern seine Maske – die Physiognomie eines Ichs, das sich im Spiegel der Mehrheit verliert.

Doch die Physiognomie, auf die hier angespielt ist, ist keine, die den Ausdruck verrät – sie ist vielmehr die Erstarrung des Ausdrucks zur Konvention, zur Pose, zur Kodierung. Öffentlichkeit wird nicht mehr erzeugt durch diskursive Auseinandersetzung, sondern durch algorithmisch geregelte Sichtbarkeit. Der Schein des Konsenses entsteht aus dem Verschwinden der Dissidenz – nicht, weil diese widerlegt, sondern weil sie wegsortiert, unsichtbar gemacht, auf Randplätze verschoben wird.

Die Dialektik der Aufklärung, die einst noch das kritische Potenzial der Öffentlichkeit als Gegenmacht zur Herrschaft erkannte, hat sich in ihr selbst aufgelöst. Was bleibt, ist ein Phantom von Öffentlichkeit: eine Simulation der Diskussion, deren Ergebnisse vor der Frage feststehen.

Der Begriff der Öffentlichkeit, der bei Kant noch die Bedingung der Aufklärung bezeichnete – die Möglichkeit, als Vernunftwesen zu sprechen, unabhängig von Position und Rang –, hat sich verkehrt ins Gegenteil: zur Normierungsmaschine, die jene, die sich der Form nicht fügen, als irrational, extrem oder irrelevant abwehrt. Die Öffentlichkeit hat ihre Aufklärung vergessen und erinnert sich nur noch ihrer Empörung.

Wenn Adorno die Kulturindustrie als jene Sphäre beschrieb, in der „Aufklärung zu Massenbetrug wird", so ließe sich heute sagen: Die öffentliche Meinung ist der Ort, an dem Freiheit zur Zustimmung degeneriert. Nicht durch Zwang, sondern durch Wahl. Nicht durch Zensur, sondern durch Präferenz. Der Terror der öffentlichen Meinung wirkt gerade durch ihre scheinbare Milde.

Denn es ist nicht mehr notwendig, zu schweigen – nur noch, nicht gehört zu werden. Die Mechanik der Zustimmung läuft lautlos. Sie benötigt keine Diktatur, keine Gewaltapparate, keine Indizierung. Sie genügt sich selbst: im algorithmischen Vorschlag, im Trending Topic, in der stillschweigenden Prämisse, dass Zustimmung Sichtbarkeit bedeutet und Dissens Exil.

Die Kritik, die diesem Zustand gerecht werden will, kann nicht mehr auf das Modell der Öffentlichkeit als kritischer Instanz vertrauen. Sie muss sich rückgewinnen in der Negativität. In der Verweigerung, mitzumeinen. In der Weigerung, das zu sagen, was sich sagen lässt. Die Kritik darf nicht nur *gegen* die Meinung sein, sie muss sich dem *Meinenden* entziehen.

So wird die Kritik zur Form der Einsamkeit – aber einer Einsamkeit, die nicht regressiv ist, sondern Ausdruck eines anderen Sozialen: eines Noch-nicht, das sich nicht darstellen, sondern nur ahnen lässt.

Und vielleicht liegt gerade darin die letzte Funktion der ästhetischen Erfahrung: jene Räume zu eröffnen, in denen das Sprechen nicht Repräsentation, sondern Widerhall ist – in denen das Sagbare nicht regiert, sondern zerbricht.

ARBEIT DES DENKENS

"Arbeiten heißt, anderes zu denken als das, was man vorher dachte."
Michel Foucault

Doch schon in diesem Satz liegt das Paradoxon des Denkens eingeschlossen: Es verspricht Differenz und vollzieht doch Ähnlichkeit; es erhebt Anspruch auf Fortschritt und gebiert Wiederholung. Arbeit, sofern sie Denken meint, ist nicht linear, nicht kumulativ – sie ist ein Kreisgang, ein taumelnder, dialektischer. Foucaults Wort, das so nüchtern wie entschlossen die Differenz beschwört, lässt sich nicht festnageln auf eine emanzipatorische Bewegung. Denn das Andere, das gedacht werden soll, ist immer schon im Begriff des Eigenen enthalten.

Was als Arbeit des Denkens bezeichnet wird, vollzieht sich nicht als bloß produktive Anstrengung, als Hervorbringung des Neuen aus dem Geist der Innovation. Vielmehr gleicht sie jenem melancholischen Sich-Verlieren im Gelände des Gedachten, das bei Adorno zur Chiffre der negativen Dialektik wird. Dort, wo das Denken sich bemüht, das Überwundene zu hinterlassen, kehrt es am entschiedensten zu sich selbst zurück – jedoch nicht in identischer Gestalt, sondern als verzogene Wiederkehr des Immergleichen.

In Adornos *Vorlesungen zur Dialektik* von 1958 zeigt sich dieser Vorgang in seiner präzisesten Form. Die Bewegung des Denkens ist hier nicht ein Fortschreiten, sondern ein *Stolpern über das Eigene*. Der Versuch, aus dem Gegebenen auszubrechen, gerät zur ewigen Schleife des Immer-noch-darin-Seins. Das Denken erhebt sich über das, was es war, nur um festzustellen, dass es in dieser Erhebung die Spuren des Vorherigen nicht abgestreift, sondern vertieft hat.

Der Dialektiker – im adornoschen Sinne – ist somit nicht der, der das Denken überwindet, sondern der, der im Denken selbst den Bruch mit dem Denken erleidet. Nicht Erkenntnis, sondern Erschütterung ist sein Geschäft. Die Bewegung des Gedankens ist dabei nicht affirmativ, sondern destruktiv: ein „Denken gegen sich selbst", ein Reflektieren, das seine Gegenstände unter dem Brennglas der Kritik verbrennen lässt, bis nichts als Asche übrigbleibt – und in dieser Asche, undeutlich und unfassbar, die Spur dessen, was als Wahrheit zu gelten hätte, wenn es Wahrheit gäbe.

Philosophische Arbeit ist in diesem Sinne keine Herstellung, sondern eine beständige Unmöglichkeit: Die Idee des Anderen, des Nichtidentischen, blitzt in ihr auf, nur um sogleich im Licht der Reflexion zu verlöschen. Was bleibt, ist nicht das Werk, sondern das Scheitern des Werks – die negative Form, in der die Wahrheit sich zeigt, indem sie sich entzieht.

Dass diese Bewegung notwendig ist, ohne je zu einem Ziel zu führen, ist das Pathos der Melancholie, das Adornos Denken durchzieht. Die Philosophie, wenn sie wahrhaft eine ist, weiß um die Aussichtslosigkeit ihrer Bewegung – und gerade in diesem Wissen liegt ihre Würde. Denn das Denken, das sich seiner eigenen Ohnmacht nicht schämt, ist stärker als dasjenige, das sich im Fortschritt tröstet.

Die Arbeit des Denkens, verstanden als negative Dialektik, ist somit der Vollzug eines radikalen Ernstes: Sie ist die Kunst, sich in Differenz zu setzen zu dem, was ist, ohne sich selbst jemals davon zu lösen. In ihr zeigt sich die unaufhebbare Spannung zwischen Subjekt und Objekt, zwischen Denken und Welt, zwischen Begriff und Sache – eine Spannung, die nicht zu lösen, sondern auszuhalten ist.

Und so ist es kein Zufall, dass das Denken, das anders denken will, am Ende nur sich selbst findet – nicht als triumphale Selbsterkenntnis, sondern als residuale Figur eines Scheiterns, das seine Wahrheit nicht trotz, sondern durch seine Unvollendbarkeit offenbart.

BOTSCHAFTEN AUS DER WÜSTE

Zur Unverfügbarkeit des Kunstwerks

„Kunst ist Magie, befreit von der Lüge, Wahrheit zu sein." – In diesem paradoxen Diktum Adornos liegt bereits das Spannungsverhältnis eingeschrieben, das jedes ernstzunehmende Kunstwerk durchwaltet: es ist gleichsam in der Welt und gegen sie. Kunst, die sich nicht in Dienst nehmen lässt, nicht als Mitteilung funktioniert, sondern als Widerstand, als Schweigen mitten im Lärm, ist kein Ornament des Bestehenden, sondern dessen Implosion.

Wenn Jean-François Lyotard davon spricht, der Künstler sende eine „Botschaft in die Wüste", so verweist dies auf eben jene Konstellation, in der das Kunstwerk seine Autonomie behauptet: eine Autonomie, die nicht Selbstbezüglichkeit meint, sondern Befreiung von Zweck, Funktion, Adressierung. Der Adressat ist abwesend, das Kunstwerk spricht ins Leere, oder genauer: es spricht unter der Bedingung, nicht gehört werden zu müssen. Was Lyotard poetisch als Sendung ins Leere formuliert, ist im Denken Adornos der Ausdruck einer Negativität, die der Kunst immanent ist. „Das Kunstwerk ist [...] nicht Mitteilung, auch nicht Ausdruck eines Subjekts, sondern eine objektive Formation", so Adorno in der *Ästhetischen Theorie*. Es liegt weder in der Intention des Künstlers auf, noch im Beifall des Rezipienten.

Diese strukturelle Einsamkeit des Kunstwerks ist nicht Defizit, sondern Bedingung seiner Wahrheit. Wer dem Künstler vorwirft, sein Werk sei unverständlich, setzt es bereits dem falschen Maßstab aus: jenem der Kommunikation, der Verständlichkeit, der Funktionalisierung. Adorno schreibt: „Ein Kunstwerk, das vollständig aufgeht in seiner Bedeutung, hört auf, Kunst zu sein." Das Unverständliche ist kein Fehler, sondern Signum des Eigensinns, ein Stachel gegen die Kulturalisierung der Kunst, ihre Verwandlung in Verständigungsware.

Denn Kunst, so sehr sie auch als gesellschaftliches Produkt verstanden werden muss, ist kein soziales Werkzeug. Sie ist „gesellschaftlich durch ihre Autonomie" – eine der zentralen Thesen Adornos, die immer wieder übersehen wird in der banalen Rede von „engagierter Kunst" oder „sozialer Funktion". Die Autonomie der Kunst ist keine Flucht aus der Geschichte, sondern ihre sublimierte Gestalt: „Gerade ihre gesellschaftliche Nutzlosigkeit", so heißt es weiter, „konstituiert ihr Moment von Wahrheit."

Doch dieses Moment steht auf tönernen Füßen. Die von Lyotard als „Wüste" beschriebene Sendezone wird durch die Realität des Kunstmarkts zur Oase der Verständlichkeit umfunktioniert. Die „verflüssigte" Ware Kunst tritt in die Zirkulation ein – nicht trotz, sondern wegen ihrer Andersheit, die zur Marke wird. Die Unverfügbarkeit wird zum Label, das Unverständliche zum Kuratorenkommentar. Was sich dem Zugriff entzog, wird nunmehr im Museum didaktisch aufbereitet, durch den Kulturbetrieb übersetzt, in Bildungsveranstaltungen kontextualisiert. Es ist die Rücknahme der Differenz im Namen des Bildungsanspruchs. Adorno schreibt: „Die Tendenz zur Musealisierung ist das, was das Kunstwerk tötet."

In diesem Prozess tritt der Interpret auf den Plan. Er ist nicht der Vermittler, sondern der Entschärfer. Er macht das Werk zugänglich, wo es eigentlich zurückweisen wollte. Er spricht, wo das Werk sich der Sprache entzog. „Interpretation", so Adorno, „ist die Rache des Intellekts an der Kunst." Indem das Werk in ein Bedeutungsgefälle überführt wird, verliert es seinen Eigensinn. Die Form, in der sich die Wahrheit des Werkes sedimentierte, wird durch das Wort, das Konzept, den Diskurs ersetzt. Die Botschaft wird nunmehr „übersetzt" – aus der Wüste in den Seminarraum, aus dem Dunkel in den Katalog.

Dass in diesem Vorgang das Werk zur „Totenmaske der Konzeption" (Benjamin) gerinnt, ist keine Metapher, sondern Beschreibung eines realen Verlusts: des Verlusts der Wahrheit an die Vermittlung, der Präsenz an das Verständnis, der Kunst an die Kultur. Adorno sieht hierin das Dilemma jeder Kunst im Spätkapitalismus: „Sie ist die Ware, die nicht Ware sein will – und doch nichts anderes sein kann." Der Künstler kann diesem Widerspruch nicht entgehen, wohl aber durchhalten. Er darf nicht wollen, verstanden zu werden. Er muss darauf bestehen, dass seine Botschaft keine ist – oder zumindest keine für jedermann.

So bleibt die Botschaft in der Wüste – ungehört, unverstanden, vielleicht sogar unbeachtet. Doch darin liegt ihre Würde. Nicht in der Wirkung, sondern in der Beharrlichkeit auf dem Unvermittelten liegt ihre Wahrheit. Und in dieser Wahrheit liegt, in nuce, das Versprechen einer anderen Welt – einer, in der nicht alles Sinn machen muss, sondern auch das Unsagbare, das Unverständliche, das Widerständige seinen Ort hat.

ÜBER DAS UNVERSTEHBARE
DER KUNST

Die Kunst ist der Ort des Scheiterns. Sie lebt von dem unaufhörlichen Widerstand gegen das Verstehen, gegen die logische Ergreifbarkeit des Begriffs. Wo der Begriff aufhört, da beginnt die Kunst; und eben darin besteht ihre Wahrheit. Sie ist nicht das, was benannt oder definiert werden kann. Sie entzieht sich diesem Zugriff mit der Gewalt eines unaufhörlichen Überflusses, der nie vollständig erfasst werden kann. Die Sprache der Kunst ist der Raum des Unbenennbaren, das uns in seiner Geste immer schon entrückt. Sie ist der Rest dessen, was im Begriff nie Platz findet – eine Leerstelle, die unaufhörlich die Identität des Verstehens herausfordert.

Der Begriff hat die Aufgabe, sich die Welt anzueignen, sie zu kategorisieren, in die sichere Heimat seiner eigenen Erkenntnis zu überführen. Doch Kunst verweigert sich diesem Erfassungsdrang. Sie ist nicht die Erfüllung des Begriffs, sondern die Verschiebung, die Irritation, das unstillbare Verlangen nach etwas, was sich nicht fassen lässt. Die Schönheit, die in der Kunst aufscheint, ist niemals das scheinbar Gewusste, sondern das, was sich vor uns verbirgt, weil es in der Form des Schönen nur in der Möglichkeit des Nicht-Mehr und des Noch-Nicht existiert. Die Kunst spricht nicht das Glück, sondern dessen Abwesenheit – sie lebt nicht vom Eros des Vollkommenen, sondern vom Schmerz der Welt, die in ihrer unerreichbaren Verklärung immer schon an sich selbst zerbrochen ist.

Schönheit ist der Anschein eines Anderen, der nie aufscheinen kann, weil die Welt sie niemals zu fassen vermag. Sie ist der Schmerz der Abwesenheit, der durch die Form hindurchbricht, um uns das zu zeigen, was unartikuliert bleibt, was sich der Verständlichkeit entzieht. Die Kunst ist das Fragment dieser Unmöglichkeit: Sie ist keine Idealisierung des Schönen, sondern eine Erinnerung an das, was immer schon verloren war. Ihr wahres Gesicht zeigt sich nicht in der Harmonie, sondern in der Zerrissenheit, in dem Moment, in dem das Bild der Welt sich zerbricht. Kunst ist die Wunde, die sich nie heilen lässt, und in dieser Wunde lebt der Widerstand gegen das bloße Verstehen.

Der Begriff, dieser eitle Architekt des Verstehens, sucht sich auch die Kunst einzuverleiben. Doch er scheitert, und dieses Scheitern ist es, was die Kunst in ihrer Wahrheit entblößt. Sie ist nicht das, was sich der Erklärung fügt, sondern das, was in der Form des Unaussprechlichen immer schon auf die Unmöglichkeit des Verstehens verweist. Sie ist das, was der Begriff nicht fassen kann, und gerade in diesem Unvermögen lebt ihre ästhetische Wahrheit. Die Kunst ist nicht Ausdruck, sondern Differenz – Differenz gegenüber dem, was der Begriff in seinem Drang nach Identität begreifen will.

In der Form der Kunst artikuliert sich dieser Widerstand als das Nicht-Identische. Sie ist der Bruch im Denken, die Öffnung, in der sich das, was nicht mehr gesagt werden kann, als Wahrheit zeigt. Der Inhalt der Kunst entfaltet sich nicht im Hinblick auf ein Begreifen, sondern als das Aufeinandertreffen mit der Leerstelle des Begriffs. In dieser Leerstelle zeigt sich die wahre Substanz der Kunst, das, was immer schon entglitten war. Der Begriff begreift nie das Werk, sondern das Werk bricht den Begriff, es zeigt ihm seine eigene Grenze. Der Widerstand gegen das Verstehen ist die einzig wahre Sprache der Kunst.

Wahrheit, so wie sie in der Kunst erscheint, ist keine Antwort auf die Fragen des Begriffs, sondern die Infragestellung dieser Fragen selbst. Wahrheit erscheint nicht in der Klarheit, sondern im Unklaren, nicht im Licht, sondern im Schatten. Kunst ist der Raum des Schweigens, in dem die Worte ihren Sinn verlieren und die Wahrheit erst im Moment der Entlarvung der eigenen Sprachlosigkeit zu erkennen ist. In ihrer Unmöglichkeit zu sprechen, spricht sie das, was nie gesagt werden konnte, und das, was der Begriff nicht begreifen kann, wird in der Unaussprechlichkeit der Kunst zur Wahrheit.

Was als Kunstwerk erscheint, ist nicht das Produkt einer bloßen Intention oder des Ausdrucks eines Subjekts. Es ist der Abdruck der Welt, ihrer Widersprüche, ihrer Unversöhnlichkeiten. Es ist die Spur des Scheiterns, die in der Form hinterlassen wurde, nachdem der Versuch, die Welt zu begreifen, gescheitert ist. Und in dieser Spur lebt die Kunst als das, was nie vollständig verstanden werden kann. Sie ist die Erinnerung an das Unbegreifliche, das sich immer wieder in den Formulierungen des Unaussprechlichen bricht. Sie ist der Abglanz eines Widerstands, der sich niemals der Welt und ihren Begriffen zu fügen vermag.

Die Form der Kunst ist nicht Gefäß, sondern Widerstand. Sie ist die Grenze, die sich gegen das Verstehen stellt, die Spannung, die den Inhalt in seiner Unmöglichkeit festhält. Kunst ist nicht das, was in die Welt eingeht, sondern das, was sich ihr entzieht. Sie ist der Moment, in dem die Welt sich selbst negiert, um uns in einem Bruch die Wahrheit zu zeigen, die ihr immer schon fremd war. Kunst lebt nicht vom Verstehen, sondern vom Widerstand gegen es. Sie ist die Sprache des Nicht-Begreifens, die in der Stille spricht, in der das Wort die Welt nicht mehr zu fassen vermag.

Und so bleibt die Kunst, in ihrer Melancholie, immer ein letzter Widerstand gegen das Verstehen. Sie verweigert sich der einfachen Lösung, der harmonischen Schließung des Verständnisses, und bleibt in ihrer Fragmentierung, in ihrer Unaussprechlichkeit, die einzige Wahrheit, die dem Begriff wirklich entgleitet. In diesem Entzug zeigt sich das wahre Wesen der Kunst: als der Moment, in dem das Unverstehbare zur Erscheinung kommt – und der Begriff zurückbleibt, leer und entwaffnet.

WESEN UND ERSCHEINUNG

Nicht das Wesen *hinter* der Erscheinung, sondern das Wesen *als* Erscheinung gilt es zu denken – jenes, das nicht außerhalb des Sichtbaren ruht, sondern in seiner Bewegung, in seiner Verstellung, in seinem eigenen Verschwinden sich offenbart. Das Ewige tritt nicht *nach* dem Zeitlichen auf, sondern ist dessen Immanenz, seine Dialektik: die Wahrheit, die nur im Irrtum spricht, das Dauernde, das sich in Verfall und Wandel zeigt. Das Wesen ist das Bleibende im Wechsel, aber kein starrer Kern – vielmehr die innere Notwendigkeit, die durch die Kontingenz hindurch sich selbst gebiert. Wer nur das Vergängliche sieht, verfehlt die Geschichte; wer nur das Unvergängliche sucht, verfehlt die Gegenwart. Das Denken muss beides halten: die Erscheinung nicht verwerfen, das Wesen nicht hypostasieren. Nur so wird das Substantielle offenbar – als das, was sich nicht verbirgt, sondern nur in seinem Schein sich selber gleich ist.

Nicht in der Abstraktion, sondern in der Konkretion des Flüchtigen, in der Erfahrung des Unbeständigen, artikuliert sich das Wahre – als Spur, nicht als Besitz. Die Erscheinung ist nicht die Maske des Wesens, sondern seine Gebärde; nicht der Schleier, den es abzustreifen gilt, sondern die Bewegung, in der es sich zeigt und entzieht zugleich. So ist Denken kein Durchbruch zur Tiefe, sondern ein Aushalten der Oberfläche, die selbst schon Tiefe ist – nicht im Sinne verborgener Schichten, sondern als Ausdruck jener Spannung, in der das Sein sich als Werden erfährt.

Die Kritik des Scheins verfehlt ihr Ziel, wenn sie das Wesen hinter ihm zu entreißen sucht; sie muss sich dem Paradox stellen, dass das Wahre nur als das Unwahre erscheint, als das, was sich seiner eigenen

Bestimmung entzieht, um gerade darin bestimmt zu sein. In dieser Paradoxie gründet die ästhetische Erfahrung: dass das Werk, indem es sich zeigt, über sich hinausweist – und dass sein Schein nicht bloß blendet, sondern trägt.

Erkenntnis, in diesem Sinne, ist nicht Auflösung der Erscheinung, sondern ihre Durchdringung, ein Verweilen bei dem, was sich entzieht, ohne zu verschwinden – das Helle, das sich dem Blick nur entzieht, weil es selbst aus Dunkel ist. Nur in der Treue zum Sichtbaren, zur Kontingenz des Wirklichen, erweist sich das Denken als kritisch: indem es das Wesen nicht hinter den Dingen sucht, sondern als deren Erscheinungsweise begreift – notwendig, zerbrechlich, schön.

MEDITATIONEN
ÜBER DAS WESEN

Das Schweigen der Substanz

Der Satz Hegels – „darauf kommt es dann an, in dem Scheine des Zeitlichen und Vorübergehenden die Substanz, die immanent, und das Ewige, das gegenwärtig ist, zu erkennen" – ist nicht bloß Erinnerung an Metaphysik, sondern deren nachhallende Geste, als stünde noch etwas aus. In ihm redet die Philosophie mit dem Pathos des Begreifens, das sich gerade dort verselbständigt, wo es auf das Wesen zielt. Was da als Substanz behauptet wird, entzöge sich, wäre es nicht schon in den Schein getaucht, der sie aufruft. Das Ewige wird nicht als Überzeitliches evident, sondern als das, was im Zeitlichen sich nicht einlöst.

Die Substanz schweigt. Nicht weil sie nichts zu sagen hätte, sondern weil sie nur unter Bedingungen spricht, die ihr zuwider sind. Der Schein, durch den sie hindurch sich zeigt, ist zugleich ihr Schleier. Der Begriff, der sie fassen will, beschädigt sie notwendig, und doch ist ohne ihn nichts als das rauschende Kontinuum des Gegebenen.

Inmitten der Erscheinungen, die sich in ihrer Überfülle selbst entwerten, ist das Bleibende das, was nicht laut wird. Was bleibt, ist nicht das, was sich behauptet, sondern das, was sich entzieht – das Negative der Geschichte, das als Trümmer ihrer Wahrheit zurückbleibt.

Das Schweigen der Substanz ist keine metaphysische Beruhigung, sondern Anklage. Es spricht nicht affirmativ, sondern im Modus der Verweigerung: dass es so nicht sei, wie es scheint. Die Wahrheit hat, wenn überhaupt, das Recht zu flüstern – inmitten des Geschreis der Tatsachen, die sich als Welt ausgeben.

Im Glanz des Scheins

Der Schein ist nicht bloß das Trügerische, das sich dem wahren Wesen entgegenstellt, nicht der äußere Firnis, der vom Wesentlichen ablenkt – er ist dessen Ausdruck, seine notwendige Erscheinung. Die uralte Metaphysik, die zwischen Wesen und Schein wie zwischen Wahrheit und Lüge unterschied, verdoppelt das Trugbild, das sie zu bannen meint. Denn das Wesen, das sich im Schein nicht äußert, ist stumm; und ein Schein, der nichts zu sagen hat, ist leer.

Der Glanz des Scheins ist das Medium, in dem das Unvergängliche sich bekundet – nicht als triumphierende Ewigkeit, sondern als gebrochene Spur im Zeitlichen, als Nachklang desjenigen, was nicht aufgeht in Funktion und Faktizität. Was scheint, täuscht nicht nur – es zeigt. Es sagt, was nicht gesagt werden kann, indem es sich als das Andere der Aussage ins Bild setzt. Der Glanz ist der Ort, an dem das Wesen sich zurücknimmt, um sich mitzuteilen.

Die Sprache des Scheins ist keine, die spricht, sondern eine, die schweigt, ohne zu verstummen. Sie bedarf eines Hörens, das nicht auf Mitteilung, sondern auf Wahrheit zielt. Das Vergängliche redet nicht als das, was vergeht, sondern als das, was in seinem Vergehen bleibt.

Wer den Glanz nur als Blendung wahrnimmt, verkennt, dass das Leuchten nicht nur verhüllt, sondern offenbart. Das Auge, das geblendet wird, sieht noch – aber nicht das, was vor Augen steht, sondern das, was sich in der Blendung selbst zu erkennen gibt: die Präsenz des Abwesenden, das Unverfügbare im Übermaß des Sichtbaren.

Schein ist die Kritik des Wesens an sich selbst – seine Weigerung, unmittelbar zu erscheinen, ohne sich zu verraten. So wie Musik nicht jenseits des Tons, sondern in ihm zur Sprache kommt, spricht das Wesen nicht jenseits des Scheins, sondern durch ihn hindurch.

Was glänzt, ist nicht notwendig hohl. Vielmehr legt der Glanz, dort wo er nicht bloß zur Ware gerinnt, Zeugnis ab von einem Übermaß an Bedeutung, das sich der begrifflichen Feststellung entzieht. Im Leuchten des Scheins spiegelt sich – wie im Trugbild eines Traums – das, was im Wachsein fehlt: die Möglichkeit, dass es anders sein könnte.

Gegenwart des Ewigen

Das Ewige ist nicht das Zeitlose. Nicht der Austritt aus der Zeit, sondern ihr äußerster Punkt, an dem sie sich in sich selbst verwindet. Es ist der Riss im Kontinuum, nicht seine Verlängerung; das Aufglimmen eines Sinns, der sich gerade dort zeigt, wo er nicht systematisch aufgeht.

Alle Ideologie des Ewigen als Zuflucht verrät es. Denn es entzieht sich dem Zugriff nicht durch Transzendenz, sondern durch Nähe. Das Ewige ist nicht jenseits der Zeit, sondern in ihrer Zerreißprobe. Im Nu, in dem das Jetzt sich über sich hinausstreckt, ohne es zu wissen, fällt ein Schatten des Ewigen – flüchtig, tastend, unbemerkt.

Die Verwechslung des Ewigen mit der bloßen Dauer ist eine der tiefsten Täuschungen. Dauer ist bloß quantifizierte Zeit, aufgereihtes Immergleich. Das Ewige hingegen ist das Nichtidentische, das sich im Strom der Zeit nicht abnutzt, weil es nicht in ihm schwimmt, sondern in ihm widerhallt – als Echo dessen, was hätte sein können und doch nicht wurde.

Nicht wer sich vom Jetzt entfernt, gelangt zum Ewigen, sondern wer es bis zur Unerträglichkeit auskostet. Wer der Gegenwart sich entzieht, im Traum der reinen Idee oder im Kult des Vergangenen, verliert gerade das, worauf beides zielt: das Unzeitgemäße, das als Spur im Zeitgemäßen lebt.

Im Unscheinbaren, im Nebensächlichen, in dem, was sich entzieht, weil es nicht als Bedeutung auftritt, brennt ein Funken Ewigkeit. Sie ist nicht das Große, sondern das nicht Verrechnete. Die Gegenwart des Ewigen zeigt sich dort, wo die Zeit in sich stockt, wo der Automatismus des Nacheinanders unterbrochen wird – sei es durch Schmerz, durch Glück, durch Denken.

Das Ewige, wäre es greifbar, wäre längst zum Dogma geronnen. Nur weil es sich entzieht, bleibt es wirklich. Seine Gegenwart liegt nicht in der dauernden Präsenz, sondern in dem kurzen, ungreifbaren Moment, in dem das Jetzt sich hebt – nicht über sich, sondern in sich hinein.

Wesen ohne Zuflucht

Wesen ist kein Hort. Es birgt sich nicht wie ein Schatz hinter den Erscheinungen, wartend auf seine Hebung durch den rechten Begriff. Die

Vorstellung, es ließe sich freilegen wie etwas Verdecktes, ist ein Reflex metaphysischer Sehnsucht – jener Wunsch, dass hinter dem Trügerischen etwas sei, das nicht trügt.

Doch gerade die Idee, das Wesen liege jenseits des Scheins, ist der letzte, hartnäckigste Schein. Der Glaube an ein wahres, sicheres Inneres, dem gegenüber die Erscheinung sekundär, gar verräterisch sei, wiederholt – im philosophischen Gewand – die archaische Trennung von Heiligem und Profanem. So wird das Denken zum Kult, und die Wahrheit zur Reliquie.

Wesen ist nicht das, was sich entzieht, um geschützt zu bleiben, sondern das, was im Übergang aufscheint – und dabei immer schon verletzt. Es ereignet sich nicht jenseits der Erscheinung, sondern als ihr Riss. Nicht im Besitz, sondern im Prozess; nicht in der Identität, sondern in der Verschiebung; nicht im Sein, sondern im Werden, das sich selbst nicht kennt.

Wo das Denken auf das Wesen zielt, ohne es zu fixieren, erfährt es seine Wahrheit im Durchqueren, nicht im Ankommen. Das Wesen ist kein letztes, sondern das Unfertige. In jedem Versuch, es festzuhalten, versteinert es – nicht anders als der Mythos, der zur Wahrheit gerinnt, indem er die Bewegung aufgibt, die ihn erst konstituiert.

Was als Substanz auftritt, entzieht sich als Struktur. Was zu bleiben scheint, ist das, was sich wandelt, ohne Spuren zu hinterlassen. Das Wesen ist nicht gesichert – es ist das, was jeder Sicherheit entgleitet, in der es sich bewahren soll.

Wesen ohne Zuflucht: das ist nicht sein Verlust, sondern seine Möglichkeit. Nicht, dass es sich nirgends festmachen lässt, ist sein Defizit, sondern seine Wahrheit. Es ist nicht da, wo es ruht, sondern wo es beunruhigt.

Der Abgrund der Oberfläche

Die Oberfläche, allzu leicht verdächtigt, zu täuschen, wird dem Wesen gegenübergestellt wie das Kleid dem Körper, die Maske dem Gesicht, das Zeichen dem Gehalt. Doch die Unterscheidung, die sie zur bloßen Hülle herabwürdigt, ist selbst ein Reflex des Trugs, den sie zu entlarven vorgibt. Die Oberfläche ist nicht Verrat – sondern Prüfung.

Der Wunsch, hinter sie zu blicken, sie zu durchbrechen wie eine dünne Haut auf der Suche nach dem Eigentlichen, ist der Reflex einer Denkbewegung, die in ihrer Tiefe nichts anderes sucht als sich selbst gespiegelt – ein Essentialismus der Innerlichkeit, der verkennt, dass Tiefe nur dort beginnt, wo sie sich nicht als solche gibt.

Was flach erscheint, ist nicht notwendig leer. Vielmehr liegt die Gewalt des Erscheinens darin, dass es sich eben nicht unmittelbar auslegt, sondern in sich verschränkt. Die Oberfläche ist nicht das Gegenteil der Wahrheit, sondern ihr Prüfstein: in ihr zeigt sich, ob das Denken standhält, wo es nicht weiterkann.

Tiefe, die gegen das Äußere ausgespielt wird, verkommt zur Pose. Die Oberfläche zwingt das Denken zur Geduld, zum Verharren im Widerstand gegen den Reflex des Durchdringens. Wer an ihr scheitert, ohne sie zu verwerfen, erlebt jene Erfahrung, die nicht darin besteht, das Verborgene zu enthüllen, sondern darin, dass das Sichtbare sich als das Undurchdringliche zeigt.

Die Oberfläche ist das Medium der Negativität. Ihr Glanz ist nicht das Lockmittel des Scheins, sondern das Licht, in dem sich die Undurchsichtigkeit der Welt manifestiert. Sie entzieht sich nicht, indem sie verbirgt, sondern indem sie zu viel zeigt.

Nicht die Tiefe birgt den Abgrund – sondern die Fläche, die sich jeder Tiefe verweigert und eben darin die Unmöglichkeit des Durchdringens ausstellt. Wahrheit wohnt nicht jenseits der Erscheinung, sondern in der Spannung, die sie erzeugt: das Bewusstsein ihrer Undurchdringlichkeit, das Denken am Rand seiner selbst.

Erkenntnis als Entzug

Wahrheit ist nicht Besitz, nicht Gehalt, den der Gedanke an sich zieht, um ihn zu verwalten. Sie ist nicht das, was sich sagen lässt, sondern das, was im Sagen sich zurücknimmt. Der Begriff, der greifen will, greift daneben – nicht, weil er unzureichend wäre, sondern weil das, was erkannt werden soll, sich nicht fassen lässt, ohne zerstört zu werden.

Jede positive Erkenntnis, die Wahrheit feststellt, verliert sie eben dadurch. Was sich im Zugriff bewahren will, verrät das Erkannte an die Struktur des Beherrschens. Der Gedanke muss lernen, leer zu werden – nicht um nichts zu sagen, sondern um sagen zu lassen.

Wahrheit zeigt sich, wo der Gedanke an seine Grenze stößt. Nicht in der Durchdringung liegt die Erkenntnis, sondern in der Erfahrung ihres Misslingens. Erkenntnis ist nicht Erfüllung, sondern Unterbrechung. Sie ereignet sich, wo das Denken stolpert, wo das Selbstverständliche bricht, wo der Sinn aussetzt – und genau darin aufscheint.

Der Entzug der Wahrheit ist kein Defizit, sondern ihre Form. Sie ist nicht das, was bleibt, wenn alles gesagt ist, sondern das, was sich dem Sagen entzieht, indem es es möglich macht. Der Gedanke, der sie erreichen will, muss durch das Dunkel hindurch – nicht als heroische Geste, sondern als Preis des Wahrheitswillens, der um seine eigene Ohnmacht weiß.

Erkenntnis, wäre sie vollständig, wäre dogmatisch. Ihre Wahrheit liegt nicht in der Überwindung des Scheiterns, sondern in dessen Anerkennung. Nur ein Denken, das sich selbst erschüttert, vermag der Wahrheit zu begegnen – nicht als Objekt, sondern als Erfahrung des Anderen, das sich im Begriff nicht aufhebt.

Die Leere, die bleibt, wenn das Sagbare versiegt, ist nicht bloß Schweigen – sie ist das Echo der Wahrheit, die sich verweigert, um nicht verraten zu werden.

Substanz ohne Ruhe

Substanz, allzu oft als Trägerin des Unveränderlichen begriffen, ist keine Ruhe hinter dem Strom der Erscheinungen, keine ewige Instanz, die dem Wechsel entgegengesetzt wäre. Solche Vorstellung ist Residuum ontologischer Sehnsucht – ein metaphysisches Bedürfnis nach einem Halt, den die Welt nicht gewährt.

Doch Substanz ist keine Zuflucht. Sie ist nicht das Ruhende, sondern das, was die Bewegung in sich bewahrt, ohne in ihr aufzugehen. Ihre Wahrheit liegt nicht im Stillstand, sondern in der Spannung, die das Wechselnde zusammenhält, ohne es zu vereindeutigen.

Sie ist das Notwendige im Zufälligen – nicht als sein Gegenteil, sondern als seine immanente Form. Nicht das starre Gerüst, sondern die Figur, die sich im Fließen abzeichnet, ohne je zur endgültigen Gestalt zu gerinnen. Substanz existiert nicht als das, was bleibt, sondern als das, was trägt, indem es sich verändert.

Die Vorstellung eines festen Kerns ist Ideologie – sie verkennt, dass das Festeste am Begriff gerade seine Beweglichkeit ist. Was als Substanz erscheint, ist das Geronnene der Geschichte, sedimentierte Bewegung, die sich in der Form erhält, indem sie sie gleichzeitig infrage stellt.

Es gibt keine Substanz außerhalb des Prozesses, keine Wahrheit ohne Zeit. Das, was zu ruhen scheint, ruht nur, weil es in sich gespannt ist. Wie in der Musik das Thema nicht durch Wiederholung, sondern durch Variation bestehen bleibt, so ist auch die Substanz nicht Identität mit sich, sondern treibende Differenz.

Substanz ohne Ruhe: das ist nicht die Unmöglichkeit ihrer Existenz, sondern ihre Bedingung. Nur indem sie in sich unruhig ist, vermag sie zu sein. In ihr lebt der Widerspruch fort, dass das, was gelten soll, sich ständig verändert – und nur so Geltung gewinnt.

Die Philosophie, die das Feste sucht, verfehlt die Substanz, sofern sie sie nicht als Bewegung in der Bewegung denkt – als das, was nicht zur Ruhe kommt, weil es mehr ist als das, was ist.

Im Bann der Dauer

Jede Dauer ist nicht das wahre Fortbestehen eines Ursprungs, sondern ein erkauftes, gewaltsam erhaltenes Moment im Strom des Vergehens. Die Dauer ist der Preis, der gezahlt wird für die Möglichkeit des Festhaltens, nicht die triumphierende Beständigkeit, sondern die verzweifelte Anstrengung gegen die Auflösung. Wo die Dauer sich behauptet, dort wird der Widerstand gegen das Vergehen sichtbar, als dessen notwendiger Schatten. Sie ist das erzwingbare Moment im Unverfügbaren – die Form, die sich nur im Verlust ihrer Substanz zur Geltung bringt.

Die Dauer ist nicht der unerschütterliche Grund, sondern der Widerschein eines Verlustes, das Nachbild dessen, was vergangen ist. Ihr Ursprung ist nicht eine Entität, die sich über die Zeit erhebt, sondern eine Reaktion auf das, was sich entzieht, als bleibende Erinnerung an das, was nicht bleibt. Sie ist das Unvollständige, das sich im Überbleibsel des Vergänglichen manifestiert, und daher trägt die Dauer immer die Narben der Zeitlichkeit in sich. Was sich in ihr behauptet, ist nicht das, was bleibt, sondern das, was sich wehrt gegen das Verschwinden und sich nur in diesem Widerstand als Dauer begreift.

Das Unvergängliche, das wir als eine Idee von Beständigkeit entwerfen, trägt in seiner Definition die unausweichliche Spur des Verschwindens. Die vermeintliche Ewigkeit ist nur die andere Seite der Zeit, die sich in ihrem Verstreichen immer wieder selbst negiert. Das Unvergängliche ist kein jenseitiges Sein, das sich in einer Art transzendentaler Unbeweglichkeit verbirgt, sondern ein Moment der Zerrissenheit, das sich nicht im Jetzt begreifen lässt. Es ist die Spur des Verschwindens, die uns in der Dauer begegnet, nicht als etwas anderes, sondern als das, was die Dauer erst möglich macht.

Wie das Kunstwerk, das im Augenblick seiner Vollendung die Tragik seiner eigenen Zeitlichkeit atmet, so ist auch das Unvergängliche niemals wirklich losgelöst von der Bewegung, die es aufruft. Das Kunstwerk kann nicht unzeitlich sein, ohne das Unvergängliche in der Zeitlichkeit zu verorten, ohne in ihr seine Wahrheit zu verlieren und sie dadurch zu bewahren. Der wahre Glanz des Kunstwerks ist nicht der überzeitliche Schein, sondern das Echo der Vergänglichkeit, das in seiner Form widerhallt.

Das Unvergängliche, als das, was sich in der Dauer materialisiert, ist keine Metaphysik der Ewigkeit, sondern ein Moment der Wahrheit, das sich nur in der Verfehlung seines eigenen Seins manifestiert – als das, was in der Zeit bleibt, weil es sie nicht abschließt. Es lebt nicht in der Dauer, sondern im Bann der Dauer, in der Negativität, die der Zeit nicht entkommt.

Dialektik des Gegenwärtigen

Das Gegenwärtige, so wie wir es gewöhnlich begreifen, ist nicht der ruhende Mittelpunkt eines unerschütterlichen Jetzt. Es ist vielmehr der Riss, der die Zeit in sich trägt, das unaufhörliche Zittern der Realität im Moment ihrer Entfaltung. Das Jetzt ist nicht der Punkt, in dem sich alles bündelt und sich auflöst – sondern der Moment, in dem es sich immer schon selbst entzieht, weil es sich gerade in diesem Moment vollzieht. Es ist der Schnitt, an dem Vergangenheit und Zukunft ineinandergreifen, ohne sich je vollständig zu vereinen.

Jedes vermeintliche Jetzt ist ein Ruhezustand, der sich im unablässigen Fließen der Zeit verflüchtigt. Denn das Gegenwärtige ist nie identisch mit sich selbst, sondern immer schon eine Bewegung, die sich von dem entfernt, was es gerade noch war, und sich in das entwirft, was es niemals erreichen kann. In diesem Sinn ist das Gegenwärtige keine stabile Instanz, sondern eine fortwährende Beunruhigung des Begriffs der Zeit, der sich immer nur in der Bewegung, im Riss zwischen dem, was war, und dem, was noch nicht ist, denken lässt.

Wer im Jetzt das Ewige sucht, sucht nicht das, was in ihm und durch ihn unveränderlich bliebe. Vielmehr muss der Suchende die Flucht des Ewigen in der Gegenwart mitdenken – das Unmerkliche des Augenblicks, der sich zwar zeigt, aber sich nicht zu fassen gibt. Der wahre Kern des Ewigen liegt nicht als fixierter Gegenstand vor uns, sondern als das, was im Augenblick seiner Präsenz schon wieder entgleitet. Das Ewige ist nicht das, was besteht, sondern das, was vergeht, gerade weil es bleibt. Es ist der Widerspruch, dass die Essenz des Ewigen nicht in der Unveränderlichkeit liegt, sondern in der unaufhörlichen Bewegung des Werdens, in der das Jetzt, so flüchtig es auch erscheint, immer schon den Schatten des Unvergänglichen trägt.

Die Dialektik des Gegenwärtigen ist daher kein simples Aufeinandertreffen von Gegenwart und Ewigkeit, sondern das Aufeinandertreffen von Unmöglichkeit und Möglichkeit, von Erscheinung und Entzug. Der Gedanke, dass das Gegenwärtige eine stabile Instanz der Wahrheit sein könnte, ist eine Täuschung, die das Wesen der Dialektik in seiner tiefsten Form verfehlt. Denn Wahrheit ist nicht das, was sich in einem Moment verfestigt, sondern das, was immer schon wieder entgleitet – und das eben im Moment seiner Erscheinung.

So entzieht sich das Ewige dem Zugriff des Denkens, nicht weil es sich in der Zeit verliert, sondern weil es sich in der Zeit überhaupt erst offenbart. Es ist nicht das, was sich bewahrt, sondern das, was sich immer wieder neu entzieht, immer wieder durch den Riss der Zeit hindurch seine Gestalt wechselt und uns so gerade in der Bewegung der Zeit seine Wahrheit zeigt.

Das Gegenwärtige ist daher nicht einfach das Hier und Jetzt, sondern der tiefe Riss, der durch alle Zeit hindurch schneidet und die Dimension des Ewigen in der flimmernden Oberfläche des Vergänglichen sichtbar macht – als das, was sich uns nie vollständig zeigt, aber immer schon in jedem Moment unserer Gegenwart gegenwärtig ist.

Kritik des Wesensbegriffs

Wesen, das als Letztes und Unabänderliches gedacht wird, verliert sich im Schein der absoluten Gewissheit, die es zu vermitteln verspricht. Der Begriff des Wesens, auf die letzte Realität der Dinge angewendet, verkehrt sich zur Ideologie – zu jener Entstellung des Wahren, die nur das Bild eines Verborgenen projiziert, ohne das Verborgene selbst zu fassen. Der Gedanke an das Wesen als das, was unter den Erscheinungen ruht, als das endgültige, unverrückbare Fundament, verkennt die Zerbrechlichkeit dieses Fundamentes. Es ist ein Gedanke, der glaubt, in der unerschütterlichen Endlichkeit der Wahrheit das Abbild einer ewigen Essenz zu entdecken – ein Bild, das die Bewegung des Denkens zerschlägt, um sich als das Unveränderliche, als das letzte Wort in der Geschichte des Wissens zu etablieren.

Doch das Wesen entzieht sich der Begrifflichkeit des Endgültigen. Es ist nicht das, was in einem einzigen Augenblick zur Sache wird, sondern das, was immer wieder entgleitet, ohne je in der fixierten Form des Begriffs vollendet zu sein. Wer es als das Letzte denkt, verfehlt es. Denn das Wesen ist nicht das, was sich zum Abschluss bringt, sondern das, was sich in der Unruhe des Erscheinens zeigt – in der Bewegung, die sich nicht fassen lässt, in der immer noch unaufhörlich sprechenden Stille der Erscheinung.

Im Schatten dessen, was uns als das Erscheinende entgegentritt, spricht das Wesen – aber nicht in der Form des klaren, zugänglichen Begriffs. Es spricht in der Spur, die es hinterlässt, in der Unruhe, die es erzeugt, im Verblassen der Form, die sich uns zeigt und die uns dennoch immer entgleitet. Es ist ein Sprechen ohne Stimme, das sich nicht manifestiert, sondern in der Nicht-Manifestation, im Verborgenen, im Riss des Sichtbaren, zur Sprache kommt.

Wo das Wesen sich als Letztes begreifen will, ist es als solches längst zu einer leeren Abstraktion geworden. Denn das Wesen lebt nicht im reinen Sein, sondern in der Spannung zwischen Sein und Nicht-Sein, im Unvermögen des Begriffs, das Verborgene zu fassen. Es ist das, was im Aufeinandertreffen von Sichtbarem und Unsichtbarem aufscheint – nicht als Identität, sondern als Differenz. Die Wahrheit des Wesens zeigt sich dort, wo sie sich immer wieder aus dem Zugriff des Denkens entzieht, wo sie sich hinter den Formen des Scheinbaren verbirgt und gerade in diesem Verbergen ihre eigene Wahrheit aufzeigt.

Das Wesen, gedacht als das Letzte, als der Endpunkt der Erkenntnis, wird zum stillen Gefährten der Ideologie, da es als das Unerreichbare dargestellt wird, als das, was sich unserer Erkenntnis völlig entzieht, anstatt in der Bewegung der Erscheinungen sichtbar zu werden. Doch in der Unruhe dieser Erscheinungen – in der Spur des Verschwindens, in der unaufhörlichen Wiederholung der nicht ergriffenen Form – da, wo das Sichtbare sich auflöst, in jener Spannung, in der das Sichtbare immer wieder in seine eigene Unzulänglichkeit zerbricht, da spricht das Wesen. Aber es spricht nicht laut, nicht durch das, was es ist, sondern durch das, was nicht ist.

Es bleibt in der Leere, in der es spricht, ohne die Artikulation des Subjekts, ohne die Eindeutigkeit des Begriffs. Es ist das Ungesagte, das sich im Riss der Erscheinungen manifestiert – ein Sprechen, das niemals vollständig gehört, niemals vollständig erfasst werden kann. Nur wer den Bruch, die Unruhe im Sichtbaren wahrnimmt, kann den Hauch des Wesens erahnen – nicht in der Fertigstellung des Begriffs, sondern in der ständigen Unvollständigkeit, in der das Wesen sich immer wieder zeigt und doch immer wieder entweicht.

Das Unwahre als Weg

Die Wahrheit ist nicht das, was sich in einem Satz begreifen lässt, der sie benennen will. Jedes direkte Streben nach ihr, jedes Wort, das sie zu erfassen sucht, wird sie im selben Moment verfehlen – nicht, weil der Satz unzureichend wäre, sondern weil er in den Ansprüchen des Verstehens, in der Anmaßung der Verständlichkeit, bereits die Struktur der Lüge in sich trägt. Wahrheit ist nicht das, was sich im klaren Ausdruck der Sprache einfangen lässt, sondern das, was sich in der Sprache verflüchtigt, sobald der Versuch unternommen wird, sie in eine endgültige Form zu pressen. Der Gedanke, der die Wahrheit „sagen" möchte, ist immer der des vermeintlichen Besitzes, der sie nicht lässt, nicht überlässt, sondern sie in die enge Hülle seines Begriffs zwingt.

Die Wahrheit lebt nicht im unmittelbaren Ausdruck, sondern in der Distanz, im Unvollständigen, im Scheitern an der Forderung der Verständlichkeit. Sie zeigt sich nicht als das, was zu sagen wäre, sondern als das, was im Sagen immer schon entgleitet. Das Unwahre, das in diesem Verfehlen mitschwingt, wird zu einem Weg – nicht als Umweg im Sinne der vermeintlichen Irrtümer, sondern als die notwendige

Umleitung, die das Denken zu dem führt, was nicht einfach ist, was nicht festzuhalten ist.

Jeder Versuch, die Wahrheit direkt zu benennen, reduziert sie auf das Dinghafte, auf das Greifbare, auf das, was in seiner Fassung der Gegenstand wird. Doch die Wahrheit ist immer mehr als das, was sich fassen lässt, immer über den Punkt hinaus, der sie zur Sache machen könnte. Das Umwegige – das Fragment, der Widerspruch, die Frage, das Schweigen – das sind die Wege, die das Denken aus der Täuschung der unmittelbaren Aussage herausführt, in die Nähe der Wahrheit. Es sind die Wege der Unvollständigkeit, die das endgültige Verstehen scheuen, weil sie wissen, dass der Versuch der Vollständigkeit sie zur Fälschung verdammen würde.

Nicht das, was gesagt wird, sondern das, was im Sagen nicht gesagt werden kann, in den Lücken und Brüchen des Gesagten, gibt der Wahrheit ihre Nähe. Im Fragment lebt die Wahrheit, nicht als das Beisammensein der Teile, sondern als das, was in der Zerstreuung des Ganzen aufleuchtet. Die Frage, die sich nicht in eine Antwort auflöst, sondern sich im immer neuen Anfangen des Fragens hält, wird zur Form der Annäherung an das Wahre – nicht, weil sie je eine Antwort findet, sondern weil sie den Raum des Denkens offenhält, in dem sich die Wahrheit nie vollständig vollendet, sondern nur in der ständigen Bewegung ihres Verfehlens zeigt.

Das Schweigen, jenes Aussetzen der Rede, das sich nicht in das leere Nichts entleert, sondern die Unmöglichkeit des Zugriffs auf das Wahre spiegelt, ist der höchste Ausdruck des Umwegs. Im Schweigen wird nicht auf das Gesagte verzichtet, sondern der Versuch der Feststellung und der Fassung des Wahren abgelegt. Es ist das Moment der Unbestimmtheit, in dem die Wahrheit sich zeigt – nicht als Antwort, sondern als die Reife des Nicht-Wissens. Denn in diesem Nicht-Wissen lebt die Wahrheit, die sich weder im Finden noch im Besitzen festlegt, sondern in der unablässigen Verweigerung der vollen Erfassung.

Das Unwahre wird also der Weg, auf dem die Wahrheit sich entfaltet, als das, was nicht zur Identität wird, sondern sich immer wieder neu bestimmt. In jedem Unwahrscheinlichen, in jeder Lücke, die das Wissen aufweist, wird das Wahre sichtbar – als das, was sich weder besitzt noch benennen lässt, aber immer da ist, da bleibt, als die letzte und unüberwindbare Differenz im Dazwischen der Begriffe.

Im Schatten des Ewigen

Das Ewige wirft keinen Schatten – so scheint es, als ob das Ewige über allem steht, als sei es das Licht, das die Dunkelheit der Zeit erhellt, als könne es sich seiner selbst vergewissern, ohne je in der Unsicherheit des Vergänglichen zu verschwimmen. Doch in dieser Überhöhung, in der Vorstellung des Ewigen als das Helle, das vom Dunkel der Zeit und des Vergänglichen unberührt bleibt, liegt die größte Täuschung. Denn das Ewige ist nicht das, was sich über die Zeit erhebt, sondern das, was sich in der Zeit widerspiegelt, das, was von ihr durchzogen und durchdrungen wird. Es ist nicht das strahlende, unverwundbare Prinzip, das die Dunkelheit vertreibt, sondern es ist selbst der Schatten, den das Zeitliche auf sich wirft – der Riss in der Zeit, der das Licht des Vergänglichen bricht.

Was wir als das Ewige begreifen wollen, ist das, was sich in den Überresten des Vergehenden manifestiert, nicht als das festgehaltene, sondern als das entglittene Prinzip der Zeit. Das Ewige ist der Schatten des Zeitlichen, ein Schatten, der nicht von außen geworfen wird, sondern aus der Dunkelheit des Vergänglichen hervorgeht. Es ist der flimmernde, ungreifbare Moment, der im Augenblick des Verschwindens der Dinge aufleuchtet, als das, was bleibt, wenn alles Helle der Welt zu vergehen beginnt. In diesem Schatten lebt das Ewige, aber nicht als Objekt des Wissens, sondern als der Widerstand gegen das Wissen als das Unfassbare, das sich nie in eine feste Form pressen lässt, als das, was im Verschwinden sichtbar wird.

Wenn das Zeitliche vergeht, bleibt nicht die Leere des Nichts, sondern das Dunkel, das sich in ihm verbirgt, das, was übrig bleibt, wenn der Glanz des Lebens, das Helle des Augenblicks, sich in den Augen des Vergänglichen verliert. Das Ewige ist nicht ein außerhalb der Zeit existierendes Prinzip, sondern das Dunkle, das uns in der Vergänglichkeit begegnet – der Schatten, den das Zeitliche auf sich selbst wirft, wenn es aus der Zukunft in die Vergangenheit hinübergleitet. Was als Zeitliches vergeht, übergibt uns das Dunkel, das wir als Ewigkeit begreifen. Es ist die Erinnerung an das, was nicht mehr ist, das Nachbild dessen, was sich nie ganz aufgelöst hat, und dennoch immer aufgelöst wird.

Das Ewige ist das, was in der Dunkelheit lebt, nicht in der Helligkeit des Seins. Es ist der Schatten des Vergänglichen, der uns an das erinnert, was im Moment des Vergehens nicht verloren geht, aber auch nicht zur festen Entität wird. Es bleibt als das, was sich in der Dunkelheit der Geschichte verbirgt – als das, was wir nie fassen können, weil es stets schon im Hellen des Vergänglichen entglitten ist. Doch gerade dieses Entglittene, dieses Unvollständige, das sich in der Dunkelheit verbirgt, macht das Ewige aus. Es ist der unaufhörliche Widerstand des Zeitlichen gegen seine eigene Auflösung, ein Widerstand, der in der Dunkelheit lebt und im Vergänglichen selbst nachhallt.

Das Ewige wird uns also nicht in der strahlenden Klarheit seiner Offenbarung begegnen, sondern im flimmernden Rest dessen, was uns verlässt, im Schatten dessen, was wir in der Leere des Vergänglichen suchen. Denn das Dunkel ist nicht das, was das Zeitliche auflöst, sondern das, was es in seiner letzten Bewegung zurücklässt – der Schatten, der sich ausbreitet, wenn alles Helle vergeht, die Spur des Ewigen, die nicht das Unveränderliche ist, sondern die Unruhe der Veränderung, die sich selbst in ihrer Bewegung verliert und sich dennoch zeigt.

Es ist dieser Schatten des Ewigen, der uns immer dann begegnet, wenn wir die endgültige Lösung der Zeit und des Vergänglichen aufgeben – wenn wir erkennen, dass das Ewige nicht das Licht ist, das über allem steht, sondern der Schatten, der die Zeit in sich trägt und uns die Dunkelheit in der Bewegung der Vergänglichkeit zeigt.

Zeit als Stoff des Wesens

Das Wesen, das sich aus der Zeit herauszuhalten vorgibt, verrät sich selbst an die Abstraktion, die in ihrer Reinheit das Konkrete liquidiert. Nicht trotz der Zeit, sondern vermöge ihrer ist das Wesen überhaupt nur zu denken. Denn was nicht vergeht, war nie. Der Satz von der Ewigkeit als Negation der Zeit ist ein Reflex der metaphysischen Sehnsucht nach dem Unwandelbaren – jener unheiligen Restbestimmung des Heiligen, das sich dadurch auszeichnet, dass es nicht betroffen wird. Doch das Wesen, wenn es mehr sein soll als die Kehrseite des Scheinbaren, konstituiert sich nicht durch Absonderung, sondern durch Durchdringung des Zeitlichen. Die Zeit ist nicht sein Gegenteil, sondern sein Medium: das Dichte, in dem es sich bildet, das Flüchtige, in dem es Form gewinnt, das Unaufhaltsame, in dessen Widerstand es seine Spur zu hinterlassen vermag.

Die Vorstellung eines Wesens, das jenseits der Zeit ruht, gleicht dem Wunsch nach einem Sinn, der vom Leiden dispensiert ist – eine teleologische Träumerei, die der Gewalt der Zeit nicht standhält. Denn die Ewigkeit, als Idee vom Letzten, ist nichts als sedimentierte Zeit – aufgehoben, nicht aufgehoben im Hegelschen Sinne, sondern als Abdruck all jener Augenblicke, die vergingen und dennoch nicht aufhörten zu wirken. Ewigkeit ist die Konstellation des Vergangenen, in der kein Augenblick mehr verzehrt, aber auch keiner mehr allein ist.

In jedem Moment, der vergeht, hinterlässt das Wesen nicht seinen Schatten, sondern sein Material. Es zeigt sich nicht im Beharren, sondern im Wechsel, nicht im Behüteten, sondern im Preisgegebenen. Der Stoff, aus dem es gemacht ist, ist nicht die Substanz ewiger Gültigkeit, sondern die Textur des Durchlaufenen – zerrissen, widersprüchlich, voller Falten, aus denen heraus das Gedächtnis denkt. Denn Zeit ist nicht bloß das Medium der Erscheinungen, sondern das Organ des Werdens. Was nicht durch sie hindurchgeht, bleibt leer – wie das Ungehörte eines Tons, den niemand spielt.

So ist das Wesen weder ein Besitz noch ein Ursprung, sondern eine Bewegung, die sich nur dort zeigt, wo sie sich zugleich entzieht – inmitten des Zeitstroms, nicht jenseits von ihm. Was im Jetzt als das Unwandelbare erscheint, trägt bereits die Spuren der Zeit in sich: Geschichte, Erinnerung, Verlust. Die Zeit ist nicht der Feind der Wahrheit, sondern ihre Bedingung. Wer die Zeit als Störung des Wesens denunziert, hat das Wesen bereits zur Doktrin verdinglicht. Nur durch das Vergehen hindurch spricht es – nicht als Überstandenes, sondern als das, was in jeder Endlichkeit die Geste ihrer Aufhebung mitdenkt.

So ist Ewigkeit kein Jenseits, sondern eine Figur des Widerstands im Inneren der Zeit selbst. Nicht das Unvergehende, sondern das, was dem Vergehen standhält, indem es sich nicht gegen es behauptet, sondern durch es hindurch bewährt. In der Versammlung der vergehenden Augenblicke – dort, wo das Jetzt als Kristall des Gewesenen zittert – flackert das Ewige auf. Nicht als Licht, das über die Zeit hinwegstrahlt, sondern als Glut in ihrer Asche.

Das Wesen als Bewegung

Was gemeinhin als Wesen gesucht wird – als Kern, als unverrückbarer Grund, als das, worauf sich alles stützt, weil es selbst nicht mehr stützen muss – ist der Reflex einer Sehnsucht nach Stillstand, die mit der Wahrheit so wenig gemein hat wie der Totpunkt mit dem Leben. Das

Wesen, so es überhaupt etwas ist, das zu denken nicht bloß ein Nachhall der Metaphysik, sondern ein Akt der Kritik ist, entzieht sich jedem Zugriff, der es als Zustand fassen will. Es ist nicht da, es geschieht. Nicht als Ereignis im Sinne des Einmaligen, sondern als dauernde Verschiebung, als unstetes Maß von Dauer, das im Augenblick nicht aufgeht.

Wer Wesen fixiert, verrät es. Denn sein Ort ist nicht der Ruhepol, sondern die Richtung, nicht die Substanz, sondern die Spannung zwischen Momenten, deren Verhältnis sich unaufhörlich ändert. In seinem Beharren verwandelt es sich. In seiner Wiederkehr ist es nie dasselbe. Es ähnelt sich nur im Unterschied zu sich selbst. Was es ausmacht, ist das, was es entzieht – das, was nicht in das Schema des Seienden überführt werden kann, ohne seine Unruhe zu verraten.

Das Wesen steht nicht still, es geht – aber nicht voran, wie es der Fortschrittsbegriff suggeriert, der Veränderung mit Verbesserung verwechselt. Es schreitet nicht, es driftet. Es verlagert sich, nicht ohne Spur, aber ohne festen Abdruck. Es ist die Bewegung selbst, nicht das Bewegte. Wer es zu greifen sucht, schließt die Faust um Luft. Was er dann hält, ist der Begriff, nicht das Gedachte.

Wesen ist Übergang, nicht als bloßer Durchgang von einem Zustand zum anderen, sondern als das, was im Dazwischen selbst Gestalt gewinnt: nicht als Form, die abgeschlossen wäre, sondern als Formung, als Prozess, als das, was sich im Verändern hält. Das Wesen ist das, was sich nicht sedimentieren lässt, ohne zu lügen. Es bleibt, indem es vergeht; es ist, indem es nicht bleibt, was es war.

Was als Beständigkeit erscheint, ist oft nur Wiederholung im Medium des Unverstandenen. Wahres Wesen ist darin kenntlich, dass es nicht identisch ist mit sich selbst, sondern sich in seinem Anderswerden erhält. Wer nach dem Wesen fragt, muss lernen, im Fluss zu lesen, nicht im Stein.

So offenbart sich das Wesen nicht im Besitz, sondern im Verlust; nicht in der Feststellung, sondern im Werden; nicht in der Ruhe, sondern in der Unruhe des Gedankens, der sich seiner selbst nicht sicher ist, aber gerade darin ein anderes erreicht. Es ist das Bleibende im Wandel – nicht, weil es sich dem Wandel entzieht, sondern weil es nichts anderes ist als seine innere Bewegung.

Das Wesen ist nicht Ursprung, sondern Richtung; nicht Grund, sondern Gärung. Wer es sucht, muss ihm folgen, wo es sich entzieht – in der Verwandlung, im Sprung, im Bruch. Es ist da, wo es nicht mehr das ist, was es war, und dennoch nicht anders sein kann.

Die Lüge des Ursprungs

Der Ursprung, wie ihn das Denken sich vorstellt – als reine Quelle, als Anfang ohne Makel, als unschuldiger Punkt vor aller Geschichte –, ist selbst das erste Produkt der Ideologie. In ihm bündelt sich die Täuschung, dass es ein Vorher des Verhängnisses gebe, ein unberührtes, ein lichtes Davor, das der Welt ihre Schuld nimmt und dem Denken seine Reinheit zurückverspricht. Doch solcher Ursprung ist nicht Anfang, sondern Rückprojektion: ein Abglanz des Vollendeten, verlegt in eine Zeit, die es nie gab, eine Idee, die sich für einen Tatbestand ausgibt.

Die Wahrheit hat keinen Ursprung – sie hat Geschichte. Und Geschichte, das meint nicht bloß Zeitverlauf, sondern das Einschreiben des Leidens, der Verirrung, der Gewalt in das, was gedacht, empfunden, erkannt wird. Wahrheit ist nicht das Erste, sondern das Durchlittene. Nicht der erste Gedanke ist wahr, sondern der, der am meisten gezweifelt, am stärksten gezögert hat.

Dem Ursprung wohnt der Zwang zur Legitimation inne: je früher, desto reiner – je reiner, desto wahrer. Das ist die Logik des Mythos, nicht der Kritik. In der Suche nach dem Ursprung wiederholt sich die mythische Gewalt, die mit der Autorität des Anfangs das Denken bindet und das Gewordene zu entwerten sucht. Doch was nicht geworden ist, kann auch nicht gedacht werden. Wahrheit liegt nicht in der Geburt, sondern in der Wunde.

Die Schichten der Wahrheit – Sedimente von Erfahrung, Erinnerung, Verlust – sind keine Hindernisse auf dem Weg zum Wesentlichen, sondern das Wesentliche selbst. Die Spur ist nicht Zeichen des Fehlens, sondern das Erbe des Wirklichen. Narben, die sich über Begriffe legen, sind keine Schwächen des Gedankens, sondern seine einzige Rechtfertigung.

Der Ursprung lügt, wenn er sich als sauberer Schnitt ausgibt, als Nullpunkt der Geschichte. Denn alles Denken ist Nachgeschichte. Jedes Urteil ist Wiederaufnahme, jedes Begreifen ein Rücklauf über das, was gewesen ist. Was sich als Ursprung maskiert, ist oft nur der blinde Fleck des Gedankens, seine Immunisierung gegen Kritik.

Erkenntnis beginnt nicht mit dem ersten, sondern mit dem gebrochenen Gedanken. Erst was sich gegen sich selbst richtet, erst das, was sich seiner selbst unsicher ist, trägt die Möglichkeit der Wahrheit in sich. Der Ursprung, wenn er Wahrheit meint, ist nicht Anfang, sondern Umschlagspunkt – die Stelle, an der Geschichte in Selbstbesinnung umschlägt.

So ist die Wahrheit nicht in der Reinheit des Anfangs zu finden, sondern in der Dichte des Erfahrenen. Sie ist nicht das, was allem vorausgeht, sondern das, was allem innewohnt, das sich dem Denken nicht als Licht offenbart, sondern als Schatten, der bleibt, nachdem die Blendung vorüber ist. Der Ursprung ist nicht zu finden. Was sich finden lässt, ist der Schmerz, aus dem die Wahrheit geboren wird – nicht einmal, sondern jedes Mal aufs Neue.

Gegen das Wesenhafte

Das Wesenhafte, sobald es sich glättet, gleitet in die Unwahrheit. Was als geschlossen, vollendet, in sich ruhend erscheint, hat sich seiner Geschichte entledigt – oder sie verdrängt. Denn Wahrheit, sofern sie eine ist, darf nicht aufgehen in ihrem Schein. Sie fordert Bruchstellen, verlangt nach dem Unfertigen, dem, was sich sperrt gegen die Versöhnung mit dem Begriff. Das Vollkommene ist der Reflex des Ideals, das die Welt zur Ordnung ruft, um ihr das Verstörende auszutreiben.

In der Glätte des Wesenhaften steckt die Täuschung des Systems: jenes Denkens, das um der Stimmigkeit willen das Nicht-Einlösbare tilgt. Je runder der Gedanke, desto stärker sein Verdacht. Wahrheit, sofern sie überhaupt in Sprache eintritt, geschieht im Fragment, nicht im System. Nicht weil sie sich dem Ganzen entzieht, sondern weil das Ganze selbst falsch ist – falsch, nicht aus Willkür, sondern weil es, um ganz zu sein, jene Widersprüche stillstellt, an denen allein die Wahrheit kenntlich wäre.

Das Fragment ist nicht Bruchstück eines einst Ganzen, sondern Widerstand gegen die Gewalt des Ganzen. Es spricht, was das Ganze verschweigt: das Unfertige, das Verletzte, das Nichtaufgehobene. Die Wahrheit des Fragments liegt nicht im Teilhaften, sondern im Sprung – in dem, was zwischen den Sätzen steht, nicht in ihrer Addition.

Nur das, was nicht genügt, genügt der Wahrheit. In seiner Unzulänglichkeit lässt das Fragment offen, was das Ganze zuschüttet. Es gibt keine Vollkommenheit, die nicht mit Blindheit bezahlt wäre. Die Wahrheit ist nicht dort, wo alles gesagt ist, sondern dort, wo das Gesagte ins Schweigen kippt.

Das Wesenhafte, wenn es sich als glatt darbietet, lügt nicht, weil es falsch ist, sondern weil es sich weigert, das Falsche mitzudenken, das es möglich machte. Wahrheit spricht in der Spur des Mangels, im Riss der Form, in der Spannung zwischen dem Gesagten und dem, was sich nicht sagen lässt.

Das Fragment trägt, was das Ganze verhehlt: das Noch-nicht, das Nie-ganz, das Immer-auch-anders. Seine Wahrheit liegt nicht im Ausdruck, sondern im Ausdrucksmangel – im Anstoß, der nicht zur Ruhe kommt. Das Vollkommene ist tot; das Fragment lebt, weil es nicht ankommt.

So ist die Forderung, das Wesenhafte zu erkennen, nur dort einzulösen, wo man sich dem Glanz seiner Vollkommenheit entzieht. Wo es spricht, tut es das zögernd, tastend, in gebrochener Syntax. Wahrheit wird nicht vollstreckt, sondern angedeutet. Sie beginnt, wo der Anspruch auf ihr Ganzes suspendiert wird – im Aufleuchten des Gedankens, der scheitert und doch bleibt.

Das Denken und das Dunkel

Klarheit, wo sie zur Parole wird, verdunkelt. Die Forderung nach Transparenz, wie sie dem Positivismus eigen ist und dem Journalismus zur zweiten Natur wurde, hat sich zur Ideologie des Hellen gewandelt. Sie will erleuchten, wo es zu begreifen gälte; macht sichtbar, was gerade im Sichtbaren seine Wahrheit verliert. Die Aufklärung, die Licht versprach, wurde zur Lichtquelle, die blendet – nicht, weil sie lügt, sondern weil sie das Dunkel verbrennt, in dem allein das Denken zu sehen lernt.

Denn Denken, das sich ernst nimmt, beginnt nicht mit dem Hellen, sondern im Schatten. Es erkennt nicht, was ausgeleuchtet ist, sondern das, was sich entzieht: das Ungewisse, das Widerständige, das, was sich nicht sofort erschließt, sondern das Denken aufhält – nicht als Hindernis, sondern als Bedingung. Die Tiefe der Wahrheit beginnt da, wo der Gedanke zögert. Nicht weil er zu wenig weiß, sondern weil er spürt, dass Wissen sich nicht erschöpft in seiner Darstellbarkeit.

Wahrheit ist nicht hell – sie ist tief. Was sie trägt, ist nicht die Durchsichtigkeit, sondern die Dichte. Wer im Denken nur Klarheit sucht, sucht nicht Wahrheit, sondern Sicherheit. Die Vernunft, wo sie sich als Kontrolle versteht, verliert ihr Licht, wird kalt, instrumental. Erkenntnis hingegen ist nicht Kontrolle, sondern Bewegung durch das Ungewisse. Ihre Richtung ist nicht Linie, sondern Kreis, Umweg, Spirale – ein tastendes Sich-Verlieren, das mehr enthüllt als der kürzeste Schluss.

Im Dunkel liegt nicht das Irrationale, sondern das Noch-Nicht-Gedachte. Das, was sich dem Begriff entzieht, ist nicht darum leer, sondern übervoll. Der Gedanke, der sich ihm nähert, muss sich seiner eigenen Helle entwöhnen. Er darf nicht glauben, dass er sieht, wenn er beschreibt. Er sieht, wenn er innehält – in der Schwebe, im Zweifel, im Nichtwissen, das nicht Resignation ist, sondern Möglichkeit.

So ist das Dunkel nicht der Feind des Denkens, sondern seine Bedingung. Nicht der klare Satz, sondern der gebrochene; nicht die Erklärung, sondern die Frage; nicht das Resultat, sondern das Ringen darum: hier beginnt Wahrheit. Und jedes Denken, das sich des Dunkels schämt, hat sich schon verkauft – an die Klarheit, die nur blendet, an das Licht, das nur zeigt, was längst entschieden ist.

Erscheinung als Widerstand

Die Erscheinung zu missverstehen als bloßen Schleier des Wesens, als das, was verhüllt, was dahinter liegt, war von jeher das Geschäft der Metaphysik – jener, die unter die Dinge sehen will, um ihr vermeintlich Wahres zu erkennen. Doch in dieser Geste wiederholt sich, was sie zu durchdringen vorgibt: die Gewalt, die im Denken das Andere ausschließt. Die Erscheinung ist nicht bloß Oberfläche, sie ist Ort der Spannung, Ort des Streits – zwischen dem, was sich zeigt, und dem, was sich zeigt, indem es sich entzieht.

Nicht die Durchdringung der Erscheinung, sondern ihr Aushalten ist die erste Pflicht des Denkens. Wer sie als bloßen Schein abtut, verfehlt nicht nur das Reale, sondern auch das Widerständige, das ihr innewohnt. Denn die Erscheinung, so sehr sie auch durchdrungen, gedeutet, in ihr Jenseits hin überschritten werden will, ist nicht bloß das Medium des Unwesentlichen. Sie ist der Widerstand selbst, in dem das Wesen seine Form gewinnt – oder verliert.

In ihr zeigt sich das Reale nicht glatt, sondern gebrochen. Das, was erscheint, ist nicht Abbild, sondern Austragungsort. Die Welt tritt nicht einheitlich auf, sondern widersprüchlich. Die Erscheinung ist kein Vorhof zur Wahrheit, sondern deren negative Gestalt. Nicht hinter ihr, sondern in ihr liegt die Spur des Wesentlichen – nicht als glatte Spiegelung, sondern als Riss, als Verschiebung, als das, was sich dem Begriff entzieht, ohne ihn zu entbehren.

Was sich zeigt, verlangt nicht nach Erklärung, sondern nach Anerkennung seiner Widersprüchlichkeit. Die Erscheinung ist nicht bloß das Sichtbare, sondern das Sichtbare, das sich gegen das Sehen sperrt. Sie wehrt sich gegen den Gedanken, der sie vereinnahmen will – und fordert gerade dadurch das Denken heraus, nicht aufzugeben, sondern zu verweilen, wo es kein Durchkommen gibt. Die Erscheinung ist nicht bloß zu lesen, sondern auszuhalten.

So ist das Denken nicht triumphierend, sondern tastend. Es begegnet der Erscheinung nicht als Herr, sondern als Zeuge. Was sich zeigt, tritt ihm entgegen – nicht als Lösung, sondern als Frage. Die Erscheinung fordert den Begriff nicht heraus, weil sie ihm entkommt, sondern weil sie ihn braucht: als das, woran sie sich reibt, was sie unterläuft, und wodurch – in ihrer Negativität – sich Wahrheit abzeichnet.

Die Erscheinung ist der Ort, an dem das Denken gezwungen wird, sich selbst zu unterbrechen. Nicht weil dort nichts zu denken wäre, sondern weil das Denken nur dort wahr wird, wo es sich seines eigenen Zwangs bewusst wird. Wer sie ernst nimmt, denkt gegen sich selbst. Und nur so beginnt das Denken, mehr zu sein als das, was es meint.

Das Unverfügbare

Was als Wesen gemeint ist, zieht sich zurück im Moment der Verfügbarkeit. Jeder Begriff, der es zu fassen sucht, verfehlt es – nicht, weil er zu schwach wäre, sondern weil er zu stark ist. Das Wesen lässt sich nicht besitzen, weil Besitz immer schon Gewalt ist: eine Aneignung, die das Andere zum Eigenen macht, es entstellt, indem sie es begreift. In dem Augenblick, in dem das Denken sagt: „Das ist es", hat es das, worauf es zielt, schon verfehlt.

Wesen ist kein Gegenstand. Es entzieht sich, nicht aus Laune, sondern aus Notwendigkeit: weil es nur ist, indem es nicht ganz erscheint, weil es sich nicht sagen lässt, ohne dass im Sagen sein Anderes mitgesprochen wird – das, was fehlt, was stört, was nicht in die Form eingeht. Jener Teil, der entgleitet, ist nicht Mangel, sondern Bedingung. Wahrheit ist nicht dort, wo alles aufgeht, sondern dort, wo etwas entzogen bleibt.

Jeder Versuch, das Wesen zu fixieren, bringt es zum Verstummen. Denn Wesen ist Bewegung, nicht Substanz; Spur, nicht Grund. Es zeigt sich nicht dort, wo das Denken sich sicher weiß, sondern da, wo es ins Stocken gerät, wo es stammelt, wo es sich fragt, ob das, was es sagt, noch es selbst ist. Wahrheit geschieht im Moment der Selbsterschütterung des Begriffs – nicht im Besitz des Gedachten, sondern im Verlust der Gewissheit.

Das Unverfügbare ist nicht jenseits der Erfahrung, sondern ihre Tiefe. Es ist das, was sich nicht aussprechen lässt, ohne zugleich das Schweigen zu verraten, das ihm anhaftet. Es tritt nicht hervor, sondern bleibt zurück – als Schatten im Begriff, als Unruhe in der Form, als Frage, die nicht verschwindet, wenn sie beantwortet wird.

Der Anspruch, das Wesen zu benennen, wiederholt, was die Aufklärung zu überwinden meinte: die Herrschaft über das Andere. Im Zugriff verliert das Denken die Wahrheit. Es sieht, indem es loslässt. Das Wesentliche ist nicht das Festgestellte, sondern das Verunsichernde. Erkenntnis ist nicht Besitznahme, sondern Hingegebenheit ans Unabschließbare.

Wahrheit widersteht, gerade weil sie nicht zu haben ist. Sie zeigt sich im Schwebezustand des Gedankens, der nicht mehr dogmatisch spricht, aber auch noch nicht verstummt. In diesem Zwischen – nicht im Besitz, sondern im Verzicht – ist das Wesen nicht zu finden, aber es lässt sich erahnen. Es ist das, was nicht festgelegt werden kann, was sich entzieht und doch immer da ist – im Schweigen des Denkens, im Flimmern der Unbestimmtheit.

Vom Ernst der Oberfläche

Die Oberfläche – seit jeher verdächtigt, bloßes Blendwerk zu sein, Schein, der vom Wesen ablenkt – ist nicht trügerisch, weil sie täuscht, sondern weil sie sich entzieht. Sie lügt nicht: sie spricht nicht. Und gerade darin liegt ihr Ernst. Nicht im Verbergen, sondern im Verstummen. Wer sie vorschnell als bloße Maske verwirft, übersieht, dass sie Widerstand ist – nicht gegen das Sehen, sondern gegen die Vereinnahmung des Gesehenen.

In der modernen Erfahrung wird die Oberfläche zum letzten Raum der Tiefe. Nicht, weil sie sie ersetzt, sondern weil sie das Gedächtnis ihrer Abwesenheit bewahrt. Ihr Glanz ist nicht Verheißung, sondern Erinnerung an das, was nicht mehr erscheint. Die Oberfläche lügt nicht durch zu viel, sondern durch zu wenig. Und doch ist dieses Weniger kein Defizit, sondern das, woran sich das Denken reibt.

Tiefe, gesucht als das Jenseits der Erscheinung, wird dort ideologisch, wo sie dem Denken vorgaukelt, hinter der Oberfläche läge ein verborgener Schatz – ein Urgrund, ein Wesen, eine Wahrheit. Doch es gibt keine Tiefe ohne Oberfläche. Das Wesen, das sich nicht zeigt, ist leer; das Sichtbare, das nicht gedacht wird, stumm. Nur wer die Oberfläche nicht durchdringen will, sondern sie liest – als Fragment, als Spur, als Schweigen – nähert sich dem, was sie nicht sagt.

Der Ernst der Oberfläche liegt in ihrer Forderung nach Geduld. Sie fordert Verzicht: auf Auflösung, auf Sinn, auf Tiefe als Besitz. Wer sie zu schnell interpretiert, zerstört, was sie bewahrt. Denn sie trägt – in ihrer Stille – die Geschichte des Sichtbaren: die Gewalt, die an ihr haftet; das Vergangene, das in ihr geronnen ist; das Ungegenwärtige, das sie spiegelt, ohne es zu zeigen.

In ihrer Glätte ruht der Schmerz. Jedes Ornament, jede Linie, jedes Material trägt das Gedächtnis von Arbeit, von Verdrängtem, von Hoffnung. Die Oberfläche ist der Ort, an dem sich die Geschichte sedimentiert hat – nicht als Erzählung, sondern als Geste. Ihre Sprache ist nicht Mitteilung, sondern Ausdruck. Und ihr Schweigen ist nicht leer, sondern geladen.

Die Geduld, die sie verlangt, ist kein asketischer Gestus, sondern Widerstand gegen die Hast des Erkennens. Wahrheit, sofern sie sich an die Oberfläche bindet, tut das im Modus der Andeutung. Sie sagt nicht: „So ist es", sondern: „So bleibt es offen". Und in dieser Offenheit liegt der Ernst des Denkens – nicht als Methode, sondern als Haltung.

Die Oberfläche, richtig gelesen, ist kein Ende – sie ist Anfang. Nicht weil sie tiefer führt, sondern weil sie das Denken anstößt, nicht über sie hinwegzugehen. In ihrem Schweigen liegt die Möglichkeit eines anderen Sehens – eines Sehens, das nicht auflöst, sondern aushält.

Wahrheit als Riss

Die Vorstellung, Wahrheit sei das Ganze, beruht auf einem falschen Trost: als ließe sich das, was ist, ordnen, versöhnen, zur Ruhe bringen im Begriff. Doch das Ganze ist das Unwahre – nicht bloß, weil es lügt, sondern weil es das Leid übergeht, das in ihm eingeschlossen ist. Wahrheit ist nicht das, was alles umfasst, sondern das, was entgleitet, was sich querstellt, was nicht aufgeht. Sie ist der Riss – nicht im Bild, sondern in der Welt.

Was als Bruch erscheint, als Störung der Ordnung, ist kein bloßes Defizit, sondern ihr Widerspruch, ihre innere Negation. Der Riss ist die Erinnerung an das, was fehlt – an das, was hätte sein können und nicht ist. Die Ordnung der Welt ist nicht neutral; sie ist geformt durch Gewalt, durch Ausschluss, durch das, was sie unterdrücken musste, um zu bestehen. Wahrheit ist nicht die Übereinstimmung mit ihr, sondern das Aufbrechen ihres Schweigens.

Wahrheit spricht nicht in der Glätte des Systems, sondern im Widerstand der Einzelnen. In den Abweichungen, den Narben, den Unstimmigkeiten, die nicht verschwinden, auch wenn man sie übertüncht. Die Narbe, die bleibt, ist kein Makel, sondern das Gedächtnis des Bruchs. Wahrheit ist negativ: Sie zeigt sich nicht im, sondern gegen das Ganze – als das, was sich verweigert, was stört, was erinnert.

Der Riss ist nicht die Ausnahme, sondern die Bedingung. Ohne ihn keine Geschichte, keine Subjektivität, kein Denken. Denn nur da, wo das Gegebene sich nicht selbst genügt, beginnt der Gedanke, sich zu regen. Nur wo die Welt nicht in sich aufgeht, sondern widerspricht, beginnt Wahrheit zu leuchten – nicht als Licht, sondern als Glut. Sie ist kein Zustand, sondern eine Wunde, die nicht heilt.

Wahrheit verlangt, dass man sie nicht begreift, sondern erleidet. Dass man sie nicht glättet, sondern sie in ihrer Brüchigkeit annimmt. Das Denken, das sie sucht, muss bereit sein, sich selbst zu verformen – nicht um zu beherrschen, sondern um Zeugnis zu geben. Wahrheit ist nicht Besitz, sondern Einbruch. Sie tritt ein, wo der Sinn reißt.

Und darum: Der Riss in der Welt spricht lauter als ihre Ordnung. Weil er nicht erklärt, sondern klagt. Nicht versöhnt, sondern zeigt, was nicht aufgeht. Wahrheit ist dort, wo etwas nicht stimmt – und gerade darum nicht lügt.

Im Innersten das Äußere

Das Innerste, so oft beschworen als Ort der Wahrheit, des Ursprungs, der Tiefe, ist selbst ein Konstrukt der Oberfläche. Die romantische Trennung zwischen dem Innen, das als wahr gilt, und dem Außen, das bloß zeigt, was nicht zählt, ist Ideologie – eine Dialektik, die zur Hierarchie erstarrt ist. Doch Tiefe ist nicht das Gegenteil der Erscheinung, sondern deren Bewegung: das Äußere, das an sich selbst zu arbeiten beginnt.

Was als innerlich gilt, trägt seine Wahrheit nur, indem es sich äußert. Nicht das Verschlossene, das Schweigende, ist tief, sondern das, was sich dem Blick aussetzt, ohne sich darin zu erschöpfen. Das Innerste ist nicht das Verborgene, sondern das, was in der Sichtbarkeit seine Spannung nicht verliert. Es ist die Weise, wie etwas erscheint, ohne sich im Erscheinen zu verlieren – die Spur des Unabgeschlossenen im Gezeigten.

Jede Berufung auf das Innere, die das Äußere gering schätzt, verrät das Innere selbst. Denn dieses existiert nicht jenseits der Form, sondern nur durch sie. Die Tiefe des Gedankens besteht nicht in seinem Ursprung, sondern in seinem Ausdruck; in der Anstrengung, sich mitzuteilen, ohne sich preiszugeben. Auch das Subjekt hat kein Inneres, das es einfach hätte – es bildet sich im Blick des Anderen, in der Sprache, die es spricht, in der Geste, die es unterbricht.

Das Innere, das nicht nach außen drängt, ist stumm; das Äußere, das nicht von Spannung durchzogen ist, leer. Wahrheit ist nicht in der Zurückgezogenheit zu finden, sondern im Verhältnis: im Übergang, im Zittern, im nicht stillstellbaren Austausch zwischen Zeigen und Verbergen. Das Innerste, wenn es denn eines gibt, ist die Art, wie sich etwas an der Oberfläche entzündet – nicht als Glanz, sondern als Gärung.

So ist auch Kunst nicht wahr, wo sie sich zurückzieht ins Geheimnis, sondern dort, wo ihre Form das Unsagbare nicht verbirgt, sondern bewohnbar macht. Tiefe ist keine Flucht vor der Welt, sondern ihre Durchdringung – von der Seite her, tastend, nicht erobernd. Das Innerste ist der Widerstand, der sich nicht gegen das Äußere stellt, sondern in ihm fortlebt, als Unruhe, als Riss, als Nachhall.

Wahrheit, gedacht als Inneres, das dem Äußeren überlegen sei, verkennt, dass sie sich nur dort ereignet, wo sich das Innere aussetzt – als Spur, als Gebärde, als Form. Das Innerste, in seiner höchsten Spannung, ist nichts als das Äußere, das nicht aufhört, sich selbst zu übersteigen.

Denken als Spurensuche

Der Gedanke ist keine Fackel, die das Dunkel durchbricht, sondern eine tastende Hand, die im Ungewissen nach Halt sucht. Er ist nicht das Licht, das erleuchtet, sondern das Suchen im Schatten, der nicht aufhört, sich zu weiten. Denken, so verstanden, ist keine lineare Bewegung, keine geradlinige Entfaltung eines Plans, sondern das Langsame, zögerliche Vorwärtsschreiten in einer Dunkelheit, die nicht vollständig durchdrungen werden kann. Der Gedanke greift nicht nach dem, was bereits erhellt ist, sondern nach dem, was sich der Klarheit entzieht – er ist kein Organ des Wissens, sondern ein Instrument des Zweifels.

Das, was der Gedanke findet, ist selten das, wonach er ursprünglich gesucht hat. Was er sucht, ist das, was er nicht weiß, das, was ihm entglitten ist, das, was verborgen bleibt, auch wenn es sichtbar ist. Doch oft ist das, was er findet, nicht bloß ein Ergebnis der Suche, sondern der wahre Fund: nicht das, was er ursprünglich beabsichtigt hat, sondern das, was sich ihm zeigt, als er sich selbst loslässt. In dieser Ungeplanten, in dieser irrlichternden Bewegung zeigt sich das Wahre – nicht als das Eindeutige, sondern als das Fragmentarische, das Unvollständige, das, was nicht zu fassen ist.

Der Gedanke begibt sich auf eine Reise, die ihn nicht zu einem Ziel führt, sondern zu einem Abgrund. Nicht das Ende der Suche, sondern die Suche selbst ist die Wahrheit, weil sie sich immer wieder gegen das fertige Bild, gegen das abgeschlossene System wendet. Sie führt in das, was sich nicht fassen lässt, nicht im klaren Wort, sondern in der Andeutung, in der Geste, in dem Moment des Zweifels, der immer wieder das Feststehende zerbricht. Es ist der Riss im Gedankengebäude, der das Wahre nicht einfach offenbart, sondern es aufscheinen lässt in seiner Fragilität, in seiner Unvollkommenheit.

Das Denken als Spurensuche ist nicht die Kunst des Aufdeckens, sondern die des Verstehens im Nicht-Verstehen. Was es findet, ist nicht das, was im Vorfeld fixiert war, sondern das, was in der Bewegung des Denkens selbst, im Irren, im Zögern, im Suchen, aufblitzt. Denken ist keine Methode des Zurückgreifens, sondern des Vorantastens – nicht ein Erreichen eines Ziels, sondern ein permanentes Umgehen des Ziels, ein Kreis, der sich auflöst, ohne je in der Mitte anzukommen.

Und in dieser Unruhe des Denkens, in dieser negativen Bewegung, zeigt sich das Wahre nicht als das Vollendete, sondern als das Unfertige. Der Gedanke, der das Unfertige akzeptiert, spricht die Wahrheit aus – nicht, weil er sie fände, sondern weil er sie in seiner Suche anerkennt, in seinem Suchen nach dem, was er noch nicht weiß. Wahrheit ist nicht im Besitz, sondern in der Bewegung des Besitzens, im Handeln des Suchens, das niemals aufhört.

Was der Gedanke sucht, ist nicht ein stabiler Zustand, sondern der Widerspruch, der im Denken selbst wohnt. Und in diesem Widerspruch, in dieser beständigen Suche, tritt das Wahre nicht als glänzende Erkenntnis, sondern als flimmernde Spur auf – die niemals vollständig erfasst, sondern immer nur für einen Moment erkannt wird. Und dieser Moment der Erkenntnis ist nicht ein Triumph, sondern ein weiteres, nie vollendetes Suchen.

Das Falsche als Form

Das Falsche ist nicht bloß Irrtum, nicht das, was dem wahren Begriff widerspricht, sondern es ist die Form, in der die Wahrheit erst ihre Struktur findet. Es ist die Weise, wie das Wahre sich im Falschen als seine eigene Negation aufrichtet, wie es sich durch den Widerspruch hindurch zeigt, ohne je zu entkommen. Das Falsche ist nicht das, was der Wahrheit abträglich ist, sondern das, was sie formt – nicht das Unrecht, sondern der Umweg, über den die Wahrheit ihr Ziel erreicht. Es ist das Unvollständige, das Unwahre, das die Form der Wahrheit trägt, aber nicht die Wahrheit selbst.

In der Geschichte des Denkens, in der Geschichte des gesellschaftlichen Lebens, ist das Falsche nicht nur der Mangel, sondern der Ort, an dem sich die Wahrheit manifestiert – nicht als fertige Erkenntnis, sondern als offene Wunde, die durch die Zeit blutet. Nur durch das Falsche hindurch kann sich zeigen, was nicht ist und doch sein soll. Was nicht der Fall ist, aber als das Angestrebte in jedem Moment aufblitzt. Was fehlt, aber gerade deswegen die Möglichkeit dessen eröffnet, was sich als wahr herausstellen könnte.

Das Falsche ist die Spiegelfläche, in der die Wahrheit abgebildet wird – nicht als Klarheit, sondern als Fragment, als Schatten. Wie ein unscharfes Bild ist es das, was wir sehen, aber nicht erfassen können. Es ist der Moment, in dem die Wahrheit sich nicht zeigt, sondern sich durch ihre eigene Widersprüchlichkeit und Unvollständigkeit entzündet. Das Falsche trägt die Wahrheit nicht in seiner Absenz, sondern in der Form seines eigenen Fehlens. Es ist nicht die Abwesenheit des Wahren, sondern der Akt seiner Präsenz, die immer schon in einem anderen Zusammenhang, in einem anderen Blick, sichtbar wird.

Die Philosophie der Wahrheit als das, was hinter dem Falschen liegt, als das, was dem Falschen übergeordnet ist, erliegt der Täuschung, dass die Wahrheit etwas festes, abschließendes sei, das sich einmal entfaltet, um dann für immer zu bestehen. Doch Wahrheit ist nicht das, was sich als solche begreifen lässt, sondern das, was sich dem Begriff immer wieder entzieht – es ist der Riss, die Lücke, die das Falsche zieht, in die die Wahrheit nur durch das Scheitern hindurch treten kann. Das Falsche ist nicht ein Mangel an der Wahrheit, sondern der Zustand, in dem die Wahrheit sich in ihrer Unvollständigkeit offenbart.

Und doch ist das Falsche selbst nicht das Endgültige. Es ist keine endliche Schranke, sondern die fortwährende Bewegung, die in ihrer Abweichung vom wahren Zustand die Form der Wahrheit aufbricht. Nicht das Falsche ist das Endziel der Dialektik, sondern der Bruch, der immer wieder den Weg zu einem tieferen Verständnis freilegt, das sich nicht in einem statischen Begriff festschreibt, sondern in der unaufhörlichen Erneuerung der kritischen Reflexion. Die Wahrheit bleibt nie vollständig da, wo sie zu finden ist, sondern immer nur in der Bewegung des Denkens, das das Falsche nicht überspringt, sondern es im Augenblick seiner Fehldeutung zur eigenen Bedingung macht.

Das Falsche ist die Form der Wahrheit, nicht als Negation, sondern als Annäherung – als das Moment der Verwandlung, das die Wahrheit nicht aus dem bestehenden Zustand herausgräbt, sondern sie durch die Verzerrung hindurch zu sich selbst führt. Die Wahrheit als Form des Falschen ist nicht das, was bereits ist, sondern das, was sich in seiner Nicht-Existenz artikuliert, als der Moment des Widerspruchs, der den Weg zu einer anderen Möglichkeit des Seins bereitet.

Substanz als Schwebezustand

Substanz ist keine Tiefe, die sich durch eine unerschöpfliche Schicht von Begriffen und Bedeutungen hindurch befragen lässt, sondern ein Schwebezustand, ein Pendeln zwischen Erscheinung und Begriff, das nicht in der einen oder anderen Richtung verharrt. Sie ist nicht das, was sich als Fundament unter dem Erscheinenden versteckt, sondern das, was sich zwischen den Begriffsgrenzen bewegt, ohne je fest auf einem von beiden zu stehen. Was wir als Substanz begreifen, entgleitet bereits im Moment des Ergreifens. Sie ist das, was nicht zu fassen ist, weil sie sich immer wieder der Fassung entzieht – eine Entziehung, die nicht als Mangel, sondern als Form des Seins auftritt.

In diesem Schwebezustand, in diesem Hinausgleiten und Wiederauftauchen, ist die Substanz keine stabile Essenz, die wir begreifen könnten, sondern eine Bewegung – eine Spannung, die sich nie vollständig auflöst. Sie ist das, was weder in der Oberfläche verharrt noch im Begriff einfriert, sondern sich in einer ständigen Pendelbewegung zwischen beidem ergeht. Das Bild der Substanz als Felsen im Meer, als unverrückbare Grundlage, ist nichts anderes als eine Ideologie, die die Dynamik des Werdens verleugnet, die Substanz in ein erstarrtes Etwas verwandelt, das nie wirklich war.

Substanz hängt nicht, wie der Glaube an eine metaphysische Grundlage vorgibt, in der Luft, sondern im Raum des Widerspruchs – zwischen dem, was wir sehen, und dem, was wir zu begreifen suchen. Sie lebt in der Bewegung des Denkens, das nie zur Ruhe kommt, weil es immer wieder den Begriff verschiebt, auf den es abzielt. Und doch ist dieses Schweben kein Zufall, kein Zustand der Beliebigkeit. Es ist das notwendige Moment der Verwirklichung im Unverwirklichten, das sich nur in seiner permanenten Entgrenzung zeigt. So ist die Substanz nicht ein fester Punkt, der in einem festen Begriff fixiert werden kann, sondern das Ungegriffene, das immer wieder in den Formen der Erscheinung auflebt, nur um wieder zu entgleiten.

Die Vorstellung von Substanz als etwas Abgeschlossenem ist die Verkennung ihrer dialektischen Bewegung, die sie in der Schwebe hält – unbeständig, unstet, und doch nicht zufällig. Sie ist nicht das, was wir finden, sondern das, was wir suchen, das, was wir in unserer Suche nur ansatzweise begreifen, ohne je zur Ruhe zu kommen. In ihrem Schwebezustand ist sie die fortwährende Infragestellung des Begriffs, der sie einfangen möchte. Sie ist nicht die Antwort, sondern die Frage, die die Antwort immer wieder entzieht.

Substanz ist daher nicht Tiefe, die unter der Oberfläche ruht, sondern das ständige Hinausgleiten, das die Oberfläche und den Begriff aufruft, nur um in den Raum der Unbestimmtheit zurückzukehren. Sie bleibt unbeständig, weil sie weder im Ding selbst noch im Begriff des Dings vollständig verortet werden kann. Sie ist das, was den Begriff übersteigt, nicht indem sie ihn auflöst, sondern indem sie in einem Zustand der Schwebe bleibt, der den Begriff immer wieder hinterfragt.

Was die Substanz in ihrer Schwebe hält, ist die Unmöglichkeit, sie zu fixieren. In dieser Schwebe wird sie im gleichen Atemzug für die Erscheinung und den Begriff zu einem Prinzip der Kritik. Sie ist weder das eine noch das andere, sondern die Vermittlung der beiden, das, was beide in ihren Gegensätzen zueinander zwingt. Und wer sich von der Vorstellung verabschiedet, Substanz sei etwas zu Fassendes, etwas, das sich abschließend begreifen lässt, wird auf ihr ursprüngliches, unbestimmtes Wesen stoßen – nicht als das, was ist, sondern als das, was immer schon wieder entglitten ist.

DENKORTE

I. Sils Maria – Landschaft der Wiederkunft

Sils Maria: Kein Raum, sondern das Medium des Denkens – die Landschaft selbst der Gedanke, der keine Antwort gibt, sondern die Frage aus sich speit.

Die Halbinsel Chastè, wie ein Finger, der ins Unendliche weist – nicht Besitz, sondern Geste, die das Denken entgleiten lässt.

Nietzsche, der Wanderer, trifft hier auf die Wiederkunft nicht als metaphysische Formel, sondern als Erschütterung – ein Blitz im Gebirg, der nicht erhellt, sondern in der Dunkelheit widerhallt.

Was als „ewig" gilt, ist nicht Zeit, sondern Kreis, der sich gleichzeitig auflöst: eine Bewegung ohne Ziel und ohne Rückkehr.

Die Landschaft spricht nicht – und doch spricht sie mit einem Schweigen, das dem Denken das Wort raubt. Das Engadiner Licht ist nicht Erleuchtung, sondern die Helligkeit der Unterbrechung.

Erleuchtung als Suspensio: keine Erkenntnis, sondern der Moment, in dem der Gedanke zum Gast wird – ein Zarathustra, der nur vorbeizieht.

Nietzsche, der dem Berg sein Denken entleiht, wird ihm nicht Herr – er ist nur ein Geliehener, das Gebirge der wahre Besitzer.

II. Ewige Rückkehr, unterbrochen – Adornos Sils Maria

Das Denken begegnet sich selbst im Gang – ein Prozess des Gehens, nicht des Wissens.

Adorno, im Schweigen der Engadiner Landschaft, übernimmt Nietzsches ewige Wiederkehr nicht als Verheißung, sondern als Chiffre des Unversöhnten: Der Kreis, der sich nicht schließt, sondern klafft.

Negative Dialektik verweigert der Wiederholung den Trost des Sinns; sie insistiert auf dem Nichtidentischen, dem Riss, der durch jedes Wiederkehren zieht.

Was immer wiederkehrt, bleibt nicht dasselbe: Es trägt den Stempel des Unversöhnten in sich.

Der Gang entlang des Seeufers wird zur Bewegung im Widerstand gegen das Identische: Im Aushalten des Unvereinbaren liegt die Wahrheit – nicht im bequemen Kreis, sondern in der Unterbrechung.

III. Sils Maria – Die Leerstelle des Gesprächs

Szondi geht nicht wandern – er sucht. Nicht Höhenmeter, sondern Echo: ein Ort, der mehr antwortet, wenn man nicht spricht.

Im Schatten Nietzsches, im Nachhall Celans – Sils Maria wird zur Szene des Ausbleibens. Das Gespräch, das er führen wollte, bleibt gegenwärtig als Lücke: vernehmbarer als jedes Wort.

Jüdisches Denken, hier nicht als System, sondern als Sehnsucht: nach Nähe, die sich nicht herstellt, sondern vermisst.

Was Szondi fehlt, wird ihm zum Inhalt: Das Nicht-Gesagte, das Nicht-Gewesene – keine Leere, sondern Verdichtung.

Der Gang durchs Gebirge kein Rückzug, sondern eine Bewegung auf das Du zu, das nie erscheint.

Im Wasser des Silsersees spiegelt sich kein Antlitz – nur die Kontur des Abwesenden.

Sils Maria bleibt ihm Denkort im strengsten Sinn: nicht Ort der Begriffe, sondern deren Aussetzung.

Das Versäumnis wird zur Wahrheit – und bleibt.

IV. Marseille – Die Asche des Lichts

In Marseille, wo das Licht sich nicht verliert, sondern in Staub verwandelt, geht Simone Weil an den Rand des Denkens – nicht um es zu überwinden, sondern um ihm das Schweigen einzuschreiben, das aus der Nähe der Not stammt.

Die Hafenstadt, von Salz und Schweiß gezeichnet, ist kein Ort der Erhebung, sondern des Exzesses: nicht Erhabenheit, sondern Übermaß an Wirklichkeit.

Weil denkt nicht „über" die Welt – sie steht in ihr wie ein Stein in der Brandung: unbeweglich, durchtränkt. Der Gedanke, der hier entsteht, ist nicht abstrakt, sondern asketisch – das Geistige wird ausgehärtet im Feuer der physischen Erfahrung.

Die Sonne von Marseille blendet nicht, sie verzehrt. Und in diesem Verzehr, dieser Nähe zur Selbstaufgabe, liegt das Ethos eines Denkens, das Gott nur findet, indem es sich der Welt nicht entzieht. Marseille, das gleißende Labyrinth, bleibt ihr Denkkloster – offen, flirrend, ungeschützt.

V. Trouville – Vorschein und Entzug

Trouville, 1885: Proust sieht das Meer nicht zum ersten Mal, aber als Anfang. Die Kinderjahre flimmern in der Gischt – nicht als Idylle, sondern als Reiz. Das Hotel Roches Noires, kein Palast, sondern ein Rahmen;

Hoch über der Küste das *Clos des Mûriers*: Der Salon von Madame Straus – nicht Muse, sondern Echo. Was später als *La Raspelière* in die Literatur eingeht, hat hier seinen Vorabend: das Leben, das noch nicht Form angenommen hat, aber bereits nach ihr verlangt.

Die Allee, die heute seinen Namen trägt, führt nicht nur zu einem Haus – sie führt in einen Zustand: frühe Empfänglichkeit, noch unverhärtet, noch nicht erinnernd.

Trouville ist nicht das verlorene Paradies. Es ist die Szene seiner ersten Verheißung. Der Glanz liegt nicht in der Gegenwart, sondern in deren späterer Unerreichbarkeit.

Proust verlässt den Ort – aber das Denken kehrt dorthin zurück. In Cabourg, dann Paris, wird er nicht erinnern, sondern montieren. Was geblieben ist: kein Erlebnis, sondern ein Ton.

Adorno hätte sagen können: Die Wahrheit bei Proust liegt nicht in der Tiefe, sondern im Glanz der Oberfläche – und diese Oberfläche hat das Licht von Trouville.

Das Meer dort ist nicht Symbol, sondern Widerstand – gegen die Idee, dass das Glück je ganz gewesen sei.

VI. Paris – Montierte Gegenwart

Paris: kein Ort, sondern ein Verfahren. Nicht Hauptstadt des 19. Jahrhunderts, sondern dessen Montagefläche – ein Palimpsest aus Eisen, Glas und Erinnerung.

Benjamin geht nicht durch die Stadt, er tastet sie ab: Die Passagen, durch die er sich verliert, sind Archive des Unbewussten – vitrinenhafte Sedimente, in denen das Jetzt sich mit dem Damals überlagert.

Die Stadt schreibt nicht Geschichte – sie schichtet. Schaufenster, Litfaßsäulen, Metroeingänge: Typographien des Flüchtigen, in denen das Vergangene nicht vergeht, sondern erscheint.

Franz Hessel, der leiser ging, liest Paris wie eine Partitur: nicht linear, sondern als Polyphonie. Der Flaneur, nicht Sammler des Eindrucks, sondern Medium einer Wahrnehmung, die sich der Verfügung entzieht.

In der Rue, im Reflex, im Geräusch des Gehsteigs: Das Denken keimt nicht im Rückzug, sondern in der Durchquerung. Die Wahrheit liegt nicht hinter den Fassaden, sondern in ihrer Vervielfältigung.

Paris ist kein Zentrum, sondern eine Serie von Übergängen. Was es denkt, denkt es nicht aus – sondern weiter.

Wie ein Buch, das nie schließt, weil jeder Satz schon Korrektur ist.

VII. Todtnauberg – Im Rückzug zum Sein

Heidegger flieht nicht vor der Welt – er sucht. Nicht nach Antworten, sondern nach der Abwesenheit von Fragen: ein Ort, an dem das Denken nicht verhallt, sondern sich selbst entzieht.

Im Schatten des Waldes, im Schweigen des Schwarzwalds – Todtnauberg wird zur Bühne der Abwesenheit. Der Rückzug, den er suchte, wird zur Stelle des Ausbleibens: präsenter als jede Theorie.

Philosophisches Denken, hier nicht als System, sondern als Entzug: nach Klarheit, die sich nicht gibt, sondern nur aufleuchtet, um zu vergehen.

In dieser Hütte, abseits des Akademischen, entsteht *Sein und Zeit* – nicht als endgültige Antwort, sondern als ein Versuch, das Sein im Nicht-Sein zu fassen, das Ungelebte in der Gegenwart. Der Mensch, verstrickt in seine Existenz, bleibt ein Fragender, dessen Antworten immer nur auf das Fragezeichen zielen.

Was Heidegger verliert, wird ihm zum Wesentlichen: das Nicht-Gesagte, das Nicht-Denken – keine Leere, sondern ein erfülltes Schweigen, das in der Existenz des „Da-seins" Wurzeln schlägt.

Der Gang zur Hütte kein Rückzug, sondern eine Bewegung auf das Sein zu, das nie fassbar wird. Im Moment des Entzugs, im Augenblick des „Seins-zum-Tode", wird die Wahrheit nicht erkannt, sondern in die Frage zurückgeworfen.

In der Stille des Waldes widerspiegelt sich keine Antwort – nur die Umrisse des Unaussprechlichen, das Seiende, das nie in Worte gefasst werden kann.

Todtnauberg bleibt ihm Denkort im reinsten Sinne: nicht Ort des Wissens, sondern des Schweigens, des „Seins-zum-Tode", das nicht zu Ende gedacht werden kann.

Das Verschwinden wird zur Erkenntnis – und bleibt.